Die ersten Parodien auf den *Faust* erschienen noch zu Lebzeiten Goethes – und sie ziehen sich in beinahe lückenloser Folge bis in unsere unmittelbare literarische Gegenwart. Neben bekannt gebliebenen Texten wie Heinrich Heines *Faust, Ein Tanzpoem*, Friedrich Theodor Vischers *Faust, Dritter Teil* oder Alfred Polgars Sketch *Goethe* aus dem Kabarett *Fledermaus* versammelt die vorgelegte Auswahl eine Fülle gerade auch abseitiger Beispiele, darunter speziell auch solche aus den karikaturistischen Zeitschriften des neunzehnten und zwanzigsten Jahrhunderts. Zu Kaisers Zeiten amüsierte sich das Publikum über den *Militärischen Faust* oder den *Faust für Mathematiker*; die Impressionisten schufen sich ihren *Intimen Faust (im Stile Maeterlincks)*, der Studenten-Revolte von 1968/69 genügte ein *Mini-Faust* in Comicstrip-Manier. Eine Ausfaltung besonderer Art stellen die *Dritten Walpurgisnächte* dar, die sich ebenfalls vom Jungen Deutschland bis in die literarische Gegenwart nachweisen lassen: sie repräsentieren den Typus des großen satirischen Zeitgemäldes.

insel taschenbuch 1147
Faust-Parodien

FAUST PARODIEN

Eine Auswahl satirischer Kontrafakturen,
Fort- und Weiterdichtungen
Mit einem Nachwort herausgegeben
von Waltraud Wende-Hohenberger
und Karl Riha
Mit zahlreichen Abbildungen
Insel Verlag

insel taschenbuch 1147
Erste Auflage 1989
Originalausgabe

Text- und Bildnachweise am Schluß des Bandes
Vertrieb durch den Suhrkamp Taschenbuch Verlag
Umschlag nach Entwürfen von Willy Fleckhaus
Satz: Satz-Offizin Hümmer, Waldbüttelbrunn
Druck: Nomos Verlagsgesellschaft, Baden-Baden
Printed in Germany

1 2 3 4 5 6 – 94 93 92 91 90 89

Inhalt

Faust-Parodien

Franz Grillparzer
Faust-Notizen
(1811–1822)

[1811]

Meines Wissens hat noch niemand einen jungen Menschen beim Erwachen der Leidenschaft geschildert. Er müßte gemalt werden, wie er Tag und Nacht von üppigen Bildern umlagert ist, wie er glühend eine gewisse Gelegenheit sucht und, wenn sie kommt, nicht etwa bloß zu scheu ist, sie zu benützen, sondern nicht einmal merkt, daß sie da ist. Ich kann mir sehr wohl denken, daß, besonders wenn er kurzsichtig ist und in jemanden verliebt ist, er nicht einmal die Person, in die er es ist, auf der Gasse wieder erkennt; denn wir lieben in der Zeit nur das Bild, das unsere Phantasie malt; das Mädchen, das wir zu lieben glauben, ist nichts, als die Leinwand, auf welche jene die Farben aufträgt. Ich hörte einmal von jemand sagen (oder war ich es selbst?), er sei verliebt, er wisse aber noch nicht, in wen. Ich habe nie etwas gehört, was wahrer und den Jüngling charakterisierender wäre. Ich habe mir einst vorgenommen, ein solches Bild in einer projektierten Fortsetzung von Goethes Faust zu zeichnen, aber der Plan ruht mit vielen anderen. Beaumarchais' Cherubin in Figaros Hochzeit ist bei weitem nicht alles, was man in der Hinsicht verlangen kann, nichtsdestoweniger ist er aber, besonders mit Mozarts Seelenmusik, hinreißend.

(Waldgegend.)

Mephistopheles Muß doch ein wenig spionieren,
Wo mein vertrackter Doktor ist,
Der nach Rousseau auf allen vieren
Hier unter dieses Waldes Tieren
Des Glücks, ein Mensch zu sein, genießt
Und Wasser sauft und Eicheln frißt.
Mein' Seel'! Es hätt' mich baß verdrossen,
Wär' mir der Tintenfisch entwischt,
Den ich so superfein gefischt.
Doch er hat schon zu viel genossen.
Ei, wer den Kelch der Weltlust nie versucht,
Der weist vielleicht ihn von den trocknen Lippen;
Doch wem's einmal gelang, daran zu nippen,
Der ist zum ew'gen Trinken auch verflucht.
Schwatzt nur von Reu', ihr Pfaffenzungen,
Die das verirrte Schaf der Mutter wiederbringt;
Wer nur den Köder mal verschlingt,
Der hat die Angel mit verschlungen!
Schon mancher, fühlt' er meine Hand am Kragen,
Bekehrte sich! Da ward gebetet und gejohlt,
Doch sein an Fleisch gewohnter Magen
Konnt' euch die Klostersuppe nicht vertragen;
Hätt' ich nicht ihn, er hätte mich geholt.
Doch seht, kömmt nicht mein Doktor dort?
Jetzt darf er mich nicht sehn! Husch fort! *(Verbirgt sich.)*

Faust *(kommt)* O Einsamkeit, wie hast du mich
betrogen,
Als ich an deinen stillen Busen floh,
Du hast mir Ruh' und Friede vorgelogen,
Und ach, nun find' ich dich nicht so!

Vor dem Orkane meines wilden Lebens
Floh ich in deinen aufgetanen Port
Und suchte sichern Ankergrund; vergebens,
Auch hier reißt mich die Welle mit sich fort.
Ich seh' das schöne Land voll stiller Wonne,
Das mir in Jugendträumen vorgeschwebt,
Beleuchtet von der Unschuld milder Sonne,
In der ein ew'ger Frühling grünend lebt,
Wo unter blüh'nder Rosensträuche Schatten
Der Friede ruht, von Götterreiz umweht,
Wo auf den grünen, reichbeblümten Matten
Die Freude unter Lämmern spielend geht.
Ich seh', wie Hunderten von meinesgleichen
Verzeihung dort die Myrtenkrone flicht;
Mein Auge kann das Himmelsland erreichen,
Doch, weh mir, weh! Mein Fuß vermag es nicht!
Mephistopheles Der hat die Wahrheit, scheint's, noch
nicht gefunden,
Daß Einsamkeit 'ne derbe Speise beut,
Die ganz vortrefflich dem Gesunden,
Allein dem Kranken herzlich schlecht gedeiht.

[1822]

Ich hatte, es sind wohl jetzt schon zehn Jahre, die Idee, Goethes Faust fortzusetzen und bis zum Ende zu führen. Ich erinnere mich von meinem damaligen Ideengange nur noch so viel, daß ich nach Gretchens entsetzlicher Katastrophe Fausten in sich zurückkehren und nun finden lassen wollte, worin er es versehen, worin eigentlich das Glück besteht: in Selbstbegrenzung und Seelenfrieden. Wie er nun den Teufel aller Verbindlichkeiten entläßt, ihn verabschiedet und nur Ruhe will für die noch übrigen Tage seines Lebens. Er senkt sich nun mit Liebe ein in all die kleinen Verhältnisse des menschlichen Lebens, fängt an zu schmecken, was sie Süßes enthalten für den, der sich ihnen ganz hinzugeben vermag. Ich wollte ihn zusammentreffen lassen mit einem Knaben im ersten Erwachen, dessen Lehrer und Freund er wird; ich wollte ihn in die Familie eines wackern Hausvaters eintreten lassen, wo sich ihm das Glück der häuslichen Liebe kundtut, wo die Tochter, Gretchen ähnlich von Gestalt und einfacher Güte, sich innig an ihn anschließt, anfangs mit kindlicher, dann mit Liebe der Geliebten. Wie Faust begierig alles ergreift, auf Augenblicke eingeht in den Genuß all des unschuldigen Glücks, aber immer wieder zurückgeworfen wird durch das Bewußtsein seiner vorausgegangenen Handlungen, seiner frühern Verworfenheit. Mephistopheles, statt seine Genüsse zu stören, sucht sie vielmehr immer zu erhöhen, wohl wissend, daß jener unfähig ist, sich ihrer zu freuen, und gewiß, ihn so am sichersten zur Verzweiflung zu bringen. Das geschieht auch. Die Liebe, das Vertrauen der Menschen wird Fausten beim Bewußtsein seines Unwerts peinigender als vorher ihr Haß. Zuletzt von der Liebe des Mädchens aufs äußerste gebracht, da sie sich selbst durch das Geständnis, wer er sei, nicht mehr abhalten lassen will, ihm zu folgen auf der Flucht, die er ergriffen, um sich ihr, die er gleichwohl auch liebt, zu entziehen, ruft er selbst den Teufel und läßt ihn den Vertrag vollziehen noch vor der Zeit.

Ich hatte mir theatralisch die letzte Szene gedacht, daß Faust, während das Mädchen ihn umklammert, den Feind ruft, und als dieser erscheint, geht Faust mit ihm in einen Fels, der sich öffnet unter Donner und Blitz. Das Mädchen und alle Angehörigen haben sich versammelt mit heißem Gebet für den Unglücklichen. Da geht die Höhle von neuem auf, und Faust tritt mit Mephistopheles auf, schneebleich im Gesicht, beide ganz gleich in schwarze Mäntel gehüllt, mit schwarzen Federhüten auf dem Kopf. Sie sprechen, ohne sich um die Umstehenden zu kümmern, mitsammen: Wo sind die Pferde? – Draußen schnauben sie am Gittertor. – Laß uns eilen! Der Weg ist weit. – Indes die andern beten: Herr, erbarme dich seiner. Gretchen eilt ihm entgegen. Faust sieht sie an und fragt Mephistopheles: Wer ist die? – Gretchen ist's. – So! so! Laß uns eilen, der Weg ist weit. So gehen sie. Die Eltern eilen auf das Mädchen zu und fragen sie. Laßt uns gut sein, erwidert sie, und recht tun; der dort ist keiner mehr von den Unsern. Das Ganze gäbe ein eigenes Stück, bei dem das Goethische vorausgesetzt würde.

Friedrich Theodor Vischer
Zur Fortsetzung des Faust

Eine Posse (1835)

(Unter den Linden zu Berlin. Mondnacht. Mephistopheles, modern gekleidet, tritt auf.)

Mephistopheles Verachte nur Vernunft und Wissenschaft
Des Menschen allerhöchste Kraft,
So rief ich einst im langen Doktorkleide
Dem Manne nach, den ich als Schalk begleite.
Nun hat das Blättlein anders sich gewendet.
Verschwunden ist die Nacht, die ihn geblendet,
Entlassen sind der Zweifel dunkle Horden,
Hegelianer ist mein Freund geworden.
Dort steht das Haus mit seinen dumpfen Sälen,
Wo der Begriff sich aus dem Nichts bewegt,
Indes sich hundert rasche Federn quälen.
Dort eilt er hin, sobald die Stunde schlägt,
Und setzet sich zu des Propheten Füßen,
Und hört der Wahrheit laut're Quelle fließen.
Vergessen ist der bangen Stunde Sturm,
Wo ihn der Geist zertrat, wie einen Wurm.
Mit list'gem Blick beweis't er auf ein Haar,
Daß das nur Stufe des Bewußtseins war;
Und lächelnd schwebt er, der Begriffe Meister,
In sich'rer Freiheit ob dem Reich der Geister.
Ich aber bin, er sagte mir es heute,
Der Dialektik negative Seite.

Glückauf zu deiner Vogelperspektive,
Gewaltiger! Und nimm dich wohl in Acht,
Daß in der Brust das eigene Naive
Dein stolzes Wissen nicht zu Schanden macht!
Verachte nur des schlichten Glaubens Kraft
Und des Gemütes süß bewußtlos Leben,
Hoch über'm Abgrund meine nur zu schweben,
Indes im Herzen blinde Leidenschaft
Verkrochen still ihr Eulennest sich baut.
Der große Kopf, der prahlend sich getraut,
Im Sündigen die Sünde zu studieren:
Was Sünde heißt, er soll es noch erfahren!
Und wenn der Weltgeist wagt zu depensieren,
So soll er einen Doktor auch nicht sparen.
Nur zu, mein Freund, ich weiß, wo ich dich packe,
Mach's wie du willst, ich habe dich im Sacke.

Sieh' dort zwei Dämchen um die Ecke schlüpfen,
Blitz, wie sie nicken, wie sie trillernd hüpfen!
Die müssen meinem Doktorchen auf's Zimmer,
Daß er beglückt bei seiner Lampe Schimmer
Die Wahrheit schaue in erhab'ner Blöße,
Und ganz begreife des Begriffes Größe.
(Zwei Mädchen nähern sich.)
Erste Sieh man, was der da lange Beene hat.
Zweite Ik meene, er hinkt och ein bischen.
Erste Jieb Acht, der will uns anfassen.
Mephistopheles Nun, schöne Kinder, wo soll's hin?
Erste Na, da wollen wir unter den jrünen Beemen spazieren jeh'n.
Zweite Nicht wahr, mein Herr, der Mond scheent himmlisch schön?
Mephistopheles Ach, bis zu Tränen hat er mich entzückt,

In's schön're Jenseits fühl' ich mich entrückt;
Wo Kreuze auf geliebten Gräbern stehen,
Dort träumt mein Geist von Tod und Wiedersehen.
Mein Ohr umsummen Strauß'sche Glockentöne,
Gewalt'ge Predigten von Teremin!
Die Jugend, ach, wie ist sie doch so schöne,
Zu ihr, zu ihr zieht es mich einzig hin!

Erste Ne, das war man schön, das war zum Küssen!
(Küßt ihn.)

Mephistopheles Des Mondes Strahl, den reinen, himmlischsüßen,
Laßt auf der Tugend Antlitz niederfließen!
(Er zieht die Mädchen aus dem Schatten in das volle Mondlicht und betrachtet ihre Gesichter. Für sich:)
Die beiden Lärvchen sind so übel nicht;
Mein guter Freund liebt jetzo mehr die bleichen
Als rote Wangen und ein rund Gesicht.
(Laut.) Kommt, süße Kleinen, woll't den Arm mir reichen,
Ich führ' euch nun zu einem schönen Herrn.

Erste Wer ist der Herr? Ik wüßt' es jern.

Mephistopheles Je nun, zum Doktor hin, zum Faust.

Zweite I Jees, der will noch in Faust's Winterjärten.

Mephistopheles Mitnichten, Kind, es geht zum Doktor Faust.

Zweite O was, was ist denn das? Mich jraust!
Zu Doktor Faust, zu –

Mephistopheles Aufzuwarten.
Seht zu, ihr trefft ein allerliebstes Stübchen,
Und euch empfängt auf sanften Ruhekissen
Mit Feuerkuß ein allerliebstes Bübchen.
Und Geld hat er, wie Laub, das sollt ihr wissen.

Erste I was, Ihr lügt, was sollen denn die Possen?

Zu Doktor Faust? den hat der Teufel ja
Schon lang jeholt –
Mephistopheles Weit fehlgeschossen!
Das Drama bleibt Fragment. Ich sag' euch, er ist da.
Zweite *(Leise hinter Mephistopheles Rücken zur Ersten.)*
Riechst du denn nicht, wie es nach Schwefel stinkt?
Siehst, wie das Bein da immer ärjer hinkt?
Ik sag' es dir, mich wird ein wenig bange,
Wir machen uns wohl wieder los?
Mephistopheles Was soll's? Seid klug. Der Weg ist nicht mehr lange
Und schnelle seid ihr in der Freude Schoß.
(Er bekömmt einen starken Stockschlag über die Schulter, sieht sich um, und eine Gestalt in altpreußischer Uniform mit spanischem Rohre steht vor ihm. Die Mädchen fliehen.)
Gestalt Was da? Schlechtes Zeug machen! Liederlich sein! Mit Herumstreichen! Wer sein?
Mephistopheles Würd' ich mich nennen,
Das Herz vor Schreck würd' euch zu Asche brennen!
Gestalt Donnerwetter! Aufgeschaut! Wer sein? *(Schlägt ihn.)*
Mephistopheles So schlagt doch nicht so schrecklich drein!
(Für sich.) Verflucht, man muß dem Mann parieren,
Man wolle oder nicht.
Von einem König mein' ich was zu lesen
In diesem Angesicht.
(Laut.) Wohlan mein Herr, so will ich definieren,
So gut ich kann, mein wahres Sein und Wesen.
Man nannte mich Ahriman, Ormuzd, Satan, Luzifer, Teufel; eine aufgeklärtere Zeit hat solche Mythologien an den Nagel gehenkt, ich bin jetzt das böse Prinzip, die Diffe-

renz, Jammer der Negation, das negative Moment in aller Dialektik, ich bin Sinnlichkeit, Egoismus, oder eigentlich der Verstand, oder –

Gestalt Räsonnier' er nicht!

Mephistopheles *(Erscheint plötzlich in Flammen, als Satan mit Hörnern, Schweif, Schürhaken. Brüllend:)*
Fürchte mich!

Gestalt Was fürchten! Unter meine Garde stecken! Exerzieren lassen!

Schaut vor euch! –
Gewehr zu Hand! –
Präsentiert's Gewehr! –
Schultert's Gewehr! –
Gewehr bei Fuß! –
Rührt euch!

(Mephistopheles ist jedem einzelnen Kommando, den Schürhaken als Gewehr brauchend, mit sichtbarem Widerstreben gefolgt.)

Gestalt Was fürchten! *(Geht ab.)*

Mephistopheles Zum Henker auch! der Mann kann imponieren!
Der würde wohl, käm' er hinab zur Hölle,
Das ganze Heer der Teufel kommandieren!
Wo bin ich denn? Das ist ja wohl die Stelle,
Wo ich die hübschen Vögelchen geführt?
Verwünschte Dirnen, sie sind wegspaziert;
Nun muß ich wieder andre suchen gehen,
Und kann fast nimmer auf den Füßen stehen.

Adolph Glaßbrenner
Die jüngste Walpurgisnacht

(1844)

(Gegend zwischen Schierke und Elend.)
Alte Hexe Landvolk läßt uns jetzt in Ruh',
Setzt der Hex' nicht länger zu
Mit dem Strohwisch brennend.
Freigeist ist jetzt Hans und Kunz,
Schießen auch nicht mehr nach uns,
Den Aberglauben kennend.
Doch aus Rechten und Verbot
Blitzen wir mit Augen rot
Gier noch auf sie nieder;
Und Walpurgis reiten schier
Nach dem kahlen Blocksberg wir,
Treiben's lustig wieder.
Heute gibt's der Geister viel!
Ofengabel, Besenstiel
Wiehern vor Vergnügen.
Tauschten droben gern mit euch,
Könnten wir vom Teufelszeug
Gute Reiter kriegen!
Mephistopheles *(zu Faust.)*
Heut' wird dich's wahrlich nicht gereu'n

Im Hexenritt mit mir umher zu schwirren!
Zu jetz'ger Zeit, in solchen tollen Wirren,
Wird mancher Geist und mancher Spuk dich freu'n.
(Ihn betrachtend.) Doch, Freund, du kommst ja nicht vom Flecke!
Was reit'st du da für eine kranke Schnecke?
Faust Ein Szepter ist's, das man mir gab
Aus deinem Stall, schon halb zerbrochen!
Mephistopheles Da lob' ich mir doch diesen krummen Stab,
Der hat noch seine frischen Knochen!
Sieh' nur die Sätze, die er macht!
Wie frisch und übermütig, hör' ihn schnauben!
(Lachend.) Solch alter Stock! Wer hätte das gedacht!
Man muß es sehen, um's zu glauben!
Steinalte Hexe *(springend.)* Heißa! Heißa! Tolles Leben!
Heute wird es Gaudium geben!
Eine angenehme Welt,
Deren Achse nur das Geld!
Drücken, wo die Stärksten drücken,
Wo es Not tut, krummen Rücken;
Hinten offen, vorn verschlossen,
Lebt man immer unverdrossen!
Mikrokosmus *(sitzt auf hervorragendem Felsstein und schaut durch ein langes Fernrohr in's Tal hinab.)*
Wie viel, unendlich viel schon unter mir!
Und noch hab' ich den Gipfel nicht erstiegen!
Kann ich von dort nicht auf zum Himmel fliegen,
Geh' wieder ich hinab nach Elend hier.
Eine deutsche Eule Was ich sehe, das ist schlecht,
Was ich meine, das ist recht.
Meine liebe Theorie,
Sage mir woher und wie.

Mephistopheles *(zu Faust.)*
Hier schnell vorüber, spute Dich!
Ich witt're Theorie!
Nichts ist so dumm und widerlich
Als ein gelehrtes Vieh.
Mehrere tanzende Hexen Lirum, Larum, Löffelstiel,
Alte Weiber fressen viel.
Lirum, Larum, Pappenstiel,
Alte Weiber klatschen viel.
Lirum, larum Besenstiel:
Alte Weiber lüstern viel.
Lirum sind doch alle *Leiber*!
Mädchen sind wie alte Weiber!
Lirum, larum geht das Rädchen;
Und die Männer wie die Mädchen!
Der Zeitgeist *(auf einer Schreibfeder reitend und schreiend.)* Mich zwickt's und beißt's an allen Enden!
Wie ich mich drehen mag und wenden,
Ich sitze fest im alten Dreck; –
Licht her! sonst komm' ich nicht vom Fleck.
Faust Der will mit einer Feder weiter,
Das ist ein ungeschickter Reiter!
Mephistopheles Schlüg's nur der Narr mit seinem Schwert,
So liefe schon das kleine Pferd.
Faust Die Gänse sollen retten, meint er wohl,
Ein ganzes Reich, wie einst das Kapitol?
Irrlicht Gevatter Zeitgeist! Ich bin da!
Aus meinem sumpf'gen kleinen Haus
Kroch ich zu eurer Rettung 'naus,
Als ich euch so in Ängsten sah.
Mephistopheles *(zu Faust auf eine Gruppe verschiedener Geister deutend, die nach dem Gipfel des Brockens eilen.)* Halt' an dein Pferd, und laß' uns hier verweilen;

Ich sehe dort von Elend her
Verkappte Ritter nach dem Blocksberg eilen;
Dergleichen Volk ergötzt mich sehr.
Hanswurste sind's des Himmels und der Hölle,
Die mit den Menschen ihre Possen treiben;
Wer sie erblickt, der richtet sie zur Stelle,
Doch möcht' ich nicht das Urteil unterschreiben.
Die Guten sind so gut nicht, wie es scheint;
Die Bösen nicht so böse, wie man meint.
Die Unschuld *(schnell vorüberreitend.)*
Der Rechte komme und die rechte Zeit:
Zum Selbstmord bin ich stets bereit.
Die Sünde Ließ ich einmal die Menschenwelt im Stich,
Die Langeweile wäre fürchterlich.
Die Liebe Wären die Poeten nicht in der Welt,
Man bekäme mich auch für Geld.
Der Egoismus Wer in mir eine Bestie erkannt,
Hat alle Menschen so genannt;
Man sagt vor allem erst: Ich,
Käm' auch dahinter: liebe Dich!
Mehr aber noch huldigen mir,
Die da sagen: Wir.
Das Recht *(sehr langsam reitend.)*
Ein legitimer Stock, das letzte Wort
Zwischen beiden schlepp' ich mich so fort.
Die Lüge Ich bin nicht häßlich von Natur,
Die meisten mißbrauchen mich nur.
Die Wahrheit selbst erfröre schier,
Borgte sie nicht das Kleid von mir.
Die Wahrheit Zart gegen sich und gegen andre zart,
Das ist die beste Lebensart.
Die Geduld *(keuchend.)*
Gemach, ihr Freunde, langsam, mit Bedacht!

Ich bin zu dick, um mich so anzustrengen!
Das Deutschland ist für mich allein gemacht,
Da laß' ich mich nicht stoßen und nicht drängen.
Die Herrschsucht *(hinter sich zur Moral; beide auf einer Nachtmütze reitend.)*
So sitz' doch still auf deinem Pferdeschwanz,
Und laß' in Ruhe mich, mein alter Hans!
Ich will dich als Begleiter nicht verlieren,
Doch mußt du mich nicht selbst inkommodieren.
Die Moral Ihr habt den schönen, breiten Platz da vorn;
Ich aber sitze auf der schmalen Spitze;
Ihr habt den Zügel, ich den Sporn –
Für mich ist's nicht gemächlich auf der Mütze.
Faust Noch mehr bedaure ich das arme Pferd:
Die Reiter sitzen so *verkehrt*.
Mephistopheles *(malitiös lachend.)*
Mich dauert auch der arme Tropf:
Der Plumpste sitzt ihm grade auf dem Kopf.
Die Hoffnung Überall hab' ich zu tun;
Mich martern sie ab, und sie selber ruhn! –
Gält ich nur mehr Verbrechen denn Tugend:
Kräft'ger wär's Alter, tät'ger die Jugend.
Die Redlichkeit *(an einem Stückchen Brote kauend.)*
O du gemeines Menschenvolk, das mich verlacht!
Mit Hohn verfolgt, zur Bettlerin gemacht!
Die, welche sie Verbrecher nennen, sind nur dumm,
Und ihre größten Schurken laufen frei herum.
Mephistopheles *(spuckt nach ihr.)*
Hier, liebe, alte, zänk'sche Muhme,
Noch etwas Butter auf die Krume!
Die Ehre *(zur Redlichkeit.)*
Ihr habt ganz recht, geliebte Muhme;
Doch geht's euch besser noch als mir;

Ihr findet doch ein wenig Speise hier:
Ich bin *Gespenst*, und zehr' an meinem Ruhme.
Faust *(zu Mephistopheles.)*
Ich bitte dich, nun laß' uns weiter reiten;
Mich ekelt dieses viele Klagen an;
Es ist kaum mehr, als man zu allen Zeiten
Von uns, den Gottesaffen, sagen kann.
Jetzt fühl' ich's klar, du hattest Recht:
Die Menschen sind mehr dumm als schlecht.
Nur einen Fußtritt der Geduld!
Die Tugend ist an allem Unheil schuld!
Die Zensur *(hinter ihnen.)*
Gevatter Satan! Faust! Ich bitte,
Laßt mich hinein in eure Mitte.
Faust *(wirft sie zu Boden.)*
Verfluchter Geist, dich duld' ich nicht!
Giftkröte du, verpeste nicht die Luft!
Verdammtes Aas! Nichtswürdiger Schuft!
Die Hölle selbst speit dir in's Angesicht!
Mephistopheles Ei, ei, mein Freund, wer wird so böse werden!
Den treusten Diener schlägst und schimpfest du.
Ich bitte, schnüre doch das Herz dir zu,
Sonst hast du keine Ruhe hier auf Erden.
Die Offenheit bringt dich zu Schanden;
Das Schlechte ist einmal vorhanden.
Was schief, ist g'rad' – das G'rade nur ist schief!
Das nennt man hier in Deutschland objektiv.
(Nach einer Pause.)
Und jetzt gib deinem Pferde einen Stoß,
Willst du nicht länger hier verweilen;
Laß uns hinauf zum Blocksberg eilen;
Dort oben ist der Teufel erst recht los.

Wilde Jagd Hu, hu, hu!
Immerzu, immerzu!
Ohne Rast, ohne Ruh!
Wau, wau, wau!
Kein Ohr für ein Au!
Husch, husch, husch,
Durch Wald und Busch!
Piff, paff, puh!
Immerzu, immerzu!
Nimmer ruht, nimmer ruht!
Ohne Kopf geht es gut!

* * *

(Auf dem Blocksberge.)
Mutterhexe Mitternacht ist vorbei!
Nun singt und tanzt in bunter Reih'
Ihr Molche und Unholde,
Ihr Hexen und Kobolde;
Werft die Beine in die Höhe;
Doch zuvor schreit dreimal Wehe
Über diese Welt,
Wo der Frühling Einzug hält;
Daß er sie nicht mag belehren,
Neues Leben zu begehren;
Daß die Menschen Knechte bleiben,
Daß sie Seelenwucher treiben,
Daß sie andere betrügen,
Und sich selbst belügen;
Daß sie verleumden und lästern,
Dafür sorgt, ihr Schwestern!
Geschrei der Hexen Wehe! Wehe! Wehe!
Mephistopheles Prosit, es geschehe!
Mutterhexe Und nun singt in Sieb'n mal Sieben,

Daß auch wir den Frühling lieben;
Singt und springt im bunten Kreis,
Zu des Satans Ehr' und Preis.

Frühlingslied der Hexen *(Gesang und Tanz.)*

April ist fort, der Mai ist da!
Der Guckguck schreit es fern und nah;
Es blitzt die Frühlingssonne;
Das Schwein grunzt auf vor Wonne;
Die Raupe kriecht auf grünem Blatt,
Und frißt sich wieder kugelsatt:
Das Fressen ist das Nächste.
Der Baum wird grün, der Vogel singt,
Das Tal wird warm, die Knospe springt;
Es pulst in allen Steinen,
Wir fühlen's in den Beinen.
Es denkt das schlaue Weib, deß Mann
Dem Frühling nicht mehr folgen kann:
Der Männer gibt es viele!
Die Lüsternheit ist neu erwacht;
Die Menschen kosen in der Nacht,
Denn alles, was notwendig,
Ist ihnen unanständig.
Die Tauben aber schnäbeln sich,
Und hinten girrt Herr Täuberich,
Und macht nicht lange Faxen.
Es grünt und blüht der volle Strauch,
Doch zeigt er oben Blüten auch,
Die duftigen und bunten,
Die Schlange zischelt unten;
Da wo sich freut der Menschensohn,
Da freut sich auch der Satan schon,
Und faßt ihm in die Haare.
Der Fluß beginnt den alten Lauf,

Der Bach reißt seine Augen auf;
Das Meckern von den Schafen
Läßt ihn nicht länger schlafen;
Die Schafe beißen in das Gras,
Und saufen sich die Leiber naß,
Und sind damit zufrieden.
Die Krähe fliegt nun aus der Stadt,
Und was sie da gesehen hat,
Erzählt sie an dem Galgen,
Wo sich die Schwestern balgen;
Der Ochse aber nebenan,
Das ist der wahre Ehrenmann,
Läßt vor den Pflug sich spannen.
April ist fort, der Frühling da!
Poeten singen's fern und nah;
Trotz ihrer vielen Lieder
Kehrt er noch immer wieder!
Die Ketten aber welken *nie*!
Das ist die Hexen-Poesie,
Wo alles blüht und dichtet!
Eisenbahngeist Ich jage sie aus Haus und Mist
Mit ihren sieben Sachen;
Wer wirklich etwas Großes ist,
Der darf auch breit sich machen.
Idealist *(hinter ihm.)*
Berechnen kann, du großer Geist, man nie,
Was deine Bahnen einst erwecken!
Es sind die Riesen-Arme, die
Die Völker sich entgegenstrecken. –
Realist Ich bin im Grunde nicht dagegen;
Liegt nur erst eine gute Zahl,
So kann man billig auch die andern legen:
Die Ketten liefern dann das Material.

Faust *(zu Mephistopheles.)*
Mich wundert, daß du dich vor diesem Geist nicht bangst?
Mephistopheles So lang das Geld besteht, wird mir nicht angst.
Falscher Prophet Ihr stört mich mit dem Schrein und Springen;
Horcht auf, ich will jetzt Psalmen singen!
(Er singt.) Die Welt, die Welt geht immer mehr zurück:
Als Schurke selbst macht man nicht mehr sein Glück!
Altes Weib Eins, zwei, drei, vier, fünf, sechse!
Falscher Prophet Was wirfst du da in deinen Kessel, alte Hexe?
Altes Weib Eine Zunge, die immer gelogen!
Den Speichel eines Demagogen!
Einen hungrigen Eselsmagen!
Einen frischen Polizeikragen!
Ein Stück vom heiligen Kreuze,
Das ich mit Knoblauch beize!
Nun schnell gerührt! Wenn's mir gerät,
So hast du einen Spiegel, Herr Prophet!
Ein Frosch Lessing war ein großer Mann,
Ich bin auch nichts Kleines;
Strebe jeder, wie er kann,
Mir gefällt nur meines.
Alle die erzürnen mich,
Die was Tücht'ges leisten,
Weil sie dann so viel wie ich,
Sich zu sein erdreisten.
Weil's in mir nur quakt, nicht singt,
Haß' ich die Besinger;
Jeden, dem derlei gelingt,
Klopf' ich auf die Finger.

Alle Fliegen schnapp' ich fort,
Fort Genies und Dichter!
Einer ist was wert am Ort,
Das bin ich, der Richter!
Doch den Quaker, der erst *kommt*,
Nehm' ich zum Soldaten;
Da das Loben etwas frommt,
Wird mein Ruhm geraten.
Anderer Frosch Kecker reckt der Kecke sich!
Quark nur quakt und kackt er!
Stracks Produkte mit Kritik
Packt' er und behackt' er!
Im Moraste huckt er,
Der Kloak-Charakter!
Gieren Auges guckt er;
Was er fängt, verschluckt er!
Mit den Krallen matscht er;
Jeden Quark bepatscht er!
Rieb sie rächend selbst an mir,
Plagte, quälte, schimpfte schier,
Als mein Lob für ihn erlosch!
Kecker Kerl, der kleine Frosch!
Laus, Floh, Mücke und Wanze *(im Ringeltanz.)*
Zur Plage sind wir nur geschaffen,
Und haben Vettern hoch und hehr;
Man sieht nicht immer unsre Waffen,
Man fühlt sie aber desto mehr.
Es schmeckt uns süß, es schmeckt uns gut,
Das liebe, liebe Menschenblut!
Das ist des Glückes echtes Kind,
Das so nur ist, weil and're sind.
Phantasie Durch alle Himmel möchte ich euch tragen;
Die Welt der Zauber hättet ihr im Nu:

Allein die Polizei hat mich beim Kragen;
Die Konvention schnürt mir die Kehle zu.
Ein Operngucker Nur Oper, Oper! denn bloß
hinzublicken,
Und wonnig mit dem Kopf zu nicken,
Da halt' ich mit dem Pöbel Schritt!
Zum Schauspiel braucht man Geist, Verstand;
Die haben wir nicht stets zur Hand;
Da komm' ich mit dem Plebs nicht mit.
Shakespeare Kein urkräft'ger Geist, keine Menschen,
lauter Leute!
War ich verrückt, oder sind sie es heute?
Entweder, oder! denn ich gehöre,
Nicht in diese teediplomatische Sphäre!
Eure Dramen sind Handwerk, sind nimmer Dichtung!
Kein Leben, kein Wille, nur Spuk und Richtung!
Statt den Menschen aus seiner Seele zu erfassen,
Und ihn selber fühlen, denken und laufen zu lassen,
Führt ihr, mit mehr oder wen'ger Geschick,
Bildungs-Puppen am Tendenzenstrick!
Schiller *(Arm in Arm mit Goethe.)*
Weil sich mein reiner Geist dem Dunstkreis
scheu entzogen; –
Hat auch die Schönheit er, die Wahrheit nie betrogen, –
Weil ich zu hoch für sie, weil ich für sie im Fernen,
Ständ' tief ich unter dir, so schnattern die Modernen.
Doch könnt' ich selig auch durch alle Sphären fliegen,
Stets würd' ich, gleichen Wert's, an deinem Halse liegen!
Goethe Ich bin die deutsche Erde, du der Himmel,
Du Ideal, ich das Gewimmel.
Auf zur Unsterblichkeit schwang sich ein jeder:
Du brauchtest Flügel, ich nur eine Feder.
Mehr gelt' ich drum wohl einer Welt,

Die sich am Nahen, Kleinen hält;
Die sich, auflösend Trug und Schein,
Leib und Gedanken will befrein.
Sie träumt nicht, eh' sie gut gebettet;
Die Zeit ist Faust, – sie sei gerettet!
Politik Ich fresse Titel, Geld und Orden,
Davon bin ich so dick geworden;
Und will ich fort, dient als Vehikel
Von Zeit zu Zeit mir ein Artikel.
Halb offiziell: man meint, man sagt,
Man jubelt, freut sich, nie: man klagt.
Das Edelste ist mir Verbrechen;
Versprach ich, tat ich mich versprechen;
Millionen mach' ich dumm und arm;
Nur eins und einen halt' ich warm.
Faust Seitdem die Hure in der Welt.
Ist Gottes Mensch nur tätig Geld!
Ein Purpur *(flickend.)* O Königstum,
Wo ist dein Glanz und Ruhm?
Die Welt ist verdreht:
Im Geist sucht sie die Majestät!
Kaum setz' ich hier den Flicken drauf,
Reißt dort ein größer Loch mir auf!
Astronomie Bei lichtem Tage können sie nicht funkeln:
Die Sterne glänzen nur im Dunkeln.
Geographie Mit Blutig-Rot, – mit Braun und Blau, –
Mit Schwarz auf Weiß sodann;
Mit Grün und Gelb, – mit Dunkelgrau –
Streich' ich die Kerker an. –
Genealogie Geboren o, gefüttert sechzig Jahre;
Im einundsechzigsten auf goldner Bahre:
Als ihm das † ich aufgericht't,
War er's zuerst den andern nicht.

Philosophie Was der gemeine Volksverstand
Im Augenblick erkennt als wahr,
Das prüf' ich schon zweitausend Jahr,
Und hab's noch heute nicht erkannt.
Faust Gemeiner, edler Volksverstand,
Wie schändlich bist du doch verkannt!
Mathesis Mich zu verbieten hat man noch vergessen;
Ich lehre schon den Kindern Größen messen.
Alte Pädagogik Zu was wär' sonst wohl noch der Mensch auf Erden,
Als mit dem Altertum vertraut zu werden?
Zollgeist Mit Tabak, Rüben, Wein und Wurst,
Mit allem gegen Hunger und Durst,
Mit dem Tausendfalt des Luxus,
Mit dem ungehinderten Konfluxus
Der gesamten Lebenskleinheit:
Schaff' ich die große deutsche Einheit!
Verzeiht, wenn in dem Wirrwarr ich vergesse
Die Volksvertretung und die freie Presse.
Lustiger Vogel Verbannt sind bald die Schergen und die Späher:
Um einen Zoll sind wir der Freiheit näher.
Humor Das Volk will ich zu voller Würde bringen,
Den Prunk von aller Hohlheit niederreißen:
Mag mich die Mitwelt einen Narren heißen;
Als Helden wird die Nachwelt mich besingen.
Und will sie's nicht, so lasse sie es bleiben!
Wie mich es treibt, so will ich's wieder treiben!
Half ich nur kühn das Vorurteil besiegen,
Dem Nachurteil will gern ich unterliegen.
Zyklop *(schmiedend.)*
Stark' geschlagen; bin nicht angst!
Schlechter Schmied, wenn du dich bangst!

Hastig, hastig, munter!
Ur-, Natur-Recht, dumm Geschwätz,
Gibt's doch nur *ein* Grundgesetz:
Drüber oder drunter!
Kraft, Gewalt bezwingt Natur!
Hartes Eisen, seufze nur;
Zisch' und sprüh' in Frieden!
Grade wenn es stöhnt und sprüht,
Wenn es seufzt und zischt und glüht,
Läßt sich's Eisen schmieden!
Mephistopheles *(zu jungen Teufeln.)*
Ehrt den Meister,
Kleine Geister!
Seid mir zu Gefallen;
Müßt mir lutschen an den Krallen,
Bart und Pferdefuß mir streichen;
Küßt mich, wo wir all' uns gleichen.
Hab' eben mit der schönsten Hex' getanzt,
Im Grase dann mich abgeranzt;
Bin wohlig rundherum!
Gebt mir einen Becher Feuer drum,
Und singt mein Lieblingslied mir vor,
Doch recht im hellen, gellen Chor.
Junge Teufel *(aus Schädeln Feuer trinkend.)*
Eigennutz und Priesterzwang!
Hier bei hohler Schädel Klang
Lassen wir euch leben!
Höllenfeuer, schmeckst so gut!
Bist du doch das gift'ge Blut
Aus des Hasses Reben.
Haß und Haß und Haß und Haß!
Heißa ohne Unterlaß,
Heißa, Haß soll leben!

Schinderweib, du Tyrannei,
Und dein Hund, die Sklaverei,
Ihr sollt ewig leben!
Und du, schönes Vorurteil,
In dir liegt der Teufel Heil,
Sollst noch lange schweben!
Zeugst ja immer neuen Haß,
Heißa, heißa, heißer Haß!
Heißa, Haß soll leben!
Und auch dich, Philisterernst,
Der du Lust und Sang entfernst,
Lassen Teufel leben!
Dichtervolk, voll Geist und Mut,
Singt von Freiheit, diese Brut;
Macht die Hölle beben!
Tilge sie, du heißer Haß!
Heißa, ohne Unterlaß,
Heißa, Haß soll leben!
Dreck, der wieder wird zu Dreck!
Hi, hi, hi, kommst nicht vom Fleck!
Laß dein dummes Streben!
Du, des ew'gen Geistes Geck,
Kannst mit deinem Schweinespeck
Nimmer dich erheben!
Haß und Haß und Haß und Haß!
Heißa, ohne Unterlaß!
Heißa, Haß soll leben!
Bis die Nacht hat ausgeschnarcht,
Und die Lieb' ist eingesargt,
Woll'n wir uns verschnaufen.
Bis der junge Tag sich reckt,
Und der Neid die Krallen streckt,
Laßt uns tüchtig saufen!

Höllenfeuer, süßes Naß!
Heißa, heißa, heißer Haß!
Heißa, Haß soll leben!
Schwindelgeist Ich liebe die Freiheit und habe Mut,
Ich sehe nicht ein, daß alles gut;
Ich krieche nicht um Gold und Gunst:
Gebor'ne Größe ist mir Dunst.
Ich will das Gesetz für alle gleich;
Ich glaube an Gott, aber nicht an euch.
Faust Warum heißt dieser Geist nun Schwindelgeist?
Mephistopheles Man nennt ja manches anders, als es heißt.
Landstand Gut zu achten bin ich da,
Ich achte gut – und sage Ja,
Laß' Millionen brummen;
Lad't man mich zu Tische ein,
Gibt mir eine Schleife fein,
Muß ich wohl verstummen.
Schnack! daß schon, so lang man denkt,
Mit den Schleifen man behängt,
Die Sünder und die Dummen.
Bleiche Gespenster *(im Chor.)*
Zur Erde den Blick, zur Erde den Blick
Den Himmel *zum Vorwand*, die Erde *zurück*.
Faust *(zu Mephistopheles.)*
Was tappen die, als ob's zu helle wär',
Mit halb verbundnen Augen hin und her?
Mephistopheles *(hustend.)*
Das sind die Herren Pi – pi – etisten;
Sie spielen Blindekuh, die Christen.
Ein jeder bindet sich die Augen zu,
Und wen er faßt, wird gleichfalls *blinde Kuh*.
Faust Laßt sie nur Feuer speien, die dumme
Schwärmerzunft!

Es fließt klar und ruhig der Strom noch der Vernunft!
Er löscht die glühenden Kugeln des Eifers gegen sich.
Und machet die Zeloten am Ufer lächerlich!
(Nach einer Pause:) Doch der, was predigt er,
was schreit er?
Mephistopheles Das ist ein deutscher Mäßigkeiter.
Faust Hier noch Vereine für die Mäßigkeit!
Nun steigen mir zu Berg die Haare!
Auf einen Rausch wart' ich schon lange Jahre,
Nun noch *Vereine* für die *Mäßigkeit*!
Ein Löwe Verfluchte Hunde! Liberal
Ihr Lumpenkerls, ihr Wichte!
Ich hasse Schwindel und Skandal,
Und brülle nur Geschichte.
Faust Der Löwe ist wohl nicht in Afrika geboren?
Mich dünkt, er hat gewaltig lange Ohren.
Löwe Das weiß sie nicht, die dumme Brut,
Was ihren Quark zerbricht:
(Sich stolz erhebend.) Was existiert, das ist auch gut!
(Stößt mit dem Kopf gegen eine Mauer.)
Nur diese Mauer nicht.
Lustiger Vogel *(singend.)*
Ich lobe mir das Schaf, den Esel und die Kuh;
Wer dumm ist von Natur, der hat ein Recht dazu;
Doch will ein kräft'ger Leu durchaus ein Esel sein,
So brüll' er, was er kann, wir hör'n nur *Ja* schrein.
Alte lahme Krähe Ich zieh' mir die Kapuze über's
Gesicht,
Dann sieht man den Demagogen nicht;
Und sähn die Blinden, daß ich sehe,
Wer weiß, welch Unheil dann geschähe.
(Hinkt weiter.)
Zufriedener Lyriker Wann so die Welt in Zorn gerät,

Sitz' ich am Bach und singe,
Und nennt mich's Schätzle: Herr Poet,
So bin ich guter Dinge.
Faust Der gute Kerl ist nicht gescheit:
So Süßes in so saurer Zeit!
Mephistopheles Ein jeder bringt zu Markte was er hat,
Macht andere, und auch sich selber satt.
Fledermaus Um die alte Kirche schweif' ich herum,
Bald hier, bald da, gradezu und krumm,
Daß ich den Trug bewahre!
Kommt einer mit dem Licht daher,
Husch, flieg' ich hinunter die Kreuz und Quer,
Und gerate ihm in die Haare.
Ernste Geister *(Chor der Felsengesichter.)*
Vergebens *strebst* du, Menschensohn!
Das Schicksal spottet Dein.
Dem Höchsten auf dem höchsten Thron,
Kannst du nur Werkzeug sein.
Der Tropfen in dem Weltenmeer,
Muß rinnen immerfort;
Der goldne Stern im Sternenheer
Kann nicht herab von dort.
Der bunte Sänger muß entfliehn,
Sobald der Winter naht;
Der Lenz ist da, die Blumen blühn,
Heraus, du junge Saat!
Von dort her kommt die Sonne klar;
Sie sinket hier hinab;
Du kräft'ger Mann mit lock'gem Haar,
Wie bald mußt du in's Grab!
Die Hexen, Teufel und Mephistopheles
Verlacht der Menschen Pläne!
Das All geht seinen Lauf!

Die große Zeit-Hyäne
Frißt selbst die Leichen auf!

Geister der Liebe *(Chor über dem Felsen.)*

Nein, nicht zu seinen Puppen schuf euch, den alles preist!
Es lebt und webt ja selber in euch der große Geist.
In Gottes einem Willen der runden Ewigkeit,
Da bildet, *was ihr wollet*, die Lose und die Zeit!

(Der Hahn kräht.)

Franz Falk
Ein neuer Faust und der alte Satan

oder

Was angeboren sein muß,
kann nicht angekauft werden
Eine Traumgeschichte
(1846)

Faustulus war ein feiner, junger Mann von der neuesten, also allerbesten Erziehung. Er wußte Mathematik, Physik, Naturlehre, Chemie, Anatomie, Philosophie, Philologie, Geographie, Archäologie, Ethik, Ästhetik, Weltgeschichte, Jurisprudenz, Mechanik, Technik, Heraldik, Diplomatik u. s. w. Er konnte ferner reiten, tanzen, fechten, ringen, schwimmen, jagen, ferntreffen, voltigieren, exerzieren u. a. m.

Auch in den schönen Künsten war Faustulus kein Fremdling; er zeichnete, malte, musizierte, dichtete, – nur daß, was er zeichnete, niemand sehen, was er aufspielte, niemand hören, und was er dichtete, leider niemand lesen wollte!

Das machte den jungen Mann verdrießlich, und brachte ihn in Zerfall mit sich selbst; er hätte so gerne geglänzt und die Welt – sei es durch Gedanken, Töne oder Formen – in Erstaunen gesetzt. Da er dieses nicht vermochte, trotz unausgesetztem Ringen und Streben, so legte er auch auf die übrigen ausgezeichneten Gaben, womit ihn das Glück beschenkte, keinen Wert, und geriet in seinem stets wachsenden Mißmute auf allerlei seltsame Gedanken, endlich auch auf den unglücklichsten von allen: – den Teufel zu zitieren.

Da er indes den Wahn, daß sich der Teufel nicht beschwören lasse, daß er, unten festgebannt, entweder nicht erscheinen könne oder wolle, mit seinen aufgeklärten Zeitgenossen teilte, so versprach er sich auch von dieser Maßregel nicht sonderlich viel.

Als er jedoch eines Abends von einem Spaziergange nach Hause kam, auf welchem er sich mit diesem seinen Lieblingsgedanken lebhafter als je beschäftigte, bemerkte er auf seinem Schreibpulte eine äußerst zierliche Visitenkarte; der Namenszug war vor lauter kalligraphischer Schönheit fast unleserlich, bei genauerem Hinblick jedoch unterschied er folgende fünf Buchstaben: »SATAN«.

»Jean!« rief hierauf Faustulus seinem Bedienten, »wie kam diese Visitenkarte hierher?«

»Es hat sich ein eleganter Herr angefragt«, antwortete Jean, »und mich nebst Empfehl beauftragt, ich möchte Euer Gnaden zu wissen machen, daß er seine Visite noch heute erneuern wolle, wenn er gerufen würde; die Karte ließ er hier.«

Um den heimlichen Wunsch des Faustulus: ein Teufelsbeschwörer zu werden, wußte keine Seele, und es konnte sich niemand mit ihm einen solchen Spaß machen als höchstens – der Teufel selbst. Die Sache war höchst mystisch und der Verstand des aufgeklärten Sohnes unserer Zeit drohte alle Augenblicke aus dem Ringe zu springen.

Jean entfernte sich so unschuldig als er kam, und Faustulus betrachtete noch ein Mal die ominöse Karte; er hielt sich dieselbe vor die Nase, ob sie nicht etwa ein wenig nach Schwefel röche; er konnte dergleichen nicht entdekken, sie hauchte vielmehr starken, rosigen Duft – gleichwohl rieselten zuweilen häßliche Schauer durch alle seine Glieder.

Und heute noch sollte er erscheinen, »wenn er gerufen würde«. Die Nacht kam auch schon schwarz angebrochen; da wurde unserem Faustulus die Courage plötzlich zu wenig; er schien an der Visitenkarte Satans einstweilen genug zu haben.

Bei längerer und reiflicherer Überlegung fand Faustulus es dennoch für gut, den Teufel zu rufen. Um indes gegen den Erbfeind des Menschengeschlechtes in etwa geschützt zu sein, suchte er nach irgend einem heiligen Symbol in seinem Zimmer; da sich aber nichts dergleichen vorfand, so nahm er – Not macht erfinderisch – aus seinem spanischen Rohre die Quaste heraus und zog ein Hölzchen durch, so daß der Stock die Form eines Kreuzstabes bekam; nun legte er den Stock hinter sich in ein Eck, und deckte so gleichsam seinen Rücken; d'rauf rief er dreimal hintereinander aus ganzer Seele: »Erscheine, Satan!«

Und siehe, da erfüllte sich das Gemach mit Wohlgerüchen von Bisam, *Eau de Cologne und mille fleurs* – unter ihm schien es wie ein leises Erdbeben zu dröhnen, doch das konnte auch Einbildung gewesen sein, denn es sauste dem guten Faustulus gewaltig um die Ohren.

Zu gleicher Zeit ließ sich im Vorzimmer eine rauhe Baßstimme hören, worauf Jean eintrat und denselben Herrn anmeldete, der heute schon da gewesen.

»Er komme«, sagte Faustulus, – die Narrenposse! dachte er, ich bin wohl selbst ein dummer Teufel, daß ich mir einbilde, von Mephisto beehrt zu werden.

Indessen trat der Fremde ein, – ein ansehnlicher Herr in seinen schönsten Jahren, nach dem neuesten Pariser Moden-Journal gekleidet, die Finger blitzten von Diamanten – er schien sehr gelassen, ganz Solidität, ganz Mäßigung; Orden hatte er keinen.

Satan Sie verzeihen, wenn ich mir in der Tat die Freiheit nehme.

Faustulus Wie? Sollte ich in Wahrheit die Ehre haben, mit – Herrn von –

Satan Satan zu sprechen? Allerdings, wenn auch eben nicht Herr von – Mephisto steckt auch in dem schlichten »Herr«.

Faustulus Aber so ganz ohne infernalisches Abzeichen! Wo bleibt zum Exempel der Schwefelgeruch?

Satan Das nimmt Sie Wunder? Eben damit man den Schwefel nicht schon auf zehn Schritte rieche, parfumiert sich der Teufel.

Faustulus Nicht übel, aber ich zweifle doch, daß Sie, mit Ihrer Erlaubnis, der Teufel sind.

Satan Sie zweifeln? Wie können Sie zweifeln? Wissen Sie nicht, daß der Teufel ein »Freund der Wahrheit« ist?

Faustulus Aha, Sie sind vielleicht –

Satan Ich wohl nicht – aber ein Besessener.

Faustulus Auch gut. Aber Sie müssen mir dennoch – Sie verzeihen schon – irgend einen eklatanten Beweis Ihrer Teufelei geben.

Satan Das versteht sich, blicken Sie mal auf Ihren Tisch!

Als Faustulus hinblickte, schimmerte darauf ein Haufen Dukaten; der Teufel deutete hin, und sagte mit majestätischer Stimme: *»C'argent c'est moi!«*

Faustulus Vortrefflich! Das ist ein *argumentum ad hominem*! Jetzt zweifle ich nicht mehr, daß Sie ein Freund der Wahrheit und höchstselbst der Teufel sind. Aber wie gelange ich zu einer Ehre, nach welcher so viele vergebens trachten?

Satan Warum soll ich jedermann selbst erscheinen, da es heutzutage Leute genug gibt, die bereit sind, um zehn Gulden des Teufels zu werden?

Faustulus Es ist natürlich, daß Mephistopheles gern in's Schwarze malt; – also gäbe es doch auch Leute, meinen Sie, die durch ein so kleines Sümmchen nicht zu verführen?

Satan Ja, darum sorgte ich für ein größeres. *(Deutet auf den Tisch.)*

Faustulus Schönen Dank! Doch wie lange hätte man für solch ein Dukatenhäufchen allenfalls einst zu braten?

Satan Der Sage nach auf ewig, wie E. Wohlgeboren wissen; doch unter uns gesagt: der Teufel ist sich seiner eigenen Unsterblichkeit nicht mit Evidenz bewußt – drum lassen sich E. Wohlgeboren nicht abschrecken!

Faustulus Also doch so lange, als das Reich des Teufels noch währen dürfte? – Und für das bißchen da?

Satan Zu wenig etwa? Zählen Sie mal! Zählen Sie mal! Doch hab' ich gleich jetzt nicht mehr bei Handen, so kann ich doch zur Stunde mit mehr dienen, – Satan hat Kredit.

Faustulus Bemühen Sie sich nicht! Ich habe es nicht nötig, mit dem Teufel eben Geldgeschäfte zu machen, und was ist auch Geld ohne – doch davon später. –

Satan Sogleich, muß ich bitten, sogleich – meine Zeit ist kostbar; man ruft mich in diesem Augenblicke in London, Paris, Wien, Berlin, Petersburg, Neapel, Rom, Madrid – in letzterer Stadt –

Faustulus Schade; es ist mir auch um Ihre auserlesene Konversation zu tun.

Satan Was wollen Sie also von mir, der Sie kein Geld brauchen? Gesundheit etwa?

Faustulus Von Mephisto? Verdächtiger Doktor!

Satan Wenn von Euren Äskulapen, desto besser – diese verkürzen meine Ungeduld nach Euren armen Seelen nicht wenig. – Soll ich Sie vielleicht jünger machen, als Sie ohnehin sind?

Faustulus Ich bin für keinerlei Rückschritt; und dann, was ist selbst Jugend und Gesundheit ohne –
Satan Ohne Rang vielleicht? Ja, ja, das ist's; der Herr ist ja doch weiter nichts, als ein »bemalter Bauer«. – Soll ich Sie zum Grafen oder Fürsten machen?
Faustulus Mein Gott, was ist Rang ohne –
Satan *(Für sich.)* Kann der Teufel nichts mehr erraten? *(Laut.)* Gehören Sie etwa zu den Sentimentalen, und ich habe das Herz einer spröden, blöden Schönen zu bearbeiten? O, ich will ihr ein Dekokt bereiten, das gewiß –
Faustulus O bereiten Sie lieber meiner jetzigen Amantin einen Lethetrank, damit sie meiner ganz und gar vergesse, was ist das alles ohne –
Satan Nun, ohne was? In's Teufels Namen!
Faustulus Ohne Genie!
Satan Ohne Genie?
Faustulus Gib mir Genie, Satan, und meine Seele ist Dein auf ewig!
Satan *(Bestürzt.)* Genie!
Faustulus Gib und nimm sogleich die Verschreibung mit meinem Blute.
Satan Sie setzen den Teufel in Verlegenheit, mein Herr!
Faustulus Mache mich zu einem großen, noch nie dagewesenen Redner oder Dichter, Maler, Bildhauer, Tonkünstler –
Satan Der Einfall ist nicht übel, aber –
Faustulus Ein Aber? Wenn ich für Dein Geschenk soll zur Hölle fahren, so wird das doch nicht zu viel verlangt sein?!
Satan Erlauben Sie, mein Herr, ich bin selbst nicht viel mehr, als ein Genie, ich kann wohl andere Genies nach meinem Geschmacke bilden, aber keine schaffen.
Faustulus Also, so steht es mit Dir Halunke? Echtes kannst

Du den Leuten nicht bieten – und um allerlei eitlen Firlefanz willen sollten wir die ewige Seligkeit in die Schanze schlagen? *(Greift nach dem Kreuzstock.)*
Satan *(Betroffen.)* Was ist das? *(Greift nach seinem Hute.)*
Faustulus Es ist, wie ich mit Vergnügen sehe, noch immer das, was der Teufel am meisten fürchtet: Das Symbol der Erlösung, der höchsten Aufopferung und Liebe.
Satan Das aus Dero Munde? Dieselben sind ja doch wohl ein Lichtfreund? *(Will gegen die Türe.)*
Faustulus *(Tritt ihm mit dem Kreuzstock in den Weg.)* Sage diesen Herren, daß man bei ihnen vom Lichte viel hört, und wenig sieht. Doch es heißt, man soll dem Teufel das Kreuz in's Gesicht schlagen. *(Er tut es.)*

Als Satan den Schlag erhalten, da verwandelte sich, hu, ein gräßlich Wunder! der elegante Modeherr plötzlich in den leibhaftigen Gottseibeiuns, und stand – ein scheußliches Ungetüm – da mit Hörnern, Bocksfüßen und allen übrigen Satans-Attributen. Infernalischer Gestank erfüllte das Gemach.
Faustulus ging mit der siegreichen Waffe auf den Unhold los – und Mephisto erhob ein jämmerliches Zetergeschrei.
Auf dieses Geschrei stürzte Jean zur Türe herein, seinem Herrn beizustehen; als jedoch Satan die Tür offen erblickte, sprang er ungestüm dagegen, rannte den guten Jean im Nu über den Haufen und machte sich davon. Jean fiel vor Entsetzen in Ohnmacht.
Faustulus klopfte das Herz, aber von nun an vor Freude; denn wer den Teufel überwunden hat, dachte er, der hat Genie genug für diese Welt.
Über dem Dukatenhaufen erhob sich eine bläuliche Flamme, welche ihn hastig verzehrte.

Der gute Jean fiel, wie gesagt, in Ohnmacht, aus dieser in einen festen Schlaf, aus diesem in seine frühere Simplizität, und zufolge dieser hielt er den ganzen Spuk für einen närrischen Traum.

G. L.
Betrachtungen über Dr. Faust

mit daran geknüpften erbaulichen
Konsequenzen für die Kunst
mit Illustrationen von
Theodor Hosemann
(1847)

**Wie Faust Lichtfreund werden wollte,
und ihn darob der Teufel holt.**

Erstes Kapitel

(Wie Faust mit Hilfe des Teufels seinen Lebenslauf verkennt. Der Autor begießt Fausts Andenken mit einer Träne des Mitleids, und schüttet seinen Schmerz darüber aus, daß derselbe seinen Genius nicht den schönen Künsten zugewendet. Er gewährt dem Leser einen entzückenden Blick in den Feengarten der Musen und läßt mit Darlegung der Meriten, wodurch Faust sich für die Künste qualifizierte, sein erstes Kapitel auslaufen.)

Wenn wir betrachten des Dr. Fausti Biographie,
Wie Juristerei er studieret und Philosophie,
Und leider auch Theologie mit heißem Bemühn,
Und wie mit Magie er sich abgibt und mit Medizin,
Und dann verzweifelnd, trotz seinem Wissen, zu zagen:
So können unser Mitleid wir ihm nimmer versagen;
Zuletzt hat ihn der Teufel obendrein noch geholt!
(Warum hat er auch Lichtfreund werden gewollt?!)
Damals war Satanas nicht so aufgeklärt,
Daß er leichthin jedem gewährt,
Im Himmel und auf dieser Erden
Nach eigner Façon selig zu werden;
Indem Faust Bileam's Esels Gespräche nicht
anerkannt,
Ist er recht blindlings in die *bredouille* gerannt. –
Wie ich aus jenen alten Büchern mir gelesen*,
Ist es auf der Schule zu Krakau gewesen,
Wo Faust die verderblichen Grundsätze eingesogen,
Durch die er sich den Teufel auf den Hals gezogen.
Hätte nun damals schon die Diplomatie sich der
Krakauer angenommen,
Und sie bevormundet zu ihrem Nutzen und Frommen,
Fausten wäre dies *malheur* gewiß nicht passiert,
Denn väterlich hätte man ihn da auf den rechten Weg
wohl geführt.
Oder wenigstens eingeführt und bewacht,
Und so sich und anderen unschädlich gemacht. – –
Genug – wir sehen, daß Faust seine Carièrre verfehlt;
Denn nicht einmal in Walhalla ist er aufgestellt,
Und wird dort auch schwerlich je eingeführt,

* Aus dem Konversations-Lexikon von Brockhaus zog ich diese Notize heraus.

Wie Faust als Student zu Krakau in der jetzigen Zeit auf den rechten Weg geführt worden wäre.

Wenn nicht etwa der Papst noch für ihn petitioniert,
Oder irgend eine Fee oder *enchanteresse* ihn 'rein
expediert.
(Sicher, spanisch müßte es jedem vorkommen,
Würde Faust in Walhalla jetzt aufgenommen.)
Wenn wir nun hierüber Betrachtungen anstellen,
So müssen uns die Gedanken quälen,
Warum, da ihm doch alles nicht wollte gelingen,
Er nicht der Musen Gebiet tat bespringen?
Die *artes liberales* hätten gewiß ihm gegeben,
Wonach er gestrebt und gelechzet im Leben!
In der Camönen Schoß war er sicherlich sicher gebettet,
Unter Appollo's Schutz wohl vor der Hölle gerettet:
Finden wir doch Kunstbeflissene öftermal
Glückselig schon hienieden im ird'schen Jammertal;
Denn sehn wir nicht häufig, mit vieler Rührung,
Am Halse ihnen baumeln eine Verdienstverzierung? –
Noch mehr: wurde doch Benvenuto Cellini'n
Sogar ein Zeichen vom Himmel verliehn,

Wie die Camönen den in ihrem Schoße gebetteten Faust vor dem Teufel geschützt hätten.

Indem ein Strahl von seinem heiligen Licht
Sich gloriengleich ihm um die Schläfe flicht!* –
Die Künste beackern ein gar herrlich Gebiet,
Säen und ernten Nektarschaum für Herz und Gemüt,
Auch brauchen die Künstler keine Gewerbesteuer zu zahlen,
Und wenn sie kein Geld haben, können sie sich was malen.
Wir können nicht umhin, hier einzuschalten,
Daß sich der Teufel doch recht nichtswürdig verhalten
Gegen Faustum, indem er ihn geflissentlich so ganz und gar
Von der Kunst zurückhält, für die er doch wie geschaffen war;

* Wovon in Benvenuto's eigenhändiger Lebensgeschicht'
Von Goethe übersetzt und befördert an's Licht,
Im ersten Kapitel des zweiten Teils, man
Das Ausführlichere lesen kann.

**Konterfei eines glückseligen Künstlers,
des römischen Goldschmieds
und Bildhauers Benvenuto Cellini,
seinen Heiligenschein
bewundernd.**

Denn lesen wir nur, was Goethe uns aufbewahrt
Von der Tiefe seines Gemütes, so ganz nach Künstler Art,
Von seiner sprudelnden Phantasei, seinem heißen Blut,
Und wie in schönen Formen er schwelgen tut;
Wie er aus dumpfem Bücherhauf sich sehnt nach Licht der Sonnen,
Wie nach Natur er seufzt, der Künste heiligem Bronnen!
O, wäre doch Satanas, wie er Fausten durch Auerbachs Keller geführt,
Mit ihm durch etzliche Ateliers spaziert,
Wo er sie hätte gesehn in Sammetröcken und Blusen,
Sitzen und schwitzen am Musenbusen.
Dies Schauspiel in seiner gemütlichen Pracht
Hätte, ich wette, ihn auf andre Gedanken gebracht! –
Hätten die Künste Faustum für sich errungen,
Wer weiß, ob seinem Genius es nicht gelungen,

Wie der Teufel Fausten von der Kunst zurückhält.

Den Stein der Weisen in der Kunst zu ergründen,
Und schon damals die Lasiermethode zu erfinden!

Wenn der Autor die herbeigezogenen Beispiele und Belege für seine Ansichten meistens dem Gebiete der bildenden Künste und vorzugsweise der Malerei entraubt, so geschieht dies lediglich aus einer speziellen Malice oder Liebhaberei, und keineswegs wegen Mangel an passenden Bezüglichkeiten aus dem Bereiche irgend eines der andern Kunstfächer. So könnte z. B. statt obiger Stophen von: »O wäre doch Satanas« an, gewiß eben so treffend gesagt sein:

O, konnte der gemeine Kerl von Satan nicht eben so gut
Wie auf den Blocksberg zum Sabbat der Hexenbrut
Mit Fausten zu den Priesterinnen Terpsichores wandeln?
Wo er sie hätte sehn ihre *entrechats* und Attitüden behandeln!
Dies Schauspiel, in seiner entzückenden Pracht,
Hätte, ich wette, ihn auf andere Sprünge gebracht!

Wie Faust in einem Tempel der Terpsichore sich in seinem Elemente befunden hätte.

Bei der Verwandtschaft der Künste untereinander würde es dem Autor ein Leichtes sein, in dieser Art seine Nutzanwendungen zu variieren und zu multiplizieren; er zieht es jedoch vor, dem denkenden Leser nicht so alles vor der Nase wegzufischen, und überläßt es gern der Phantasie desselben, dergleichen Varianten aufzufinden, auszumalen und anzuwenden.

Zweites Kapitel

(Wie die Künstler durch ihre Namen und schöne Leibesgestalt ausgezeichnet sind und hochgeehrt werden; mit den schlagendsten und erhebendsten Beispielen belegt. Unerhörte Erfindungen im Gebiete der Kunst. Stoß- und Boßseufzer des Autors über Faust und Mephisto.)

Bei der Geburt seines Sohnes hat mit vielem Geist
Tristam Shandy Betrachtungen angestellt; und beweis't,
Daß der Name, den ein Menschenkind erhält,
Höchst wichtig ist für seine Stellung in der Welt.
Da können denn die Künstler ihren Schöpfer preisen,
Denn sie haben wohltönende Namen aufzuweisen;
Namen wie Raphael, Guido Reni, Michel Angelo,
Höllenbreugel, Schmierfranke ebenso,
Wie gaukelnde Sylphiden über die Lippen fließen,
Während and're Branchen sich jämmerlich behelfen
   müssen.
Zum Beispiel: – – – doch wollt' ich Exempel
   auch hier notieren,
Sie würden die Zensur doch nimmer passieren;
Ich bitte daher, daß der Leser lieber nach eignem *goût*
Und *sans gêne* dies frei in Gedanken tu'.
Ich schreite jetzt zur Gestalt, da werden denn die
   Künstler befunden,
Idealisch schlank und in hogarth'schen Linien gewunden.

Dicke trifft man nur selten d'runter an,
Meistens sind sie mager, und ist nicht viel d'ran,
So daß man förmlich eine Rarität daraus macht,
Wenn es einer bei der Kunst zur Korpulenz
'mal gebracht.
Es üben die Künstler durch ihres Leibes schöne Gestalt
Oft in ganz jungen Jahren schon eine so zaub'rische
Gewalt,
Daß wir sie zu den feinsten Teezirkeln geladen sehn,
Wo sie denn als Staffage an den Wänden 'rum stehn.
Natürlich werden hiermit nur diejenigen beehrt,
Denen das Schicksal zugleich die Mittel gewährt,
Daß sie sich können ebenbürtig machen dazu
Durch Anschaffung von Frack und *glacé*-
Handschuh.
Die nicht so glücklich sind, im Grunde auch nicht viel
verlieren,
Unter uns gesagt: wer weiß, ob sie nicht gar dabei
profitieren? –

Blütenalter

Kräuteröl

Ruhm

(Du lieber Gott! die Tasse Tee und ein Stückchen Kuchen knapp
Steht man sich ja an den Hacken ab!) –
Im Blütenalter ist die Stirn von wallenden Locken umgeben,
Üppig wuchernd, wie Schlingen der edelsten Reben,
Das Haupthaar, wie mit Ambrosia der Götter gesalbt, glänzt.
Später wird dies durch hückstadt'sches Kräuteröl ergänzt,
Bis die Laube verschwindet, dann aber werden des Künstlers Stirn
Die Lorbeerkränze seines Ruhmes verzier'n,
Und seine Geburtstage werden fortan fetiert,
Wozu denn der Hoftapezier die Festhallen dekoriert,
Bis Edens Amaranthenduft
Ihn in's ewige Leben ruft!*
Wir sehen die Künste von jeher auf's höchste hochgestellt,
Indem die Allerhöchsten und höchsten Herrschaften der Welt

* Manche nehmen fürlieb denn auch mit einer schofeln Adonis-*tour*,
Und genießen Lorbeern, in Blättern, an ihrer Nudelsuppe nur.

Ihre lyrischen Haine zu betreten
Sich zu erniedrigen nicht verschmähten.
Ich erinnere nur an den zyprischen König Pygmalion,
Und an Dädalus, eines Königs Sohn! –
Noch jetzt stehen die Künstler von ächtem Schrot
und Guß
Auf Du und Du mit dem Könige Gambrinus. –
Vom Maler Apelles tut uns die Geschichte
erzählen,
Daß er sich ungeladen durfte zur Tafel einstellen
Beim Könige von Alexandrien, Ptolomäus genannt;
So werden Künstler zu Mitgliedern der Akademie auch
ernannt,
Und dürfen den Akademiehof von selbiger Zeit
Benutzen, zu ihrer Bequemlichkeit!
Was brauch ich nunmehr noch auszutrompeten,
Daß Künstler auch anderswo Fürsten vertreten;
Obgleich, wenn nicht alle Kennzeichen trügen,
(Buffon und Cuvier sind keine Leute, die lügen,)
Wir sie nach unserm besten Wissen,
Wie andre Menschen, zu den Säugetieren zählen
müssen. –
Wie alles Schöne und Edle auf dieser Welt
In sich fortwuchernde Keime enthält,

So auch die Kunst, denn ihre Segnungen sehn wir
vermehrt
Durch Erfindungen in ihrem Gebiet, ganz unerhört:
Wir wollen nur den Kuhpfotenölgemälde-Druck
betrachten,
Und die Kupferstiche von Kittpapier, die auch nicht zu
verachten.* –
Hätte Faust auch nur dergleichen lukrative Dinge
getrieben,
Seine Karre wäre auch nicht stecken geblieben; –
Noch glänzender vielleicht als bei einer wirklichen Kunst
Genösse er da wohl des Schicksals Gunst!
Wir können uns hier wiederum nicht enthalten
Zu lassen unsre Gefühle walten,
Indem wir wegen Fausten einen Seufzer ausstoßen,
Und uns über die Hinterlist des Mephisto boßen!

Drittes Kapitel

(Mannichfaltige und lustige Studien, zu denen der Künstler verurteilt ist. – Der Autor verliert sich in Herzens- und Schmerzensergüssen über poetische Charaktere und die einreißende Prosa unserer Zeit. Er begleitet sodann den Künst-

* Diese beiden Erfindungen gehören unstreitig zu den praktischsten der neuen Zeit, und rivalisieren in würdiger Weise mit der Erfindung der Lehm- und Steinkohlenbedachung. (Bei welcher es nur zu bedauern ist, daß es durchregnet.) – Der Kuhpfotenöl-(Ochsenpfoten-Fett-)Gemälde-Druck möchte wohl unersetzbar zu nennen sein, namentlich für die Vervielfältigung pockennarbiger Gesichter und bemooster Häupter. – Es ist unglaublich, was die Kunst durch dergleichen Erfindungen gefördert wird; durch letztere sogar auch noch die Viehzucht. (Wegen des starken Verbrauchs von Kuhpfotenöl oder Ochsenpfoten-Fett.)

ler bis zum jüngsten Gerichte, und legt am Schlusse des Kapitels noch dar, wie Löwen und Adler von den Poeten gemißbraucht werden.)

Die Jünger der Kunst, huldreich gewiegt von Leda's
  Küssen,
Die unterhaltendsten Studien machen müssen:
Luft, Licht, Perspektive, Gruppierung und Komposition,
Gewandung, Kolorit, Anatomie und Proportion,
Naivität, Grazie und Majestät,
Lebendiges wie Totes, Intelligenz gleich wie Stupidität
Müssen sie studieren und mit jeglicher Modifikation
Aufzunehmen streben in ihre Illusion.
Nymphen, Harpyen, Sirenen, Titanen und Pygmäen,
Venusse und Hermaphroditen ihre Phantasie
  durchwehen,
Eos im Safrangewand Okeanos Fluten entsteigend,
Luna im silbernen Kleid Endymions Küssen sich
  neigend! –
Auch darf er bei seinen Studien es nicht unterlassen
Mit Kellnerinnen und Stubenmadels sich zu befassen,

Die zu naiven Charakteren, wie Goldschmieds Töchterlein,
Käthchen von Heilbronn und dergleichen sehr geeignet sein;
Im Notfall können sie ihm sogar dienen
Zu Jungfrauen von Orleans und solchen Heroinen!
In Niedrigkeit, Hochedel-, höchstens Wohlgeboren,
Ohne Schnürkorsett, in Demut auferzogen,
Kommt es, daß so eine Kathy oder Mariandel
Zu ihrem bewegten Lebenswandel
Meist gar nicht recht zum Bewußtsein gelangt
Der Tugenden, womit sie im Stillen prangt;
Doch was kein Verstand der Verständigen sieht,
Das übet in Einfalt ihr kindlich Gemüt!*
Und diese *sancta simplicitas*
Ist es nun eben, justement, was
Der Künstler zu seinen naiven Bildern
Brauchet, und sucht abzuschildern. –
Das gereicht nun keineswegs etwa zum Tadel

* Schiller

Denen Prinzessinnen und Fräuleins vom Adel;
Denn Mangel an Naivität ist doch eigentlich nur
Ein Zeichen ausgezeichneter Erziehung und hoher
Kultur:
Wer zu seiner Qualitäten Erkenntnis gekommen,
Dem ist natürlich die heilige Einfalt um etwas
benommen.
Zu gewissen historischen Charakteren, *à la bonheur*,
Qualifizieren sich die Vornehmen wieder desto mehr:
So sind zum Beispiel zu den beiden Leonoren
Geheimrats-Töchter wie auserkoren!
Ein Faktum bleibt es jedoch, unbestritten,
Daß die niedern Stände mehr Kunststoffe bieten:
Unleugbar ist der polnische Jude mit seinem
bevölkerten Bart,
Pittoresker als ein Baron Rothschild und diese barbierte
Art.
Ja, so unglaublich es auch erscheinen mag,
Wir sehen die Künstler noch bis auf den heutigen Tag
Lieber das Kostüm Adams und Evas studieren,
Als die Uniform eines Lieutenants (selbst Borussia's)
kopieren! –
So sind denn auch Gärtnerinnen und Mädchen
vom Lande
Mehr seine Sachen als Damen von Stande.
Die *belles jardinières* und *Fornarinen*
Taten zu den fürtrefflichsten Kunstwerken dienen.
Bei dieser Gelegenheit dürfen wir uns nicht verhehlen,
Daß wir die recht poetischen noblen Seelen,
Beim Lichte besehen, begabt meist finden
Mit einigem Beigeschmack und etzlichen Sünden:
Othello, Macbeth und die Macbethin sind da,
So wie Karl Moor mit seiner Amalia,

Karl Moor und Amalia

Hieronymus Jobs und seine Amalia

Und Hieronymus Jobs in seinem lüderlichen
Jugendleben,
Um Belege für diese Behauptung abzugeben:
So haben die herrlichsten Helden der ersten Poeten
Fast alle die bürgerlichen Gesetze übertreten!
Bei der fortschreitenden Kultur der Polizei in den
zivilisierten Staaten
Die poetischen Charaktere auch immer schlechter
geraten;

Denn wenn da auch einer durch Raub, Gift, Dolch oder
Hochverrat
Wirklich 'mal einen poetischen Anlauf genommen hat,
So wird er baldigst von einem Geheimen entdeckt,
Und prosaisch vertilgt oder eingesteckt. –
Mit Schmerz und Bedauern müssen wir eingestehn,
Daß die Zeiten immer prosaischer hingehn:
Unter Italiens prangendem Himmelsbogen
Wird jetzt per Eisenbahn dahin geflogen.
Wo die Zypressen, Myrten und balsamischen Narzissen,
Die Goldorangen und der *cactus* blühn und sprießen,
Verpestet den erquickenden Ätherduft
Der Lokomotive Qualm und Teufelsdampfluft.
Auch werden die *lazaroni* und *briganti* sogar jetzt
Dort verboten, und durch Nationalgardisten ersetzt! –
Doch wollen wir hierüber lieber nicht weiter
räsonnieren,
Und fahren folgendermaßen fort unser Hauptthema zu
kontinuieren:
Da sehn wir denn aus schöner Jüdinnen Augen
Den Künstler Begeist'rung für seinen Pinsel saugen.

Es dienet ihm zu einer Mirjam und Herodias,
Zu einer Judith mit Holofernessen das.
In diese Studien sich denn mancher so vertieft,
und verliebt
Daß er sich gänzlich Mosen und den Propheten hingibt,
Und also sich gewinnet des Schicksals Gunst,
Daß es ihm förderlich wird, auch für die christliche Kunst.
Da er auch die nichtsnutzigsten Charaktere muß
erfassen,
So wird er selbst mit Zigeunern, Spitzbuben und
Räubern sich einlassen:
Er schließt wie Callot und Salvator Rosa mit ihnen
amitié,
Ist bald bei Rinaldini, bald bei'm baier'schen Hiesel
zum Tee!
Dadurch wird er gegen menschliche Schwächen
nachsichtig gestimmt,
Womit er es denn auch so genau nicht nimmt;
Mit Kunstschriftgelehrten und Pharisäern geht er
passable um,
Ja selbst mit Rezensenten, das gereicht ihm doch
wahrlich zum Ruhm! –

Um sich zu jüngsten Gerichten zu präparieren,
Muß er ganz eigentümliche Studien vollführen,
Um richtig zu geben der letzten Posaunen Schall;
Und zu Motiven für einen recht grausigen Teufelsschwall,
Muß unumgänglich er Bekanntschaft da machen
Mit Trompetern, Salamandern und Molchen und Drachen. –
Kurz, was da kreucht und fleucht, macht er sich untertänig,
Und herrscht darüber, frei, ein unumschränkter König.
Vom Himmel zu der Hölle, vom Riesen bis zur Made,
Regiert in wahrem Sinn er recht durch Gottes Gnade;
Nicht wie im Reich der Lüfte etwa der Vogel Weih,
Noch wie durch Wald und Klüfte regiert der König Leu;
Denn während diese Bestien ihre *sujets* erwürgen und fressen,
(Ganz aller Regentenpflichten und Gottes vergessend,)
Fährt er mit Stil und ordnendem Sinn
Veredelnd drüber her zu aller Gewinn:
Aus der Wildnis rauhen Söhnen, schafft er, mild
An Kastor angelehnt, ein blühend Polluxbild.

Den Demagogen und den Hochverräter
Veredelt zu St. Paulus er und zum St. Peter.
So sehn wir prächtig einen Cid, den Helden, hoch zu Roß,
Und das Modell dazu war Stiefelputzer bloß!
(Stiefelputzer sind nun freilich auch Gestalten,
Die bei uns zu Lande mit den meisten Charakter entfalten.)
Nachdem wir oben von Nobel, dem Leuen, angeführt,
Wie anmaßend er seine Völker regiert,
Sei es uns erlaubt zu erwähnen nun,
Daß die Poeten doch eigentlich Unrecht tun,
Regierende Häupter so gerne zu vergleichen
In klingenden Phrasen, mit Löwen, Adlern und dergleichen.
Umschlingt doch bei dem jetzigen Kulturzustand
Die Fürsten und Völker ein Liebesband.

Sklavenmarkt

Viertes und letztes Kapitel

(Des Künstlers Wanderjahre. Wie er gelehrte Abhandlungen illustriert, Kamele studiert und zum Weltbürger wird. Des Künstlers Träume. Letzter schmerzlicher Hinblick auf Dr. Faust's Verblendung. Erhebender Schluß.)

Voll Tatendurst, frisch, in der Jugend Kraft
Begibt sich der Künstler auf Wanderschaft.
Nach Hesperiens Papstbeglückten Gefilden,
Gleichwie in die Urwälder zu menschenfressenden
  Wilden
Zieht er, verlassend sein väterlich Haus,
Auf Landschaften-, Tier- und Menschenkenntnis aus!
Bei dem Großtürken im Orient
Widmet er den Odalisken sein Talent,
Und suchet, wenn auch verstohlen nur
Den Harems zu kommen dort auf die Spur;
In Scheherezadens Wundergarten
Die brillantesten Studien seiner warten;

Besondere und gewichtige Gründe

Auf Sklavenmärkten und in den Gassen
Untersucht er der Völkerstämme verschiedene Rassen.
(Wobei er den Unterschied lernt erkennen
Zwischen Sklaven, und was wir Untertanen nennen!) –
Eisbären und Seehunde gehören weniger zu den Ideälen,
Die man zu Kunstwerken sich möchte wählen,
Daher denn nach Rußland und jenen eis'gen Klimaten
Künstler wir selten sehn hingeraten;
Es geschieht dies nur, wie meistens wir finden,
Aus ganz besonderen und gewichtigen Gründen! –
Doch in Ägypten und den nubischen Wüsten kannst
du ihn sehn
Auf das Studium von Bayaderen und Sphynxen ausgehn.
Den Lauf verfolgend des Nil's, bis zu seiner Quelle,
Legt er sich dort auf Nilpferde, Krokodile und
Kamele,
Durchstöbert der Pyramiden mumienhaltigen Bäuche,
Und erforscht der Beduinen und Fella's Gebräuche. –
Bei diesem Nomadenleben es öfter geschieht,
Daß man den Künstler mit reisenden Gelehrten sieht,
Wie er als dienender Bruder ihre Forschungen illustriert:

Proben archäologischer Illustrationen, ausgeführt nach Angabe verschiedener Gelehrter.

Daguerrotypabbildung eines bei Eleusis* ausgegrabenen Basreliefs in weißem Marmor vom Berge Pentelicus.

Der gelehrte Reisende Smelfungus** **erklärt die auf dem ausgegrabenen Basrelief befindliche Darstellung für: Eleusinische Priester mit dem Opferschweinchen.**

Der gelehrte Reisende Mundungus **beweist, daß sein berühmter Kollege im Irrtum begriffen ist, und daß das Basrelief den Theseus mit dem Minotaur darstellt.**

Mr. Raoul-Rochette **erklärt seine gelehrten Freunde für Schafsköpfe und die Darstellung auf dem Basrelief für die Geburt der Venus.**

* Jetzt Lupsina, 12 engl. Meilen nordwestlich von Athen.
** Siehe: Yoriks empfindsame Reise.

(Mangel an Raum verbietet uns noch mehrere der verschiedenen Erklärungen dieses interessanten Basreliefs beizubringen.)

Sie also genießbar macht und beim Publiko einführt;
Wobei er seine Einbildungskraft oft sehr muß exerzieren,
Und auf das Erstaunlichste lernt phantasieren! –

Das Mumienstudium könnte er allenfalls missen,
Mit der Kamelnatur aber muß er umzuspringen wissen:
Wie könnte, zum Beispiel, er Engländer sonst
porträtieren,
Wenn Karawanen durch die Wüste sie führen?! –
Auf seinen Wüstenreisen gewöhnt er sich auch an den
vielen Sand,
Wohinein ihn das Schicksal oft später verbannt,
Und lernt Entbehrungen, Hunger und Durst ertragen,
Was ihm öfter zu statten kommt in seinen alten Tagen. –
So wird er denn zum Weltbürger, den wir zu Hause
sehn
In allen Sphären, und der mit Umsicht weiß umzugehn
Mit Potentaten und Bettlern, mit Dummköpfen und
Leuten von Genie,
Gleichwie mit Löwen und Schafen, mit Eseln
und andrem lieben Vieh! –
Wenn der Künstler auch wirklich einen
Konvenienzschwupper macht,
So wird ihm das nie hoch in Rechnung gebracht;
Im Gegenteil passiert er dann erst recht, allemal
Für eine wahre Künstlernatur und stupendes Original. –
Ächter Kunstquell quillt tief nur im inn'ren Gemüt!
Selbst der mittelmäßigste Psychologe daher leicht
einsieht,
Daß der äußere Weltton und Verstandessachen
Bei dem Künstler nur Nebenrollen können machen:
Und so gewährt man ihm denn förmlich das Privilegium
Etwas grob sein zu dürfen und ein Weniges dumm.

– O Faust, o Faust, du armer Wicht!
Warum wurdest du kein Künstler nicht?! –
In Folge seiner Studien, so mannigfaltig, bunt und kraus,
Hat der Musenpriester auch noch den Vorteil voraus,
Daß eine Reizbarkeit seine Nerven durchwühlt,
Die sich selbst nicht zur Nachtzeit abkühlt.
Wenn sich des Helios leuchtende Fackel in's Dunkel
gesenket
Werden die schönsten Ideen vom Traumgott ihm oft noch
geschenket;
Wenn andre Leute langweilig von Grütze träumen,
Die fürtrefflichsten Hirngespinste im Künstlerbrägen
schäumen:*
Die wüsten Schlachten, die er bei Tage entworfen hat,
Glaubt er, in Morpheus Armen, zu kämpfen in der Tat;
Schafft er Grazien, Horen, Houri's und Amoretten,
Umschlingen ihn liebliche Träume mit Rosenketten;
Ist er auf Junggesellenschaft reduziert
Wird er in Hymens Mysterien wohl eingeführt;
Träumt, wie sich beglückte Gatten
Küssen auf den grünen Matten;
Liebgekos't von Balsamwest
Feiert er sein Hochzeitsfest!
Wenn er gar 'mal *haût goût* soupierte, keck
Indianische Vogelnester etwa, oder Schnepfendr...
Dann träumt Elegie'n er, im Stil des Properz,
Und höher und herrlicher hüpft ihm das Herz! –
Es hegt die böse Mab, der Träume Schar Entbinderin,
Entschieden freundschaftlich, für Künstler
einen gnäd'gen Sinn.

* In seinem Kopf geht's bunter zu als in Tausend und Einer Nacht!
Kein Wunder, daß dies manchen manchmal verrückt schon
gemacht.

Idylle

Sei es nun, daß sie die Künstler für ihre Kollegen ansieht,
Oder daß es aus purem Mitleid für die braven Jungens
geschieht:
Es huscht das luft'ge Hexenweibchen
Mit ihrem Spann von Sonnenstäubchen,
Als Phantasus in leichtem Trab,
Des Künstlers Nase auf und ab,
Ihm Stoff und Kraft zum Schaffen gebend,
Mit süßer Hoffnung ihn belebend,
Die, wenn der Pinsel verzweifelnd sinkt,
Zu frischer Tat ihn ins Leben winkt.* –
Träume spielen also die Hauptrolle im Künstlerleben;
Wem das nicht genügend erscheint, tut gut davon zu
bleiben. –
Selbst der Hauptmucker Alp ist gegen Künstler human
Und nimmt gegen sie einen milden Charakter an.
Dies wird freilich von vielen Künstlern bestritten werden,
Die meinen, daß es keine Kreatur gäb' auf Erden

* In Shakespear's Julia und Romeo
Erzählt anmutig uns Merkutio,
In welchen variierten Manieren
Dies Frauenzimmer tut schikanieren.

Der Alp, welcher den Künstler bei Tage besucht

Die gleich ihnen vom Alp würde gedrückt und gekniffen,
Doch sind sie, wenn auch in der Mehrzahl, im Irrtum
begriffen;
Ich weiß sehr wohl: der Alp besucht ebenfalls
die Künstler auch,
Er liegt ihnen sogar zum öftern bei Tage auf dem Bauch,
Ich behaupte nur, er behandelt sie gelinder,
Und inkommodiert sie etwas minder:
Ein Portefeuille mit diplomatischen Noten gespickt,
Zum Beispiel, unstreitig schwerer als 'ne Skizzenmappe
drückt.
Ebenso werden seine Geldsäcke im Kasten
Den Künstler höchst selten als Alp belasten.
Im Gegenteil, hat er dergleichen Visionen,
So gehört dies zu seinen angenehmen Illusionen.
Doch genug! Ein jeder sieht sonnenklar
Wie selbst in bezug auf Träume sogar
Dr. Faust sich ungeheuer im Lichte stand,
Indem er sich der Kunst nicht zugewandt! –
Wollte ich alle Annehmlichkeiten der Künste anführen

Augenscheinliche Vermeidung des Kunstgebiets

Hätte ich manche Eselshaut voll noch zu schmieren;
Dann möchte meine Abhandlung sich zu einer wissenschaftlichen erheben,
Und dieses Ansehn will ich ihr eben nicht gerne geben.
Ich breche also ab, denn des Lesers Geduld möchte brechen,
Wollt' ich dies Thema noch länger besprechen.
Ich frage nur noch: wenn man sieht, wie Faust sich abstrapaziert,
Und wie ihn der Teufel hinter's Licht geführt,
Ob man da nicht blutige Tränen, frage ich einen,
Oder doch mindestens salziges Naß möchte greinen?! –
»Wo faß' ich dich unendliche Natur? euch Brüste, wo? Ihr Quellen alles Lebens!*«
Ruft sehnsuchtsvoll der arme Hans, und ach, vergebens! –
O, wenn ihm doch da einer Pinsel und Palette
Unter die Nase gerieben hätte!
Von allem Wissensqualm genesen,

* Goethe

Wär' er auf der Stelle gesund wohl gewesen.*
Daß Mephistopheles also augenscheinlich vermied
Mit Fausten zu betreten der Künste Gebiet,
Zeigt glänzend, welch Paradiesgärtelein
Umschleußet ihr friedlicher Palmenhain,
Und können daraus wir trefflich ersehen,
Wie Gottes Odem die Kunst muß durchwehen:
Vor ihren Harmonien
Die bösen Geister fliehen,
In ihren heiligen Hallen
*Mag kein Verräter wallen!***

* ?(Anmerkung des Redakteurs)
** Schikaneder

Heinrich Heine
Der Doktor Faust

Ein Tanzpoem
nebst kuriosen Berichten
über Hexen,
Teufel und Dichtkunst
(1851)

Einleitende Bemerkung

Herr Lumley, Direktor des Theaters Ihrer Majestät der Königin zu London, forderte mich auf, für seine Bühne ein Ballett zu schreiben, und diesem Wunsche willfahrend dichtete ich das nachfolgende Poem. Ich nannte es: Doktor Faust, ein Tanzpoem. Doch dieses Tanzpoem ist nicht zur Aufführung gekommen, teils weil in der Saison, für welche dasselbe angekündigt war, der beispiellose Succes der sogenannten schwedischen Nachtigall jede andere Exhibition im Theater der Königin überflüssig machte, teils auch weil der Ballettmeister aus Esprit de Corps de Ballet, hemmend und säumend, alle möglichen Böswilligkeiten ausübte. Dieser Ballettmeister hielt es nämlich für eine gefährliche Neuerung, daß einmal ein Dichter das Libretto eines Balletts gedichtet hatte, während doch solche Produkte bisher immer nur von Tanzaffen seiner Art, in Kollaboration mit irgendeiner dürftigen Literatenseele, geliefert worden. Armer Faust! armer Hexenmeister! so mußtest du auf die Ehre verzichten, vor der großen Victoria von England deine Schwarzkünste zu produzieren! Wird es dir in deiner Heimat besser gehn? Sollte gegen mein Erwarten irgendeine deutsche Bühne ihren guten

Geschmack dadurch bekunden, daß sie mein Opus zur Aufführung brächte, so bitte ich die hochlöbliche Direktion bei dieser Gelegenheit auch nicht zu versäumen, das dem Autor gebührende Honorar, durch Vermittlung der Buchhandlung von Hoffmann und Campe zu Hamburg, mir oder meinen Rechtsnachfolgern zukommen zu lassen. Ich halte es nicht für überflüssig zu bemerken, daß ich, um das Eigentumsrecht meines Balletts in Frankreich zu sichern, bereits eine französische Übersetzung drucken ließ und die gesetzlich vorgeschriebene Anzahl Exemplare an gehörigem Orte deponiert habe.

Als ich das Vergnügen hatte, dem Herrn Lumley mein Ballettmanuskript einzuhändigen, und wir, bei einer duftigen Tasse Tee, uns über den Geist der Faustsage und meine Behandlung derselben unterhielten, ersuchte mich der geistreiche Impresario, das Wesentliche unseres Gespräches aufzuzeichnen, damit er späterhin das Libretto damit bereichern könne, welches er am Abend der Aufführung seinem Publikum zu übergeben gedachte. Auch solchem freundlichen Begehr nachkommend, schrieb ich den Brief an Lumley, den ich abgekürzt am Ende dieses Büchleins mitteile, da vielleicht auch dem deutschen Leser diese flüchtigen Blätter einiges Interesse gewähren dürften.

Wie über den historischen Faust habe ich in dem Briefe an Lumley auch über den mythischen Faust nur dürftige Andeutungen gegeben. Ich kann nicht umhin, in bezug auf die Entstehung und Entwicklung dieses Faustes der Sage, der Faustfabel, hier das Resultat meiner Forschungen mit wenigen Worten zu resümieren.

Es ist nicht eigentlich die Legende vom Theophilus, Seneschall des Bischofs von Adama in Sizilien, sondern eine alte anglosächsische, dramatische Behandlung derselben, welche als die Grundlage der Faustfabel zu betrachten ist. In dem noch vorhandenen plattdeutschen Gedichte vom Theophilus sind altsächsische oder anglosächsische Archäismen, gleichsam Wortversteinerungen, fossile Redensarten enthalten, welche darauf hinweisen, daß dieses Gedicht nur eine Nachbildung eines älteren Originals ist, das im Laufe der Zeit verlorengegangen. Kurz nach der Invasion Englands durch die französischen Normannen muß jenes anglosächsische Gedicht noch existiert haben, denn augenscheinlich ward dasselbe von einem französischen Poeten, dem Troubadour Rütebœuf, fast wörtlich nachgeahmt und als ein Mystère in Frankreich aufs Theater gebracht. Für diejenigen, denen die Sammlung von Mommerque, worin auch dieses Mystère abgedruckt, nicht zugänglich ist, bemerke ich, daß der gelehrte Magnin vor etwa sieben Jahren im Journal des savants über das erwähnte Mystère hinlänglich Auskunft gibt. Dieses Mysterium vom Troubadour Rütebœuf benutzte nun der englische Dichter Marlowe, als er seinen Faust schrieb, indem er die analoge Sage vom deutschen Zauberer Faust nach dem älteren Faustbuche, wovon es bereits eine englische Übersetzung gab, in die dramatische Form kleidete, die ihm das französische auch in England bekannte Mysterium bot. Das Mysterium des Theophilus und das ältere Volksbuch vom Faust sind also die beiden Faktoren, aus welchen das Marlowesche Drama hervorgegangen. Der Held desselben ist nicht mehr ein ruchloser Rebell gegen den Himmel, der verführt von einem Zauberer und um irdische Güter zu gewinnen, seine Seele dem Teufel verschreibt, aber endlich durch die Gnade der Mutter Gottes, die den Pakt aus der Hölle zurückholt, gerettet wird, gleich dem Theophilus: sondern der Held des Stücks ist hier selbst ein Zauberer, in ihm, wie im Nekromanten des Faustbuchs, resümieren sich die Sagen von allen früheren Schwarzkünstlern, deren Künste er vor den höchsten Herrschaften produziert, und zwar geschieht solches auf protestantischem Boden, den die rettende Mutter Gottes nicht betreten darf, weshalb auch der Teufel den Zauberer holt ohne Gnade und Barmherzigkeit. Die Puppenspiel-Theater, die zur Shakespeareschen Zeit in London florierten und sich eines jeden Stückes, das auf den großen Bühnen Glück machte, gleich bemächtigten, haben gewiß auch nach dem Marloweschen Vorbilde einen Faust zu geben gewußt, indem sie das Originaldrama mehr oder minder ernsthaft parodierten, oder ihren Lokalbedürfnissen gemäß zustutzten, oder auch, wie oft geschah, von dem Verfasser selbst für den Standpunkt ihres Publikums umarbeiten ließen. Es ist nun jener Puppenspiel-Faust, der von England herüber nach dem Festland kam, durch die Niederlande reisend auch die Marktbuden unserer Heimat besuchte, und in derb deutscher Maulart übersetzt und mit deutschen Hanswurstiaden verballhornt, die unteren Schichten des deutschen Volkes ergötzte. Wie verschieden auch die Versionen, die sich im Laufe der Zeit, besonders durch das Improvisieren, gebildet, so blieb doch das Wesentliche unverändert, und einem solchen Puppenspiele, das Wolfgang Goethe in einem Winkeltheater zu Straßburg aufführen sah, hat unser großer Dichter die Form und den Stoff seines Meisterwerks entlehnt. In der ersten Fragment-Ausgabe des Goetheschen Faustes ist dieses am sichtbarsten; diese entbehrt noch die der Sakontola entnommene Einleitung und einen dem Hiob nachgebildeten Prolog, sie weicht noch nicht ab von der schlichten Puppenspielform, und es ist kein wesentliches Motiv darin enthalten, welches auf eine Kenntnis der älteren Originalbücher von Spieß und Widmann schließen läßt.

Das ist die Genesis der Faustfabel, von dem Theophilus-Gedichte bis auf Goethe, der sie zu ihrer jetzigen Popularität erhoben hat. – Abraham zeugte den Isaak, Isaak zeugte den Jakob, Jakob aber zeugte den Juda, in dessen Händen das Szepter ewig bleiben wird. In der Literatur wie im Leben hat jeder Sohn einen Vater, den er aber freilich nicht immer kennt, oder den er gar verleugnen möchte.

Geschrieben zu Paris, den 1. Oktober 1851.

Der Doktor Faust

Ein Tanzpoem

Du hast mich beschworen aus dem Grab
Durch deinen Zauberwillen,
Belebtest mich mit Wollustglut –
Jetzt kannst du die Glut nicht stillen.

Preß deinen Mund an meinen Mund,
Der Menschen Odem ist göttlich!
Ich trinke deine Seele aus,
Die Toten sind unersättlich.

Erster Akt

Studierzimmer, groß, gewölbt, in gotischem Stil. Spärliche Beleuchtung. An den Wänden Bücherschränke, astrologische und alchymistische Gerätschaften (Welt- und Himmelskugel, Planetenbilder, Retorten und seltsame Gläser), anatomische Präparate (Skelette von Menschen und Tieren) und sonstige Requisiten der Nekromanzie.
Es schlägt Mitternacht. Neben einem mit aufgestapelten Büchern und physikalischen Instrumenten bedeckten Ti-

sche, in einem hohen Lehnstuhl, sitzt nachdenklich der Doktor Faust. Seine Kleidung ist die altdeutsche Gelehrtentracht des sechzehnten Jahrhunderts. Er erhebt sich endlich und schwankt mit unsichern Schritten einem Bücherschranke zu, wo ein großer Foliant mit einer Kette angeschlossen; er öffnet das Schloß und schleppt das entfesselte Buch (den sogenannten Höllenzwang) nach seinem Tische. In seiner Haltung und seinem ganzen Wesen beurkundet sich eine Mischung von Unbeholfenheit und Mut, von linkischer Magisterhaftigkeit und trotzigem Doktorstolz. Nachdem er einige Lichter angezündet und mit einem Schwerte verschiedene magische Kreise auf dem Boden gezeichnet, öffnet er das große Buch, und in seinen Gebärden offenbaren sich die geheimen Schauer der Beschwörung. Das Gemach verdunkelt sich; es blitzt und donnert; aus dem Boden, der sich prasselnd öffnet, steigt empor ein flammend roter Tiger. Faust zeigt sich bei diesem Anblick nicht im mindesten erschreckt, er tritt der feurigen Bestie mit Verhöhnung entgegen und scheint ihr zu befehlen sogleich zu entweichen. Sie versinkt auch alsbald in die Erde. Faust beginnt aufs neue seine Beschwörungen, wieder blitzt und donnert es entsetzlich und aus dem sich öffnenden Boden schießt empor eine ungeheure Schlange, die in den bedrohlichsten Windungen sich ringelnd, Feuer und Flammen zischt. Auch ihr begegnet der Doktor mit Verachtung, er zuckt die Achsel, er lacht, er spottet darüber, daß der Höllengeist nicht in einer weit gefährlichern Gestalt zu erscheinen vermochte, und auch die Schlange kriecht in die Erde zurück. Faust erhebt sogleich mit gesteigertem Eifer seine Beschwörungen, aber diesmal schwindet plötzlich die Dunkelheit, das Zimmer erhellt sich mit unzähligen Lichtern, statt des Donnerwetters ertönt die lieblichste Tanzmusik, und aus dem geöffne-

ten Boden, wie aus einem Blumenkorb, steigt hervor eine Ballettänzerin, gekleidet im gewöhnlichen Gaze- und Trikot-Kostüme und umhergaukelnd in den banalsten Pirouetten.
Faust ist anfänglich darob befremdet, daß der beschworene Teufel Mephistopheles keine unheilvollere Gestalt annehmen konnte als die einer Ballettänzerin, doch zuletzt gefällt ihm diese lächelnd anmutige Erscheinung und er macht ihr ein gravitätisches Kompliment. Mephistopheles oder vielmehr Mephistophela, wie wir nunmehr die in die Weiblichkeit übergegangene Teufelei zu nennen haben, erwidert parodierend das Kompliment des Doktors und umtänzelt ihn in der bekannten koketten Weise. Sie hält einen Zauberstab in der Hand und alles, was sie im Zimmer damit berührt, wird aufs ergötzlichste umgewandelt, doch dergestalt, daß die ursprüngliche Formation der Gegenstände nicht ganz vertilgt wird, z. B. die dunklen Planetenbilder erleuchten sich buntfarbig von innen, aus den Pokalen mit Mißgeburten blicken die schönsten Vögel hervor, die Eulen tragen Girandolen im Schnabel, prachtvoll sprießen an den Wänden hervor die kostbarsten güldenen Geräte, venetianische Spiegel, antike Basreliefs, Kunstwerke, alles chaotisch gespenstisch und dennoch glänzend schön: eine ungeheuerliche Arabeske. Die Schöne scheint mit Faust ein Freundschaftsbündnis zu schließen, doch das Pergament, das sie ihm vorhält, die furchtbare Verschreibung, will er noch nicht unterzeichnen. Er verlangt von ihr die übrigen höllischen Mächte zu sehen, und diese, die Fürsten der Finsternis, treten alsbald aus dem Boden hervor. Es sind Ungetüme mit Tierfratzen, fabelhafte Mischlinge des Skurrilen und Furchtbaren, die meisten mit Kronen auf den Köpfen und Szeptern in den Tatzen. Faust wird denselben von der Mephistophela vor-

gestellt, eine Präsentation, wobei die strengste Hofetikette vorwaltet. Zeremoniös einherwackelnd, beginnen die unterweltlichen Majestäten ihren plumpen Reigen, doch indem Mephistophela sie mit dem Zauberstabe berührt, fallen die häßlichen Hüllen plötzlich von ihnen, und sie verwandeln sich ebenfalls in lauter zierliche Ballettänzerinnen, die in Gaze und Trikot und mit Blumengirlanden dahinflattern. Faust ergötzt sich an dieser Metamorphose, doch scheint er unter allen jenen hübschen Teufelinnen keine zu finden, die seinen Geschmack gänzlich befriedige; dieses bemerkend, schwingt Mephistophela wieder ihren Stab, und in einem schon vorher an die Wand hingezauberten Spiegel erscheint das Bildnis eines wunderschönen Weibes in Hoftracht und mit einer Herzogskrone auf dem Haupte. Sobald Faust sie erblickt, ist er wie hingerissen von Bewunderung und Entzücken, und er naht dem holden Bildnis mit allen Zeichen der Sehnsucht und Zärtlichkeit. Doch das Weib im Spiegel, welches sich jetzt wie lebend bewegt, wehrt ihn von sich ab mit hochmütigstem Naserümpfen; er kniet flehend vor ihr nieder und sie wiederholt nur noch beleidigender ihre Gesten der Verachtung.

Der arme Doktor wendet sich hierauf mit bittenden Blikken an Mephistophela, doch diese erwidert sie mit schalkhaftem Achselzucken und sie bewegt ihren Zauberstab. Aus dem Boden taucht sogleich bis zur Hüfte ein häßlicher Affe hervor, der aber auf ein Zeichen der Mephistophela, die ärgerlich den Kopf schüttelt, schleunigst wieder hinabsinkt in den Boden, woraus im nächsten Augenblicke ein schöner, schlanker Ballettänzer hervorspringt, welcher die banalsten Pas exekutiert. Der Tänzer naht sich dem Spiegelbilde, und indem er demselben mit der fadesten Süffisance seine buhlerischen Huldigungen darbringt, lächelt

ihm das schöne Weib aufs holdseligste entgegen, sie streckt die Arme nach ihm aus mit schmachtender Sehnsucht und erschöpft sich in den zärtlichsten Demonstrationen. Bei diesem Anblick gerät Faust in rasende Verzweiflung, doch Mephistophela erbarmt sich seiner und mit ihrem Zauberstab berührt sie den glücklichen Tänzer, der auf der Stelle in die Erde zurücksinkt, nachdem er sich zuvor in einen Affen verwandelt und seine abgestreifte Tänzerkleidung auf dem Boden zurückgelassen hat. Jetzt reicht Mephistophela wieder das Pergamentblatt dem Faust dar, und dieser, ohne langes Besinnen, öffnet sich eine Ader am Arme, und mit seinem Blute unterzeichnet er den Kontrakt, wodurch er, für zeitliche irdische Genüsse, seiner himmlischen Seligkeit entsagt. Er wirft die ernste ehrsame Doktortracht von sich und zieht den sündig bunten Flitterstaat an, den der verschwundene Tänzer am Boden zurückgelassen; bei dieser Umkleidung, die sehr ungeschickt vonstatten geht, hilft ihm das leichtfertige Corps-de-Ballet der Hölle.
Mephistophela gibt dem Faust jetzt Tanzunterricht, und zeigt ihm alle Kunststücke und Handgriffe, oder vielmehr Fußgriffe des Metiers. Die Unbeholfenheit und Steifheit des Gelehrten, der die zierlich leichten Pas nachahmen will, bilden die ergötzlichsten Effekte und Kontraste. Die teuflischen Tänzerinnen wollen auch hier nachhelfen, jede sucht auf eigene Weise die Lehre durch Beispiel zu erklären, eine wirft den armen Doktor in die Arme der andern, die mit ihm herumwirbelt; er wird hin und her gezerrt, doch durch die Macht der Liebe und des Zauberstabs, der die unfolgsamen Glieder allmählich gelenkig schlägt, erreicht der Lehrling der Choreographie zuletzt die höchste Fertigkeit: er tanzt ein brillantes Pas-de-deux mit Mephistophela, und zur Freude seiner Kunstgenossinnen fliegt er

auch mit ihnen umher in den wunderlichsten Figuren. Nachdem er es zu dieser Virtuosität gebracht, wagt er als Tänzer auch vor dem schönen Frauenbilde des Zauberspiegels zu erscheinen, und dieses beantwortet seine tanzende Leidenschaft mit den Gebärden der glühendsten Gegenliebe. Faust tanzt mit immer sich steigernder Seelentrunkenheit; Mephistophela aber reißt ihn fort von dem Spiegelbilde, das durch die Berührung des Zauberstabes wieder verschwindet, und fortgesetzt wird der höhere Tanzunterricht der altklassischen Schule.

Zweiter Akt

Großer Platz vor einem Schlosse, welches zur rechten Seite sichtbar. Auf der Rampe, umgeben von ihrem Hofgesinde, Rittern und Damen, sitzen in hohen Thronsesseln der Herzog und die Herzogin, ersterer ein steifältlicher Herr, letztere ein junges üppiges Weib, ganz das Konterfei des Frauenbilds, welches der Zauberspiegel des ersten Akts dargestellt hat. Bemerklich ist, daß sie am linken Fuße einen güldenen Schuh trägt.

Die Szene ist prachtvoll geschmückt zu einem Hoffeste. Es wird ein Schäferspiel aufgeführt, im ältesten Rokokogeschmacke: graziöse Fadheit und galante Unschuld. Diese süßlich gezierte Arkadien-Tänzelei wird plötzlich unterbrochen und verscheucht durch die Ankunft des Faust und der Mephistophela, die in ihrem Tanzkostüm und mit ihrem Gefolge von dämonischen Ballettänzerinnen, unter jauchzenden Fanfaren, ihren Siegeseinzug halten. Faust und Mephistophela machen ihre springenden Reverenzen vor dem Fürstenpaar, doch ersterer und die Herzogin, indem sie sich näher betrachten, sind betroffen wie von freudigster Erinnerung: sie erkennen sich und wechseln zärtliche Blicke. Der Herzog scheint mit besonders gnädigem Wohlwollen die Huldigung Mephistophelas entgegenzunehmen. In einem ungestümen Pas-de-deux, welches letztere jetzt mit Faust tanzt, haben beide fürnehmlich das Fürstenpaar im Auge, und während die teuflischen Tänzerinnen sie ablösen, kost Mephistophela mit dem Herzog und Faust mit der Herzogin; die überschwengliche Passion der beiden letztern wird gleichsam parodiert, indem Mephistophela den eckigen und steifleinenen Graziösitäten des Herzogs eine ironische Zimperlichkeit entgegensetzt.

Der Herzog wendet sich endlich gegen Faust und verlangt, als eine Probe seiner Schwarzkunst, den verstorbenen König David zu sehen, wie er vor der Bundeslade tanzte. Auf solches allerhöchste Verlangen nimmt Faust den Zauberstab aus den Händen Mephistophelas, schwingt ihn in beschwörender Weise, und aus der Erde, welche sich öffnet, tritt die begehrte Gruppe hervor: Auf einem Wagen, der von Leviten gezogen wird, steht die Bundeslade, vor ihr tanzt König David, possenhaft vergnügt und abenteuerlich geputzt, gleich einem Kartenkönig, und hinter der heiligen Lade, mit Spießen in den Händen, hüpfen schaukelnd einher die königlichen Leibgarden, gekleidet wie polnische Juden in lang herabschlotternd schwarzseidenen Kaftans und mit hohen Pelzmützen auf den spitzbärtigen Wackelköpfen. Nachdem diese Karikaturen ihren Umzug gehalten, verschwinden sie wieder in den Boden unter rauschenden Beifallsbezeugungen.

Aufs neue springen Faust und Mephistophela hervor zu einem glänzenden Pas-de-deux, wo der eine wieder die Herzogin und die andere wieder den Herzog mit verliebten Gebärden anlockt, so daß das erlauchte Fürstenpaar endlich nicht mehr widersteht und seinen Sitz verlassend, sich

den Tänzen jener beiden anschließt. Dramatische Quadrille, wo Faust die Herzogin noch inniger zu bestricken sucht. Er hat ein Teufelsmal an ihrem Halse bemerkt, und indem er dadurch entdeckt, daß sie eine Zauberin sei, gibt er ihr ein Rendez-vous für den nächsten Hexen-Sabbat. Sie ist erschrocken und will leugnen, doch Faust zeigt hin auf ihren güldenen Schuh, welcher das Wahrzeichen ist, woran man die Domina, die fürnehmste Satansbraut, erkennt. Verschämt gestattet sie das Rendez-vous. Parodistisch gebärden sich wieder gleichzeitig der Herzog und Mephistophela, und die dämonischen Tänzerinnen setzen den Tanz fort, nachdem die vier Hauptpersonen sich in Zwiegesprächen zurückgezogen.
Auf ein erneutes Begehr des Herzogs, ihm eine Probe seiner Zauberkunst zu geben, ergreift Faust den magischen Stab und berührt damit die eben dahinwirbelnden Tänzerinnen. Diese verwandeln sich im Nu wieder in Ungetüme, wie wir sie im ersten Akt gesehen, und aus dem graziösesten Ringelreihen in die täppischste und barockste Ronde überplumpsend, versinken sie zuletzt unter sprühenden Flammen in den sich öffnenden Boden. – Rauschend enthusiastischer Beifall, und Faust und Mephistophela verbeugen sich dankbar vor den hohen Herrschaften und einem verehrungswürdigen Publico.
Aber nach jedem Zauberstück steigert sich die tolle Lust; die vier Hauptpersonen stürzen rücksichtslos wieder auf den Tanzplatz, und in der Quadrille, die sich erneuet, gebärdet sich die Leidenschaft immer dreister: Faust kniet nieder vor der Herzogin, die in nicht minder kompromittierenden Pantomimen ihre Gegenliebe kundgibt: vor der schäkernd hingerissenen Mephistophela kniet, wie ein lüsterner Faun, der alte Herzog; – doch indem er sich zufällig umwendet und seine Gattin nebst Faust in den erwähnten

Posituren erblickt, springt er wütend empor, zieht sein Schwert und will den frechen Schwarzkünstler erstechen. Dieser ergreift rasch seinen Zauberstab, berührt damit den Herzog und auf dem Haupte desselben schießt ein ungeheures Hirschgeweih empor, an dessen Enden ihn die Herzogin zurückhält. Allgemeine Bestürzung der Höflinge, die ihre Schwerter ergreifen und auf Faust und Mephistophela eindringen. Faust aber bewegt wieder seinen Stab, und im Hintergrunde der Szene erklingen plötzlich kriegerische Trompetenstöße, und man erblickt in Reih und Glied eine ganze Schar von Kopf bis zu Füßen geharnischter Ritter. Indem die Höflinge sich gegen diese zu ihrer Verteidigung umwenden, fliegen Faust und Mephistophela durch die Luft davon, auf zwei schwarzen Rossen, die aus dem Boden hervorgekommen. Im selben Augenblick zerrinnt, wie eine Phantasmagorie, auch die bewaffnete Ritterschar.

Dritter Akt

Nächtlicher Schauplatz des Hexen-Sabbats: Eine breite Bergkoppe; zu beiden Seiten Bäume, an deren Zweigen seltsame Lampen hängen, welche die Szene erleuchten; in der Mitte ein steinernes Postament, wie ein Altar, und darauf steht ein großer schwarzer Bock mit einem schwarzen Menschenantlitz und einer brennenden Kerze zwischen den Hörnern. Im Hintergrunde Gebirgshöhen, die einander überragend, gleichsam ein Amphitheater bilden, auf dessen kolossalen Stufen als Zuschauer die Notabilitäten der Unterwelt sitzen, nämlich jene Höllenfürsten, die wir in den vorigen Akten gesehen und die hier noch riesenhafter erscheinen. Auf den erwähnten Bäumen hocken Musikanten mit Vogelgesichtern und wunderlichen Saiten- und

Blasinstrumenten. Die Szene ist bereits ziemlich belebt von tanzenden Gruppen, deren Trachten an die verschiedensten Länder und Zeitalter erinnern, so daß die ganze Versammlung einem Maskenball gleicht, um so mehr, da wirklich viele darunter verlarvt und vermummt sind. Wie barock, bizarr und abenteuerlich auch manche dieser Gestalten, so dürfen sie dennoch den Schönheitssinn nicht verletzen, und der häßliche Eindruck des Fratzenwesens wird gemildert oder verwischt durch märchenhafte Pracht und positives Grauen. Vor den Bocksaltar tritt ab und zu ein Paar, ein Mann und ein Weib, beide mit einer schwarzen Fackel in der Hand, sie verbeugen sich vor der Rückseite des Bocks, knieen davor nieder und leisten das Homagium des Kusses. Unterdessen kommen neue Gäste durch die Luft geritten, auf Besenstielen, Mistgabeln, Kochlöffeln, auch auf Wölfen und Katzen. Diese Ankömmlinge finden hier die Buhlen, die bereits ihrer harrten. Nach freudigster Willkomm-Begrüßung mischen sie sich unter die tanzenden Gruppen. Auch Ihre Durchlaucht die Herzogin kommt auf einer ungeheuren Fledermaus herangeflogen; sie ist so entblößt als möglich gekleidet und trägt am rechten Fuß den güldenen Schuh. Sie scheint jemanden mit Ungeduld zu suchen. Endlich erblickt sie den Ersehnten, nämlich Faust, welcher mit Mephistophela auf schwarzen Rossen zum Feste heranfliegt; er trägt ein glänzendes Rittergewand und seine Gefährtin schmückt das züchtig enganliegende Amazonenkleid eines deutschen Edelfräuleins. Faust und die Herzogin stürzen einander in die Arme und ihre überschwellende Inbrunst offenbart sich in den verzücktesten Tänzen. Mephistophela hat unterdessen ebenfalls einen erwarteten Gespons gefunden, einen dürren Junker in schwarzer, spanischer Manteltracht und mit einer blutroten Hahnenfeder auf

dem Barett; doch während Faust und die Herzogin die ganze Stufenleiter einer wahren Leidenschaft, einer wilden Liebe, durchtanzen, ist der Zweitanz der Mephistophela und ihres Partners, als Gegensatz, nur der buhlerische Ausdruck der Galanterie, der zärtlichen Lüge, der sich selbst persiflierenden Lüsternheit. Alle vier ergreifen endlich schwarze Fackeln, bringen in der oben erwähnten Weise dem Bocke ihre Huldigung, und schließen sich zuletzt der Ronde an, womit die ganze vermischte Gesellschaft den Altar umwirbelt. Das Eigentümliche dieser Ronde besteht darin, daß die Tänzer einander den Rücken zudrehen, und nicht das Gesicht, welches nach außen gewendet bleibt.
Faust und die Herzogin, welche dem Ringelreihen entschlüpfen, erreichen die Höhe ihres Liebestaumels und verlieren sich hinter den Bäumen zur rechten Seite der Szene. Die Ronde ist beendet und neue Gäste treten vor den Altar und begehen dort die Adoration des Bocks; es sind gekrönte Häupter darunter, sogar Großwürdenträger der Kirche in ihren geistlichen Ornaten.
Im Vordergrunde zeigen sich mittlerweile viele Mönche und Nonnen, und an ihren extravaganten Polkasprüngen erquicken sich die dämonischen Zuschauer auf den Bergspitzen und sie applaudieren mit lang hervorgestreckten Tatzen. Faust und die Herzogin kommen wieder zum Vorschein, doch sein Antlitz ist verstört, und verdrossen wendet er sich ab von dem Weibe, das ihm mit den wollüstigsten Karessen verfolgt. Er gibt ihr seinen Überdruß und Widerwillen in unzweideutiger Weise zu erkennen. Vergebens stürzt flehentlich die Herzogin vor ihm nieder; er stößt sie mit Abscheu zurück. In diesem Augenblicke erscheinen drei Mohren in goldnen Wappenröcken, worauf lauter schwarze Böcke gestickt sind; sie bringen der Her-

zogin den Befehl, sich unverzüglich zu ihrem Herrn und Meister Satanas zu begeben, und die Zögernde wird mit Gewalt fortgeschleppt. Man sieht im Hintergrunde, wie der Bock von seinem Postamente herabsteigt und, nach einigen sonderbaren Komplimentierungen, mit der Herzogin ein Menuett tanzt. Langsam gemessene zeremoniöse Pas. Auf dem Antlitz des Bockes liegt der Trübsinn eines gefallenen Engels und der tiefe Ennui eines blasierten Fürsten; in allen Zügen der Herzogin verrät sich die trostloseste Verzweiflung. Nach Beendigung des Tanzes steigt der Bock wieder auf sein Postament; die Damen, welche diesem Schauspiel zugesehen, nahen sich der Herzogin mit Knix und Huldigung und ziehen dieselbe mit sich fort. Faust ist im Vordergrunde stehen geblieben, und während er jenem Menuett zuschaut, erscheint wieder an seiner Seite Mephistophela. Mit Widerwillen und Ekel zeigt Faust auf die Herzogin und scheint in betreff derselben etwas Entsetzliches zu erzählen; er bezeugt überhaupt seinen Ekel ob all dem Fratzentreiben, das er vor sich sehe, ob all dem gotischen Wuste, der nur eine plump schnöde Verhöhnung der kirchlichen Aszetik, ihm aber eben so unerquicklich sei wie letztere. Er empfindet eine unendliche Sehnsucht nach dem Reinschönen, nach griechischer Harmonie, nach den uneigennützig edlen Gestalten der Homerischen Frühlingswelt! Mephistophela versteht ihn, und mit ihrem Zauberstab den Boden berührend, läßt sie das Bild der berühmten Helena von Sparta daraus hervorsteigen und sogleich wieder verschwinden. Das ist es, was das gelehrte, nach antikem Ideal dürstende Herz des Doktors begehrte; er gibt seine volle Begeisterung zu erkennen, und durch einen Wink der Mephistophela erscheinen wieder die magischen Rosse, worauf beide davonfliegen. In demselben Momente erscheint die Herzogin wieder auf der Szene; sie bemerkt die Flucht des Geliebten, gerät in die unsinnigste Verzweiflung und fällt ohnmächtig zu Boden. In diesem Zustande wird sie von einigen wüsten Gestalten aufgehoben und mit Scherz und Possen, wie im Triumphe, umhergetragen. Wieder Hexen-Ronde, die plötzlich unterbrochen wird von dem gellenden Klang eines Glöckchens und einem Orgel-Choral, der eine verruchte Parodie der Kirchenmusik ist. Alles drängt sich zum Altar, wo der schwarze Bock in Flammen aufgeht und prasselnd verbrennt. Nachdem der Vorhang schon gefallen, hört man noch die grausenhaft burlesken Freveltöne der Satansmesse.

Vierter Akt

Eine Insel im Archipel. Ein Stück Meer, smaragdfarbig glänzend, ist links sichtbar und scheidet sich lieblich ab von dem Turkoisenblau des Himmels, dessen sonniges Tageslicht eine ideale Landschaft überstrahlt: Vegetation und Architekturen sind hier so griechisch schön, wie sie der Dichter der Odyssee einst geträumt. Pinien, Lorbeerbüsche, in deren Schatten weiße Bildwerke ruhen; große Marmorvasen mit fabelhaften Pflanzen; die Bäume von Blumengirlanden umwunden; kristallene Wasserfälle; zur rechten Seite der Szene ein Tempel der Venus Aphrodite, deren Statue aus den Säulengängen hervorschimmert; und das alles belebt von blühenden Menschen, die Jünglinge in weißen Festgewanden, die Jungfrauen in leichtgeschürzter Nymphentracht, ihre Häupter geschmückt mit Rosen oder Myrten, und teils in einzelnen Gruppen sich erlustigend, teils auch in zeremoniösen Reigen vor dem Tempel der Göttin mit dem Freudendienste derselben beschäftigt. Alles atmet hier griechische Heiterkeit, ambrosischen Götterfrieden, klassische Ruhe. Nichts erinnert an ein neblichtes Jenseits, an mystische Wollust- und Angstschauer, an überirdische Ekstase eines Geistes, der sich von der Körperlichkeit emanzipiert: hier ist alles reale plastische Seligkeit ohne retrospektive Wehmut, ohne ahnende leere Sehnsucht. Die Königin dieser Insel ist Helena von Sparta, die schönste Frau der Poesie, und sie tanzt an der Spitze ihrer Hofmägde vor dem Venus-Tempel: Tanz und Posituren, im Einklang mit der Umgebung, gemessen, keusch und feierlich.

In diese Welt brechen plötzlich herein Faust und Mephistophela, auf ihren schwarzen Rossen durch die Lüfte herabfliegend. Sie sind wie befreit von einem düstern Alpdruck, von einer schnöden Krankheit, von einem tristen Wahnsinn, und erquicken sich beide an diesem Anblick des Urschönen und des wahrhaft Edlen. Die Königin und ihr Gefolge tanzen ihnen gastlich entgegen, bieten ihnen Speise und Trank in kostbar ziselierten Geräten, und laden sie ein bei ihnen zu wohnen auf der stillen Insel des Glücks. Faust und seine Gefährtin antworten durch freudige Tänze, und alle, einen Festzug bildend, begeben sich zuletzt nach dem Tempel der Venus, wo der Doktor und Mephistophela ihre mittelalterlich romantische Kleidung gegen einfach herrliche griechische Gewänder vertauschen; in solcher Umwandlung wieder mit der Helena auf die Vorderszene tretend, tragieren sie irgendeinen mythologischen Dreitanz.

Faust und Helena lassen sich endlich nieder auf einen Thron, zur rechten Seite der Szene, während Mephistophela, einen Thyrsus und eine Handtrommel ergreifend, als Bacchantin in den ausgelassensten Posituren einherspringt. Die Jungfrauen der Helena erfaßt das Beispiel dieser Lust, sie reißen die Rosen und Myrten von ihren

Häuptern, winden Weinlaub in die entfesselten Locken, und mit flatternden Haaren und geschwungenen Thyrsen taumeln sie ebenfalls dahin als Bacchantinnen. Die Jünglinge bewaffnen sich alsbald mit Schild und Speer, vertreiben die göttlich rasenden Mädchen, und tanzen in Scheinkämpfen eine jener kriegerischen Pantomimen, welche von den alten Autoren so wohlgefällig beschrieben sind.

In dieser heroischen Pastorale mag auch eine antike Humoreske eingeschaltet werden, nämlich eine Schar Amoretten, die auf Schwänen herangeritten kommen, und mit Spießen und Bogen ebenfalls einen Kampftanz beginnen. Dieses artige Spiel wird aber plötzlich gestört: die erschreckten Liebesbübchen werfen sich rasch auf ihre Reitschwäne und flattern von dannen bei der Ankunft der Herzogin, die auf einer ungeheuren Fledermaus durch die Luft herbeigeflogen kommt, und wie eine Furie vor den Thron tritt, wo Faust und Helena ruhig sitzen. Sie scheint jenem die wahnsinnigsten Vorwürfe zu machen und diese zu bedrohen. Mephistophela, die den ganzen Auftritt mit Schadenfreude betrachtet, beginnt wieder ihren Bacchantentanz, dem die Jungfrauen der Helena sich ebenfalls wieder tanzend beigesellen, so daß diese Freuden-Chöre mit dem Zorn der Herzogin gleichsam verhöhnend kontrastieren. Letztere kann sich zuletzt vor Wut nicht mehr lassen, sie schwingt den Zauberstab, den sie in der Hand hält, und scheint diese Bewegung mit den entsetzlichsten Beschwörungssprüchen zu begleiten. Alsbald verfinstert sich der Himmel, Blitz und Donnerschlag, das Meer flutet stürmisch empor, und auf der ganzen Insel geschieht an Gegenständen und Personen die schauderhafteste Umwandlung. Alles ist wie getroffen von Wetter und Tod: die Bäume stehen laublos und verdorrt; der Tempel ist zu einer Ruine zusammengesunken; die Bildsäulen liegen gebrochen am Boden; die Königin Helena sitzt als eine fast zum Gerippe entfleischte Leiche in einem weißen Laken zur Seite des Faust; die tanzenden Frauenzimmer sind ebenfalls nur noch knöcherne Gespenster, gehüllt in weiße Tücher, die über den Kopf hängend nur bis auf die dürren Lenden reichen, wie man die Lamien darstellt, und in dieser Gestalt setzen sie ihre heitern Tanzposituren und Ronden fort, als wäre gar nichts passiert, und sie scheinen die ganze Umwandlung durchaus nicht bemerkt zu haben. Faust ist aber bei diesem Begebnis, wo all sein Glück zertrümmert ward durch die Rache einer eifersüchtigen Hexe, aufs höchste gegen dieselbe erbost; er springt vom Thron herab, mit gezogenem Schwerte, und bohrt es in die Brust der Herzogin.

Mephistophela hat die beiden Zauberrappen wieder herbeigeführt, sie treibt den Faust angstvoll an, sich schnell aufzuschwingen, und reitet mit ihm davon durch die Luft. Das Meer brandet unterdessen immer höher, es überschwemmt allmählich Menschen und Monumente, nur die tanzenden Lamien scheinen nichts davon zu merken, und bei heitern Tambourinklängen tanzen sie bis zum letzten Augenblick, wo die Wellen ihre Köpfe erreichen und die ganze Insel gleichsam im Wasser versinkt. Über das sturmgepeitschte Meer, hoch oben in der Luft, sieht man Faust und Mephistophela auf ihren schwarzen Gäulen dahinjagen.

Fünfter Akt

Ein großer freier Platz vor einer Kathedrale, deren gotisches Portal im Hintergrunde sichtbar. Zu beiden Seiten zierlich geschnittene Lindenbäume; unter denselben links sitzen zechende und schmausende Bürgersleute, gekleidet in der niederländischen Tracht des sechzehnten Jahrhunderts. Unfern sieht man auch mit Armbrüsten bewaffnete Schützen, die nach einem auf einen hohen Pfahl gepflanzten Vogel schießen. Überall Kirmesjubel: Schaubuden, Musikanten, Puppenspiel, umherspringende Pickelheringe und fröhliche Gruppen. In der Mitte der Szene ein Rasenplatz, wo die Honoratioren tanzen. –

Der Vogel ist herabgeschossen und der Sieger hält als Schützenkönig seinen Triumphzug. Eine feiste Bierbrauerfigur, auf dem Haupte eine enorme Krone, woran eine Menge Glöckchen, Bauch und Rücken behängt mit großen Schilden von Goldblech, und solchermaßen mit Geklingel und Gerassel einherstolzierend. Vor ihm marschieren Trommler und Pfeifer, auch der Fahnenträger, ein kurzbeiniger Knirps, der mit einer ungeheuern Fahne die drolligsten Schwenkungen verrichtet; die ganze Schützengilde folgt gravitätisch hinterher. Vor dem dicken Bürgermeister und seiner nicht minder korpulenten Gattin, die nebst ihrem Töchterlein unter den Linden sitzen, wird die Fahne geschwenkt und neigen sich respektvoll die Vorüberziehenden. Jene erwidern die Salutation, und ihr Töchterlein, ein blondlockiges Jungfrauenbild aus der niederländischen Schule, kredenzt dem Schützenkönig den Ehrenbecher.

Trompetenstöße ertönen und auf einem hohen mit Laubwerk geschmückten Karren, der von zwei schwarzen Gäulen gezogen wird, erscheint der hochgelahrte Doktor Faust in scharlachrotem und goldbetreßtem Quacksalberkostüme; dem Wagen voran, die Pferde lenkend, schreitet Mephistophela, ebenfalls in grell marktschreierischem Aufputz, reich bebändert und befiedert und in der Hand eine große Trompete, worauf sie zuweilen Fanfaren bläst, während sie eine das Volk heranlockende Reklame tanzt. Die Menge drängt sich alsbald um den Wagen, wo der fahrende Wunderdoktor allerlei Tränklein und Mixturen gegen bare Bezahlung austeilt. Einige Personen bringen ihm in großen Flaschen ihren Urin zur Besichtigung. Andern reißt er die Zähne aus. Er tut sichtbare Mirakelkuren an verkrüppelten Kranken, die ihn geheilt verlassen und vor Freude tanzen. Er steigt endlich herab vom Wagen, der davonfährt, und verteilt unter die Menge seine Phiolen, aus welchen man nur einige Tropfen zu genießen braucht, um von jedem Leibesübel geheilt und von der unbändigsten Tanzlust ergriffen zu werden. Der Schützenkönig, welcher den Inhalt einer Phiole verschluckt, empfindet dessen Zaubermacht, er ergreift Mephistophela und hopst mit ihr ein Pas-de-deux. Auch auf den bejahrten Bürgermeister und seine Gattin übt der Trank seine beinbewegende Wirkung, und beide humpeln den alten Großvatertanz.

Während aber das sämtliche Publikum im tollsten Wirbel sich umherdreht, hat Faust sich der Bürgermeisterstochter genaht, und bezaubert von ihrer reinen Natürlichkeit, Zucht und Schöne, erklärt er ihr seine Liebe, und mit wehmütigen, fast schüchternen Gebärden nach der Kirche deutend, wirbt er um ihre Hand. Auch bei den Eltern, die sich keuchend wieder auf ihre Bank niederlassen, wiederholt er seine Werbung; jene sind mit dem Antrag zufrieden, und auch die naive Schöne gibt endlich ihre verschämte Zustimmung. Letztere und Faust werden jetzt mit Blumensträußen geschmückt und tanzen als Braut und Bräutigam ihre sittsam bürgerlichen Hymeneen. Der Doktor hat endlich im bescheiden süßen Stilleben das Hausglück gefunden, welches die Seele befriedigt. Vergessen sind die Zweifel und die schwärmerischen Schmerzgenüsse

des Hochmutgeistes, und er strahlt vor innerer Beseligung, wie der vergoldete Hahn eines Kirchturms.
Es bildet sich der Brautzug mit hochzeitlichem Gepränge, und derselbe ist schon auf dem Wege zur Kirche, als Mephistophela plötzlich mit hohnlachenden Gebärden vor den Bräutigam tritt und ihn seinen idyllischen Gefühlen entreißt; sie scheint ihm zu befehlen ihr unverzüglich von hinnen zu folgen. Faust widersetzt sich mit hervorbrechendem Zorn, und die Zuschauer sind bestürzt über diese Szene. Doch noch größerer Schrecken erfaßt sie, als plötzlich, auf Mephistophelas Beschwörung, ein nächtliches Dunkel und das schrecklichste Gewitter hereinbricht. Sie fliehen angstvoll und flüchten sich in die nahe Kirche, wo eine Glocke zu läuten und eine Orgel zu rauschen beginnen, ein frommes Gedröhne, welches mit dem blitzenden und donnernden Höllenspektakel auf der Szene kontrastiert. Auch Faust hat sich wie die andern in den Schoß der Kirche flüchten wollen, aber eine große schwarze Hand, die aus dem Boden hervorgriff, hat ihn zurückgehalten, während Mephistophela, mit boshaft triumphierender Miene, aus ihrem Mieder das Pergamentblatt hervorzieht, das der Doktor einst mit seinem Blute unterzeichnet hat; sie zeigt ihm, daß die Zeit des Kontraktes verflossen sei und Leib und Seele jetzt der Hölle gehöre. Vergebens macht Faust allerlei Einwendungen, vergebens legt er sich zuletzt aufs Jammern und Bitten – das Teufelsweib umtänzelt ihn mit allen Grimassen der Verhöhnung. Es öffnet sich der Boden, und es treten hervor die greuelhaften Höllenfürsten, die gekrönten und szeptertragenden Ungetüme. In jubelnder Ronde verspotten sie ebenfalls den armen Doktor, den Mephistophela, die endlich sich in eine gräßliche Schlange verwandelt hat, mit wilder Umschlingung erdrosselt. Die ganze Gruppe versinkt unter Flam-

mengeprassel in die Erde, während das Glockengeläute und die Orgelklänge, die vom Dome her ertönen, zu frommen, christlichen Gebeten auffordern.

F. Sp.
Ein neuer Faust
(1860)

Wem ist nicht schon auf der Reise durch eine monotone Landschaft begegnet, daß er ganz plötzlich, als er eben die Hoffnung, heute noch etwas dem Auge Erfreuliches zu sehen, aufgegeben hatte, bei der Biegung des Weges am Rande des öden Plateaus angekommen, in ein Tal gelangt, dessen liebliche Schönheit ihn bald die ausgestandene Langeweile vergessen macht? Einem solchen Reisenden gleicht der Kritiker, wenn ihm, nachdem er sich mißmutig durch einen Haufen schlechter oder mittelmäßiger Bücher durchgearbeitet, zuletzt eins in die Hände fällt, aus welchem ihm endlich der Duft der holden Blume Poesie Geist und Herz erquickend entgegenweht. Er hat ohne Zweifel – wäre er sonst ein Kritiker? – manches zu rügen; er möchte dies oder jenes anders haben; ja er findet vielleicht, daß das Ganze verfehlt ist – und doch freut er sich seines Fundes und beeilt sich, das Publikum damit bekannt zu machen, zumal wenn der unbekannte Name des Verfassers nichts besonders Anziehendes und der Titel des Buches etwas geradezu Zurückschreckendes für den Leser hat. Das Buch, um welches es sich handelt, heißt: »Faust.« Ein dramatisches Gedicht von Adalbert Lenburg. Berlin 1860. Haude und Spener'sche Buchhandlung.

Faust! ein neuer Faust! eine *Ilias post Homerum*! hören wir den Leser rufen, der alles, was in neuerer und neuster Zeit von sehr gewichtigen Stimmen gegen die Manie unserer Dichter gesagt worden ist, wieder und immer wieder den Geist aus seiner wohlverdienten Ruhe heraufbeschwören,

in seinem Herzen bewahrt hat. Wir bekennen von vornherein, daß wir uns ebenfalls gegen diese *Faustuli posthumi* erklären, daß wir an dem einen Faustus des großen Johann Wolfgang gerade genug haben, um uns unser Leben lang daran zu ergötzen, und uns gelegentlich über den vielen Rätseln, an denen er trotz aller Kommentatoren so reich ist und bleiben wird, den Kopf zu zerbrechen. Faust ist das Abbild einer Periode, die hinter uns liegt, wie unsere eigene selige Jugendzeit, als der Himmel blauer war wie jetzt, und die Sterne heller leuchteten; als die Zukunft uns erschien wie ein köstliches Abendrot, und wir vor lauter Tatendrang nicht wußten, was wir wollten. Es ist der Typus der Menschen eines Jahrhunderts, das sich unter harten Kämpfen losrang aus den Banden eines engherzigen Scholastizismus, mit beiden Füßen zugleich hineinzuspringen versuchte in das neu errungene Leben, und bei diesem Sprunge in den Fetzen des Magisterrockes, den es so verächtlich bei Seite geworfen, hängen blieb. Andere Zeiten, andere Aufgaben; andere Aufgaben, andere Menschen; andere Menschen, andere poetische Gestalten. Wir haben uns nur noch nebenbei mit den Götze herumzustreiten, nur noch nebenbei aus Liebe und unbestimmter Sehnsucht nach der Erreichung eines unbestimmten Zieles totzuschießen, oder damit abzuquälen, das, was in des Menschen Hirn nun ein für alle Mal nicht paßt, tiefsinnig zu erfassen. Hauptsächlich haben wir aber Eisenbahnen zu bauen, elektrische Drähte durch den Ozean zu legen, über das A-B-C politischer Bildung endlich einmal herauszukommen, und ähnliche Aufgaben zu lösen, die unsere Zeit und unsere Kraft vollauf in Anspruch nehmen.
Dem heutigen Menschen gilt das Wort, das große, ernste, erhabene Wort des Fausts des zweiten Teils:

»Er stehe fest und sehe hier sich um,
Dem Tüchtigen ist diese Welt nicht stumm.«

Deshalb, wenn der Dichter unserer Tage seinem Jahrhundert den Spiegel vorhalten will, so muß er uns Menschen zeigen, mit denen wir sympathisieren können; Menschen, welche dieselben Zwecke verfolgen, wie wir; sich an denselben Hindernissen die Hände blutig ringen, wie wir; nach dem Takt derselben Trommel marschieren, die uns zum Kampfe ruft. Und wenn er uns Menschen schildert, die ihre Zeit nicht verstehen, die nicht nur nicht wissen, wie sie es wollen, sondern nicht einmal, was sie wollen, so muß er sie uns nicht als Helden darstellen, deren Leiden Furcht und Mitleid in uns erweckt, sondern als das, was sie sind: nämlich als Narren, oder zum mindesten als Schwächlinge, damit wir sie in dem einen Falle verlachen können und das Mitleid, das wir ihnen in dem andern Falle zollen, wenigstens kein tragisches zu sein braucht. Fragen sich doch die Faustdichter einmal selbst, was sie in ihren ruhigen Stunden sagen würden, wenn sie einen Menschen sich mit der Ergründung von Rätseln, die nach dem Urteil aller Verständigen schon längst für unergründlich erklärt sind, abquälen, und in seiner Verzweiflung über die Erfolglosigkeit seines Strebens hinterher alles mögliche Unheil anrichten sähen! Was uns im Leben lächerlich oder toll erscheint, soll uns das in der Poesie vernünftig oder gar erhaben vorkommen? Der Dichter wende uns nicht ein: »aber du liest doch den Goetheschen Faust, und liest ihn mit immer gleichem Entzücken; und der Held erscheint dir weder lächerlich noch toll. Warum soll ich nicht auch in meiner Weise einen Faust schreiben? Haben es die Künstler aufgegeben, Madonnen zu malen, weil die sixtinische so übermenschlich schön ist? *Anch' io sono pittore!*« – Zugegeben, daß es für den Künstler kein zwingender Grund sei, einen dankbaren Vorwurf nicht zu behandeln, weil derselbe schon einmal mit vollendeter Meisterschaft behandelt worden ist, so müssen wir doch in Abrede stellen, daß irgend jemand, und wäre es ein noch so großer Verehrer Goethe's, den Faust mit immer gleichem Entzücken liest. Von den mystischen Schauern, die uns umwehten, als wir zum ersten Male einen Blick in diese geheimnisvolle Welt tun durften, empfinden wir in späteren Jahren nur noch sehr wenig, nicht, weil uns das Leben abgestumpft, uns den Sinn für Poesie überhaupt geraubt hätte – der vielleicht trotz des rauhen Lebens, oder gerade durch das rauhe Leben nur noch tiefer und inniger geworden ist – sondern ganz einfach, weil wir Männer geworden sind, Männer unseres Jahrhunderts, welches »dem Tüchtigen« gar ernste und schwer zu erfüllende Aufgaben stellt, mit denen verglichen der faustische Wunsch, zu erkennen, »was die Welt im Innersten zusammenhält«, ziemlich müßig erscheint. Wir bewundern wohl noch das Gedicht als solches, aber mit dem Helden vermögen wir nicht mehr zu sympathisieren.

Und nun ist noch ein Umstand, auf den die Gegner der modernen Faustpoesie, so viel wir uns erinnern, bis jetzt noch wenig Gewicht gelegt haben, und der doch, recht erwogen, unserer Meinung nach schon allein im Stande sein müßte, unseren Dichtern die Behandlung dieses Themas zu verleiden. Wie der Schatten zum Körper, so gehört zum Faust ein Mephisto. Ein Faust, der sich nicht dem Teufel ergibt und schließlich nicht des Teufels wird, ist eben kein Faust. Nun ist uns aber mit andern Superstitionen auch der Teufelsglaube abhanden gekommen, selbst der Glaube an den Teufel im Gedicht. Der Polemik Wilhelm Hauffs in seinen Memoiren des Satans gegen den

Goethe'schen Mephisto ist, obgleich nicht besonders glücklich, doch nicht ganz unbegründet. Selbst in dem Goethe'schen Mephisto fehlt es nicht an Widersprüchen. Der mittelalterliche Teufel muß, so mittelalterlich auch die Färbung des Ganzen gehalten ist, sich dennoch gewissermaßen desavouieren, weil er fühlt, daß ihm sonst der Boden unter den Füßen weggezogen werden würde; und doch hat im Leben, wie in der Poesie, nur der Charakter das Recht zu existieren, »der übereinstimmt mit sich selbst«. Es ist vergeblich, gegen den Stachel zu löken. Wir Modernen sind nun einmal für abergläubische Schauer nicht mehr empfänglich, und deshalb sollten sich die Dichter die vergebliche Mühe sparen, dergleichen Empfindungen in uns hervorzurufen. Ein »böser Geist« macht keinen rechten Eindruck mehr auf uns; und es ist daher einer berühmten Tragödin unserer Tage nicht so sehr zu verargen, wenn sie die anklagende Stimme in Gretchen auch mit Gretchens Stimme spricht. Wir wollen den psychologischen Prozeß auch rein psychologisch, ohne die Einmischung überirdischer Kräfte und Personen, entwickelt sehen, und wie auch immer das Publikum Shakespeare's über die vielen Gestalten, die er aus dem Zwischenreich herauf oder herab beschwört, gedacht haben mag, so viel steht fest, daß die Erscheinung von Banquo's Geist oder von dem Geist Hamlets immer etwas Befremdliches für uns hat, und ohne unsere Pietät gegen den großen Dichter noch viel mehr Befremdliches haben würde.

Indessen trotz dieser und ähnlicher Bedenken gegen eine neue Behandlung der alten Sage wird sich von Zeit zu Zeit immer wieder ein Dichter finden, der sich durch dieselben nicht zurückschrecken läßt. Es ist das am Ende auch ganz begreiflich. Dem »alten Wahn« fühlen sich im Geheimen unser aller Herzen geneigt, wenn auch die meisten, sehr

verständiger Weise, »die schwankenden Gestalten«, die sich in der seligen Jugendzeit zu uns drängten aus den duftigen Nebeln, mit denen uns die Wirklichkeit rings umher verschleiert war, nicht »walten« lassen. Wir alle haben einmal im Leben an einem Faust gedichtet, wenn wir auch keine Zeile davon niederschrieben; denn wir alle sind selbst einmal Fauste im Kleinen gewesen. Das im Faust behandelte Thema ist eben ein ewiges, unerschöpfliches, das tausend und millionenfach variiert werden kann und von jedem in seiner Weise variiert wird. Und nun mag es wohl geschehen, daß ein poetischer Kopf sich so lange mit der Variation, die ihm im Ohr klingt, beschäftigt hat, daß er sie endlich niederschreiben muß, nicht um der als klassisch auch von ihm anerkannten Behandlung Goethe's Konkurrenz zu machen – sondern nur, um sie ein für alle Mal los zu werden. Wenigstens dürfte das Gedicht, welches uns zu diesen Betrachtungen Veranlassung gegeben hat, und zu dessen Analyse wir jetzt, ohne weitere Bedenken zu erheben, übergehen wollen, einem solchen Drange, dessen Unwiderstehlichkeit nur poetische Gemüter recht würdigen können, seine Entstehung verdanken.
Der Dichter läßt seinen »Heinrich« (denn auch diesen klassischen Namen hat er seinem Faust geben zu müssen geglaubt) auf freiem Felde vor uns auftreten. Sein Monolog beginnt mit einer Apostrophe an die mondhelle Nacht, die über dem Felde liegt:

Du göttliche Nacht, so lange ersehnt, bist endlich wieder erschienen!
Ich werfe nun ab den Flitter des Tags und liebenswürdige Mienen.
Insektengeschmeiß und ledernes Volk zur Ruhe sind sie gegangen;

In schwellender Brust das gefangene Herz soll Freiheit wieder erlangen!
So lange der Tag die Erde belebt, enflohen ist mir die Seele;
Doch wenn die Nacht herabgetaut, der Drache kriecht aus der Höhle,
Und fein sich sonnt im Sternenlicht und wühlet in goldenen Schätzen;
Es zaubert und spukt die ganze Natur, sein Drachenherz zu ergötzen.

Gedanken der Liebe zu einer schönen hohen Frau irren wie sanfte Harfenklänge durch dies stürmische Allegro. Aber die Liebe kann die tiefbewegte Brust nicht erfüllen:

Verloren ist, wer sich ergibt dem Weibe,
Und hängt sein Herz an ihren milden Glanz; –
Umsonst der Wunsch, daß dir das Ideal verbleibe!
Das Höchste will den Menschen frei und ganz.
– – –
Das Weib ist Blumenstaub, so zart wie nichtig,
Ihr hellstes Licht wie Sternenregen flüchtig.
– – –
O könnt' ich mehr, mich zehrt ein wilder Drang,
Als träumen, dichten und die Welt beschauen;
O könnte ich mit meiner Stimme Klang
Ein neues Bethaus der Gemeinde bauen.
– – –
O Schmach! Wer kann noch ohne Maske gehn!
Wo lebt das Herz, das keinen Panzer trüge?
Sündflut, heran! Mag alles untergehn,
Nur fege fort, was Heuchelei und Lüge!

Mitten in dieser verteufelten Stimmung erscheint ihm natürlich der Teufel. Heinrich Faust ergibt sich ihm, dann, sagt er:

Um jeden Preis will ich genesen
Vom Überdruß und jämmerlichen Schein.
Ich fühle Kräfte, die kein Ende kennen,
Und zehre mich im trägen Schlendern ab;
Gib mir die Bahn, nach Kraft und Lust zu rennen
Zur steilsten Höh', die tiefste Schlucht hinab!
– – –
Vermagst du deine Kräfte mir zu leihen,
Ich will sie rüstig spielen lassen,
Dem Leben trotzend mich erfreuen,
Ob mich die Menschen lieben oder hassen.

Man sieht, der Held ist auf einem guten Wege, auf dem rechten Wege zur Hölle. Der Teufel hat weiter nichts zu tun, als ihn auf diesem Wege zu erhalten. Dies kann dem Vielgewandten, dem großen Korrumpierer, nicht schwer fallen. Er erinnert Heinrich an die schöne hohe Frau und reizt ihn, dem Zagen und Zaudern ein Ende zu machen und zu tun, wonach sein Herz begehrt. Heinrichs Gewissensskrupel, die um so gerechter sind, da die hohe Frau verheiratet und keineswegs unglücklich verheiratet ist, mit einem Manne, den Heinrich haßt,

weil uneinnehmbar hoch
Er sich mit seinem Weibe angebaut;
Der Wall, den er um seinen Frieden zog,
Das ist die Treu, mit der er mir vertraut –

weiß Mephisto in seiner Weise zu beseitigen, und das Paar, welches jetzt ein Herz und eine Seele ist, beschließt, schon am nächsten Tag den Versuch zu wagen.

Schon steigt der Tag herauf; in wenig Stunden
Gehn wir ans Werk, das köstlich lohnen soll.
Ein Plänchen habe ich schon ausgefunden,
Als meiner Freundschaft ersten Liebeszoll.

Im zweiten Akt treten wir in einen Gartensalon bei Frank, dem Gatten Anna's, der Geliebten Heinrichs. Mephisto weiß, während die beiden, vor Anna's Bilde stehend, noch allein sind, seines Schülers Leidenschaft immer mehr zu entflammen und charakterisiert die schöne Frau so:

Ihr ward ein Sinn voll hohem Drang beschert.
Es zieht sie auf aus jenem Flitterkram,
Den eure Frauen kindisch um sich breiten;
Von hohen Rätseln, welche sie vernahm;
Sucht sie die Lösung rastlos zu erstreiten.
Und doch! ein Zug, ein teuflisch schöner, geht
Wie fernes Wetterleuchten durch ihr Bild;
Das wilde Heer der Leidenschaften steht
So heimlich lauernd da, so fein verhüllt!

Da kommt Anna. Sie heißt den Freund, der sich eine Zeitlang nicht hat sehen lassen, willkommen; und auch den andern, der ihr als »Kurt« vorgestellt wird, ein Freund Heinrichs und Franks, ihres Gemahls, von der Studentenzeit her. Anna klingelt nach ihrer Zofe, um Frank rufen zu lassen. Bei dem Eintritt »Mariens« gerät Heinrich in die höchste Bestürzung. Er erkennt in dem hübschen blassen Kinde ein Mädchen, das er in früheren Jahren geliebt und treulos verlassen. Auch das Mädchen erkennt den treulosen Geliebten wieder und entschuldigt vor Anna ihren Schrecken mit einem plötzlichen Unwohlsein. Anna geht selbst, Frank herbeizuholen. Mephisto erzählt, von Heinrich befragt, wie Marie in dies Haus gelangt ist.

Die schöne Frau hat selber dir gesagt
Wie sie die kleine Närrin aufgenommen.
Die war, von ihrer Herzensnot gejagt,
Dich aufzusuchen just hierhergekommen.
Du fandest einst ihr Herzchen unberührt;
Du hast es ganz erfüllt und neu gestaltet,
Hast eine Flamme darin angeschürt,
Die nun in Ewigkeit nicht mehr erkaltet.
Für dich war sie ein süßer Blumenduft,
Ihr bist du Licht und Leben, Sonn und Luft.
Du ließest sie; das ist der Lauf der Welt.
Sie aber bleibt gekettet an den Mann,
Für den ihr Knospenleben aufgeschwellt,
Der sie verlockte in der Liebe Bann.
So schnürte sie ihr Bündel, klein und ärmlich,
Und zog hinaus und irrte lang umher;
Und hungerte und fror, und lebt erbärmlich,
Und sehnte sich nach dir nur mehr und mehr.
So ist sie endlich denn hierher gekommen,
Gesunken krank und todesmatt zur Erde;
Sie hatte deinen Namen wohl vernommen,
Und dacht' in solcher Nähe still zu sterben.
Das ist so bei den Mägdelein die Meinung,
An Liebe sterbe es sich schnell und gut;
Doch ist es 'ne besondere Erscheinung,
Daß keiner Mutter Tochter also tut.

Heinrich ist schon so gut eingeteufelt, daß ihn selbst die rührende Gestalt des unglücklichen Geschöpfes, die sich ihm so unerwartet in den Weg stellt, nicht zurückzuhalten vermag.
Frank kommt und begrüßt die Freunde. Er erscheint als ein braver, guter, liebenswürdiger Mann, der in der Arbeit

und vor allem in der Liebe zu seiner schönen Frau sein Glück sucht und findet.

Was ich wirk' und schaffe,
Was ich begehre, was erraffe,
Sie haucht dem Ganzen erst Bedeutung ein.
Wohl freuet mich des Wohlstands sichre Fülle,
Und wenn das Werk, das Fleiß und ernster Wille
Rastlos vollendeten, die Absicht krönt;
Das wäre tot, wie es auch weiter blühe,
Mein Dasein arm, das Leben eitel Mühe,
Wenn ihre Liebe mir es nicht verschönt.

Er gesteht, daß früher Eifersucht sein Herz geplagt habe; jetzt aber sei der Tag angebrochen, auf den keine Nacht folgen könne.

Mephisto Wohl dir! Doch nichts auf Erden ist gewiß,
Nimm einmal an, dein Kleinod ging verloren?
Frank Dann wäre alles, alles Finsternis,
Und zur Verzweiflung wäre ich erkoren! –

Natürlich sorgt Mephisto dafür, daß diese Finsternis und diese Verzweiflung nicht lange auf sich warten lassen. Er weiß Frank zu entfernen, und eine Szene zwischen Heinrich und Anna folgt, die der Höhepunkt des Gedichtes ist; eine Szene, in welcher Anna zuerst auf die liebenswürdigste Weise in das Geheimnis von Heinrichs Kummer zu dringen sucht, und ihm so, ohne es zu wollen und zu wissen, die Erklärung leicht macht. Es ist in dieser Wechselrede, in diesem Hinüber und Herüber von sinnlicher Glut und stolzem Sträuben, von Begehren und Entsagen eine Kraft, eine Leidenschaft, die den Leser, er mag sonst über die Sachen denken wie er will, fesselt und hinreißt.

Anna Ihr geht, ein Dieb, auf frevelhaften Raub;
Vernehmt, Unseliger, den Ruf der Ehre.
Heinrich Ich kann es nicht, Geliebte, ich bin taub;
Und wenn er laut, wie Gottes Donner wäre.

Anna bleibt allein. Die Liebe zu dem Mann, an dem, mag sie sich sträuben wie sie will, ihr Leben hängt, und die Treue, die sie dem edlen Gatten gern bewahren möchte, streiten sich in ihrer Brust. Mephisto kommt und macht dem Kampf ein Ende.

Gewitter tobte über diese Züge!
Schon blickt vertraute Spur mich daraus an.
Nur noch ein leiser Stoß, dann ist's getan.

Er sucht Anna einzureden, und natürlich gelingt es ihm, daß Marie Franks Geliebte sei. Anna muß hinter dem Vorhang versteckt eine Unterredung zwischem ihm und dem Mädchen belauschen, in welcher er, als der rechte *advocatus diaboli*, Marie durch geschickte Kreuz- und Querfragen gerade das zu antworten zwingt, was Anna hören muß, um sich von der Treulosigkeit ihres Gatten zu überzeugen. Wir glauben gern, was uns angenehm ist. Anna ist jetzt, wie Heinrich, dem Bösen verfallen, und der Pakt wird durch einen Ring Mephisto's symbolisiert, mit dem sie ein Billett petschieren will, in welchem sie Heinrich mit ihr zu fliehen auffordert. Sie steckt in der Zerstreuung diesen Ring an ihren Finger und vermag denselben nicht wieder zu entfernen. Mephisto gibt den Brief – und es ist dies ein feiner Zug des Dichters, der den Teufel das Böse tun läßt, aus Freude am Bösen, selbst wo es nicht einmal nötig scheint – vorläufig einmal an Frank. So erfährt dieser den Verrat, der an ihm verübt werden soll. Er ist außer sich; die Milch der frommen Denkungsart verwandelt sich ihm in gährend Drachengift.

Sie mögen ungefährdet fliehen;
Nur sehen will ich's, wie mein Glück zerbricht;
Dann ihnen nach, den Tod im Herzen, ziehen,
Als ihr Gericht;
Und vor sie treten, wenn sie sich ergötzen,
Und wenn Erinnerung sie überschleicht;
Sie sollen's fühlen mit Entsetzen,
Daß stets um ihren Pfad der Rächer streicht,
Bis endlich kommt die Zeit, die kommen muß,
Die Zeit, wo ihre Sünde selbst sich richtet,
Wo Gift entquillt dem buhlerischen Kuß,
Und die Verzweiflung sie, wie mich, vernichtet.

Diese Zeit kommt bald. Heinrich und Anna sind entflohen. Auf Mephisto's Anstiften geschieht es, daß Marie sie begleitet. Heinrich ist in der Residenz am Hofe irgend eines Fürsten zum höchsten Ansehen gelangt; aber der Ehrgeiz befriedigt ihn so wenig, als vorhin die Wissenschaft und zuletzt die Liebe. Das alles war voraus zu sehen, denn die Quintessenz des Faust ist eben das Unbefriedigtsein. Wer sich nicht Knall und Fall entschließen kann, ein Mensch zu sein unter den anderen Menschen, mit ihnen Freud und Leid zu teilen, wie's eben das Schicksal gebeut; wer nach andern Zielen strebt, als solchen, die sich auf Erden erreichen lassen, für den ist die Erde eine Hölle, und er braucht den Teufel nicht zu zitieren; denn, wie Goethe's Mephisto sehr richtig bemerkt – ohne freilich zu bedenken, daß er durch diese Bemerkung seine Existenz gar sehr gefährdet –:

Und hätt' er sich auch nicht dem Teufel übergeben,
Er müßte doch zu Grunde gehn.

Heinrich hat es satt, die Fesseln der Liebe zu tragen. Er will sie zerbrechen, und am nächsten Tage heimlich das Land und die Stadt, den Hof und den Palast verlassen. Mephisto billigt natürlich diesen Entschluß höchlichst. Nur hat der Teufel vor der Abreise noch einiges zu arrangieren. Er weiß es einzurichten, daß Marie, die ebenfalls in dieser Nacht entfliehen will, vorher Anna ein volles Bekenntnis ihrer Liebe zu Heinrich ablegt, und Anna also auf diese Weise erfährt, daß sie doppelt betrogen ist. Das stolze, unglückliche Weib gerät in eine Raserei des Zornes, der Scham und der Eifersucht. Sie will Marie, die sie im Einverständnis mit Heinrich glaubt, ermorden. Noch ein letzter Kampf mit ihrem bessern Selbst, eine kurze blutige Dämmerung und die Nacht bricht herein.

Herz, deine Unschuld sank dahin, –
Du letzter Schein, was flimmerst du?
Umsonst! Die Hölle lacht dazu,
Und todesgierig ist mein Sinn.
Liebe, du brichst so leicht wie Glas,
Doch ehern, mächtig ist der Haß.

Sie vergiftet Marie, und dann sich selbst. Heinrich erschlägt Frank, der darüber hinzukommt, im Zweikampf.

Mephisto Nun hast du alle kalt gemacht,
Die tölpisch dir im Wege standen;

Nun soll des Lebens volle Pracht
Erblühen dir in fernen Landen;
Der Erde Geister sollst du selbst beschwören,
Und ihre rätselvollen Stimmen hören.
Heinrich Mein Herz ist Stein. Nicht kenn' ich mehr die Freude.
Nun erst sind völlig wir verbunden beide.

So endigt das Stück, von dem wir bedauern müssen, nicht daß es geschrieben ist – im Gegenteil, wir sind dem Verfasser sehr dankbar dafür – sondern daß es so geschrieben ist, das heißt, daß es ihm nicht beliebte, den psychologischen Prozeß, welcher vorliegt, von allen über- und unterirdischen Einwirkungen befreit, in seiner – wir möchten sagen – rein menschlichen Form zur Erscheinung zu bringen. Doch wir wollen die Polemik gegen die Wahl und Behandlung des Stoffes nicht erneuern. Wir wollen den Leser auf ein Buch aufmerksam machen, das, verfehlt wie es ist, doch aller Aufmerksamkeit wert ist. Es hat Überfluß an sogenannten schönen Stellen; wir hätten gern noch einige zitiert, wenn es der beschränkte Raum zuließe. Der Verfasser ist offenbar kein ganz junger Mann mehr und, trotzdem wir uns nicht erinnern können, früher etwas von ihm gelesen zu haben, auch jedenfalls kein Anfänger in der Poesie. Dazu ist seine Diktion viel zu rein, sind seine Bilder viel zu künstlerisch, und vor allem seine Gedanken viel zu tief, seine Beobachtungen viel zu scharf. Es sollte uns aufrichtig freuen, wenn wir ihm, nachdem er diese Reminiszenz aus seiner Jugend glücklich »losgeworden«, recht bald auf demselben Gebiete des Drama's, zu dessen Bearbeitung die Natur seines Talentes ihn ganz besonders zu befähigen scheint, wieder begegneten.

Verfasser unbekannt
Faust

Der Tragödie dritter Teil (1862)

Ich habe gelitten, wie wenig Gelehrte, das Unerträgliche, Unerhörte: Als Fabel, Ammenmärchen und Sage, verlebt' ich meine Jugendtage, und trieb als Walze ohne Rasten, herum mich in jedem Leierkasten, ja, mußte mir unzählige Massen, Leinwandmalicen gefallen lassen. So ward ich angegafft und bewundert, auf jedem Markt im sechzehnten Jahrhundert. Als Volksbuch dann, als ungetüme Kneiplieder, dazu als Pantomime, als Schattenspiel und Marionette, ward ich gemißbraucht, ja ich wette, ich war schon als irgend ein lust'ger Clown, auf grauem Zirkussand zu schaun. Ich will es Marlowe nicht übel deuten, daß er sich über mich hergemacht, und mich zum ersten Mal vor Zeiten dramatisiert auf die Bühne gebracht; ich harrte der Ruhe als Bühnenschartek', in Londons Theaterbibliothek, allein sie war mir nicht gegönnt, ich stand noch nicht am Anfangsend', mich faßten Lessing, Soden und dann, der

Klinger und der Klingemann, und Grabbe, Bechstein und Lenau hierauf, brachten mich gereimt in den Kauf, und wie sie alle heißen mögen, auf deren Pult ich schon gelegen. Mit Pinsel, Meißel, Grabsticheln und Federn ward ich gemacht. Auf allen Kathedern ward ich gelesen und abgeschätzt, in alle Sprachen übersetzt, ich wär' sogar bei den Samojeden, hätten die Glücklichen Bücherläden. Ich werde gemimt, gemalt, gesungen, ich werde sogar als Ballett gesprungen, seitdem mich Heine geschenkt hat dem, Theater in London als Tanzpoem. In allen Berliner und Wiener Possen, bedenkt man mich mit Witzen und Glossen. Mein zweiter Teil ist auch schon da von Chevalier Wollheim Fonseca. Ich werde beschädigt in ew'gen Zitaten, von allen möglichen Literaten; dies Faustrecht ist dem Faust nicht recht, mir geht es wahrlich doch zu schlecht, für dieses Paar begangener Sünden, die meine Memoiren künden. Bedenkt, ich hab' genug gelitten, genug genützt, genug verdient, damit sei meine Schuld gesühnt, –
ich muß um etwas Ruhe bitten!

(Kleine Pause.)

Wer klopft? Man kann den Kopf verlieren!
Gounod *(tritt ein).*
Ich komme, Sie zu komponieren.

Hermann Eduard Jahn
Faust

Eine Satire
(1880)

(Auf dem Brocken. Abend. Faust, ein halbverhungerter Dichter, Mephisto, ein wohlgenährter Kritiker, klimmen den Berg empor.)

Faust Hier endlich kann ich wieder menschlich fühlen,
In Gottes freiem Tempel der Natur,
Hier kann des Wissens reinen Durst ich kühlen,
Hier forschen nach des Ew'gen lichter Spur.
Hier nenn' ich Bruder jeden Wurm im Staube
Und jeden Halm, der scheu im Winde bebt –
Und über allem schwebt der schöne Glaube,
Wie Gottes Geist einst überm Meer geschwebt.
Hier bin ich frei – frei! Welche Götterwonne
Macht mir das Blut in allen Adern trunken!
Hier raub' ich von der Wahrheit stolzen Sonne
Mir, ein Prometheus, einen ew'gen Funken.
O Wahrheit, du der Dichtung Schwester, eine
Dich jetzt mit ihr zu einem Opferbrand,
Daß ihr mit ros'gem, morgenhellem Scheine
Erleuchtet rings das nachtumgarnte Land.
Es muß die wahre Kunst die Völker lehren;
O laß, o laß mich hier dein Priester sein –
All die Gedanken, die im Hirne gären,
Die läutre du zu reinem Feuerwein.
Mephisto Was schwatz'st du da? – Die Kunst muß lustig machen,

Des Traurigen gibt's schon zu Haus genug –
Das nenn' ich Kunst, wenn alle Leute lachen,
Das zieht, mein Freund, schreib' solch ein Buch!
Faust Was hier sich regt, ist nicht von dieser Erde,
Von tausend Sonnen ist es glanzerhellt.
Mir fehlet nur das kleine Wörtchen: Werde! –
Und in mir formt sich eine neue Welt.
So oft ich breite sehnsuchtsbang die Schwingen
Zum kühnen Flug zu des allew'gen Thron,
Ach, nieder zieht mich, mag ich fiebernd ringen,
Der niedern Menge gift'ger Hohn.
Und hat sie nun mich auch ans Kreuz geschlagen,
Und drückt aufs Haupt mir rauhe Dornen nun,
Im Sterben werd' ich noch, sie segnend, sagen:
»Vergib Apoll, ihr blindes Tun!«
Der Hunger weinet bang zu meinen Füßen
Um seinen treusten Sohn, nur er allein,
Und unter seinen eisig starren Küssen
Gefriert das Blut, verdorret das Gebein.
Mephisto Werd' Rezensent, nur Wen'ges braucht's dazu:
Ein Schulsack voll altbacknem Phrasentand,
Ein Gänsekiel und etwas Marktverstand –
Und du lebst herrlich, lebst in Ruh!
Kritik ist eine Lupe – so – bald so –
Just wie sie deine Finger wandten:
Bald lügt sie einen Elephanten dir zum Floh,
Bald einen Floh zum Elephanten.
Was frommt dir Zukunft, was Unsterblichkeit?
Leb du der Gegenwart, leb in der Zeit!
Was frommt, ob sie nach deinem Tode noch
Dich nennen – du bist taube Asche doch,
Dein »Ich« erlosch, dein eigner Name bist
Du selbst nicht mehr. – Warum sich Ruhm erborgen?

Genieß die Gegenwart, die dein noch ist,
Und laß die Zukunft für sich selber sorgen!
Faust Wär ich dir gleich! Doch ringet stets mein Sinn
Zum Licht empor und will es freudig fassen –
Zum Lichte wendet sich die Blume hin – – –
Nur nicht zum Licht des Volkes große Massen!
Doch sieh, was schwebet dort so nebelhaft
Daher auf des Gewölkes luft'gen Wegen –
Was wirbelt um der Berge stolzen Schaft,
Was wird sich dort im Talesbecken regen?
Es ducken zitternd sich die Gräser nieder,
Es schauern bang der Felsen harte Glieder –
Der Wind entflieht zur fernsten Himmelsferne,
Am Himmel löschen aus die bleichen Sterne,
Und alles bebt – das Dunkel herrscht allein
Wie vor der ersten Schöpfungsstunde.
Wie still! – So wird der Tod einst sein.
Wie öde alles in der Runde!
Ein geller Schrei! – Und wieder tiefes Schweigen. –
Doch sieh, dort in der Ferne seh ich's nah'n,
Aus allen Gründen seh ich's plötzlich steigen;
Blutrot erglüht der Himmelsplan,
Es wogt heran ein widerlicher Schwarm
Mit nackten Leibern; Arm in Arm
Ruhn Mann und Weib, ein Laken ist ihr Wagen,
Von Bock und Schweinen werden sie getragen.
Sie nah'n – und sie sind da!
Wer ist das Weib dort? – Gretchen! Du mir nah!?
Was soll das rote Bändchen um den Hals?
Wie starr dein Blick, bleich deine Wange, als
Wär' Marmor sie! O schöne Muse du,
Dein Kind war tot, du wiegtest es zur Ruh.
Weißt du, wie du mit wirrer Lippe mir

Zuriefst ein: »Heinrich, mir graut vor dir!?«
Wie stumm du bist! Sag, wer das rote Band
Um deinen Silbernacken dir gewandt? –
Mephisto Hier fühl ich mich so recht bei meinesgleichen,
Hier wird gestänkert und ge . . . flickt,
Hier trag ich stolz mein Rezensentenzeichen –
(Macht eine unanständige Bewegung.)
Sieh Freund, wie man mir höflich nickt!
Halt dich nur fest an meines Kleides Zipfel,
Ich führe dich, du scheuer Fant. –
Sieh, dort auf jenes Berges kahlem Gipfel
Wird just ein jugendlich Talent verbrannt.
Folg mir! Sieh dort das Hexchen schelmisch lachen,
Willst du vielleicht mit ihr ein Tänzlein machen?
Nur frisch drauf los und laß das blasse Kind!
Das ist ein wesenloser Schatten –
Wo so viel schöne Weiber sind,
Wer möcht sich da mit Hirngespinsten gatten!
(Faust tanzt mit einer jungen Hexe ab, Mephisto mit einer alten.)
Gretchen *(singt.)*
O Sprache du voll Zauberklang,
Wo du schallst, ist mein Heim,
Du Sprache, drin die Mutter sang
Den ersten Wiegenreim –
Du Sprache, drin des Liebsten Mund
Gehaucht manch trunk'nes Wort –
Und lieg ich einst im Grabesschlund,
Du Sprache lebest fort.
Und nach uns küßt manch junges Paar
So deutsch, mein Lieb, wie wir –
O Sprache du, so treu, so wahr,
Lebt ich als Lied in dir!

Schlesische Presse *(eine alte Rothexe.)* Wahrlich, ein besser gemeintes, als gut verfaßtes Gedicht, das durch patriotischen Sinn zu ersetzen sucht, was ihm an sonstigem Gehalt – abgeht. –

Hus Auf welcher Seite ihres Schuldiariums steht dieser – Abgang?

Schlesische Presse Es ist das A in unserm ABC.

Hus 'S ist zum Motten kriegen.

Namenlose Blätter *(eine junge Bleichhexe.)* Das Publikum wird gewiß erstaunt sein, daß diese Redensart schon im 15. Jahrhundert im Gebrauch gewesen ist. Bekanntlich ist sie echt Berlinisch und Herr Hus hat gar kein Recht, uns, denen es erst nach vier Jahrhunderten vorbehalten bleibt, sie zu erfinden, unser eigenstes Eigentum zu stehlen.

Hus *(tröstend.)* Nun, Mädel, häng' die Lipp' nich auf'n Boden, du trittst sie dir noch ab.

Namenlose Blätter *(gereizt.)* Die Sprache hat insofern durch diesen genannten Satz eine Bereicherung erfahren, als er das Quantum der gesprochenen Worte vermehrt. Dennoch mag es möglich sein, daß Winkelblätter noch mehr Lärm machen. *(Sic!)* Der Ausdruck ist ein hinterpommerscher.

Hus Möchte der Eindruck ein hinter... sein!

Gerichtsdiener Was haben Sie nachts um zwölf auf dem Blocksberg herumzuspuken! Ich verhafte Sie als öffentliche Ruhestörer.

(Allgemeine Heiterkeit.)

Hier darf nicht gespukt werden! Wenn Sie es aber durchaus wollen, so müssen Sie sich ein Spukattest ausstellen lassen.

Priester Laß gut sein, lieber Freund! Die Geschichte paßt uns gerade in unsern Kram. Was sollten wir armen Geistlichen wohl ohne den Teufel machen! Er ist unser bester Gevatter. Geht, guter Freund, und Ihr habt nichts gesehen, hier... *(Drückt ihm die Hand.)*

Gerichtsdiener Ich hab' nichts gesehen! Mögen die Herren nur nach Belieben fortspuken! Gute Nacht! *(Ab.)*

Ein Jude Ochen! Wie heißt? Wir haben's Geld, wir haben de Gewalt, de Christenmenschen sein *chamors*. Wir haben's koschre Geld, wir sind de Herrn der Christenleut'!

Die Wahrheit Ihr seid Parasiten! Mit Stumpf und Stil müßt Ihr vernichtet werden!

Jude Wai! Warum sein wir Parasiten? Woher haben wir's Geld? Haben wir's gestohlen? Nein! wir haben's verdient, Poschit auf Poschit.

Die deutsche Wacht Ihr seid Fremdlinge, die sich in Deutschland eingenistet haben, Aussätzige und Unreine! Und wie Ramses euch einst aus Ägypten vertrieb, so sollt ihr aus Deutschland gejagt werden, eh' ihr Hyksos die Hand nach dem Zepter recket. Ha, der Kerl besteht ja aus nichts, als Lumpen: Rechnungen, Wechsel, Schuldscheine! Warte, du Racker!

(Die »Wahrheit« und die »deutsche Wacht« suchen vergebens den Juden zu zerreißen.)

Jude Wai geschrien, Misse meschune!

Sozialist Freiheit, Gleichheit, Brüderlichkeit, gleiche Arbeit, gleiches Geld, gleiche Frauen! Nieder mit den Reichen!

Landgraf Philipp von Hessen Ist denn der gottverdammte Thomas Münzer und der Schneider Johann Bockhold noch nicht tot? Haben denn die Kerle hundert Leben? Ich peitsche sie ihnen alle hundert zu Tode! Ins Narrenhaus mit dem Kerl, da hat er alles gleich: Raum, Essen und Prügel! Hier in der Welt gibt es Dumme und Kluge, Reiche und Arme, Tag und Nacht; nichts ist dem andern gleich, das ist nun einmal nicht anders! Ich will dich schon klein kriegen!

(Er drückt den Kautschukmann zusammen, der trotz seiner Bemühungen immer wieder emporschnellt.)

Leutnant Platz da, Gesindel, jetzt komm' ich!

Hus Was ist denn das für ein Affe!

Die Wahrheit Das ist ein Gardeleutnant.

Hus Daß so viel Aufgeblasenheit in einer so schlappen Hülle stecken kann! Der ganze Kerl besteht ja aus nichts als Watte und Bartwichse!

(Sie reißen die Watte nieder und der Leutnant fällt in sich zusammen.)

Faust *(tritt wieder auf, begleitet von Mephistopheles.)*
Es sieht vor meinen Augen so kraus,
Als in der deutschen Dichtkunst aus. –
Mir wird übel – ich will fort.
Wie, Gretchen, Du noch immer dort?
Du blickst mich an so trauervoll,
Als wolltest Du mir etwas sagen
Und darfst es nicht! – Ich kann's nicht tragen,
Ich werd' schier toll. –
Sieh dort, der Boden ist blankes Glas,
Sieh dort die Leichen so starr, so blaß!
Sie regen sich, sie nicken mir zu;
Wer schreckte sie auf aus ewiger Ruh'?
Sie steigen empor im Leichengewand –
Sie spreizen die Finger, sie recken die Hand –
Sie greifen nach mir, sie zieh'n mich hinab –
Hinab, hinab in ein lauerndes Grab –
Hinab, hinab in die Arme des Nichts!
Siehst Du die Sonne dort, bleichen Gesichts –
Dort im Osten am Felsengrat? –
Die Vergeltung, sie naht, sie naht!

Und wer hier gedarbt, gelitten hat,
Dem winket dort ein ew'ges Leben.
Weh dir, Mephisto, dir wird gegeben
Tod und Vergessenheit dort –
Ich aber, ich lebe fort und fort,
Ich lebe als Lied in der Völker Sinn;
Du aber, du fährst unbeachtet dahin,
Trotz all deiner Schätze, trotz allem Gewinn!
Mephisto Ich habe den Augenblick auch ganz gern,
Die Zukunft überlaß ich dem Herrn.
Setz er sich nur ein Monument,
Damit die Nachwelt ihn nennt und kennt;
Schlepp keuchend herbei nur Stein auf Stein,
Die Welt wird nimmer zufrieden sein!
Und baut er es ganz tadellos,
Noch tadelloser will sie es haben –
Und baut er es auch riesengroß,
Für winzig schelten es Krittlerknaben!
Es ist der Kern der Weisheit Nuß:
Werd' Possenreißer oder Kritikus.
Autor Was ist denn hier für ein tolles Treiben?
Still jetzt, ich soll euch alle beschreiben.
Stimmen Wie, uns beschreiben? Haut sein Fell!
Autor Ins Buch, ihr losen Gesellen, schnell
Ins Gedankenherbarium hinein! –
Seht ihr, so sperrt man euch Bursche ein!
Verleger Nun Sie, Sie Virtuos auf der Leier,
Was bringen Sie?
Autor Juxverlag, Herr – – !

Kurd Laßwitz
Prost

Der Faust-Tragödie (n)ter Teil
(1882)

Personen:

Prost, *stud. math. in höheren Semestern, steht vor dem Staatsexamen.* Mephistopheles, Dx *(sprich: De-ix), Differentialgeisterkönig.* Ein Fuchs.

Ort: *Breslau.* – Zeit: *Nach dem Abendessen.*

(Rechts ein Sofa, auf dem Tische zwischen allerlei Büchern ein Bierseidel und Bierflaschen, links eine Tafel auf einem Gestell, Kreide und Schwamm. Auf der Tafel ist eine die ganze Fläche einnehmende ungeheuerliche Differentialgleichung aufgeschrieben. Prost am Tische, mit den Büchern beschäftigt. Er stärkt sich.)

Prost Habe nun, ach Geometrie, Analysis und Algebra und leider auch Zahlentheorie studiert, und wie, das weiß man ja! Da steh' ich nun als Kandidat und finde zur Arbeit keinen Rat. Ließe mich gern Herr Doktor lästern; zieh' ich doch schon seit zwölf Semestern herauf, herab und quer und krumm, meine Zeichen auf dem Papiere herum und seh', daß wir nichts integrieren können. Es ist wahrhaftig zum Kopfeinrennen! Zwar bin ich nicht so hirnverbrannt, daß ich mich quälte als Pedant, wenn ich 'ne Reihe potenziere, zu seh'n ob auch sie konvergiere, und ob 'ne Funktion stetig sei, das ist mir gänzlich einerlei. Dafür – ist es nicht zum Ergrimmen? – will mir auch niemals die Rechnung stimmen. Eine Gleichung hab' ich zu diskutieren, doch kann ich vom Integral nichts spüren. Im Verein ist's schlecht um mich bestellt; denn zum Beitrag habe ich niemals Geld. Es möchte kein Hund so länger leben. Drum hab' ich *(auf sein Seidel klopfend)* mich der Magie ergeben, ob *Geistes* Kraft durch meinen Mund mir ein Geheimnis mache kund, daß ich nicht mehr mit Kreide und Schwamm zu traktieren brauche den Formelkram, daß ich finde mit einemmal meiner Gleichung Integral. *(Er stärkt sich.)* O sähst du, volles Deckelglas, zum letztenmal mich fern vom Faß, wo ich so manche Mitternacht in deinem Dienste herangewacht. Dann dem Vereine freundschaftlich, geliebter Ganzer, kam ich dich! ach, könnt' ich nach der Sitzung Müh'n, wenn andre dem Lokal entflieh'n, am Kneiptisch wieder Lieder brüllen, mit braunem Trank den Leib mir füllen und bei der Schoppen Lustgetön noch lange nicht nach Hause gehn! *(Stärkt sich, sitzt still und fährt dann auf.)* Pfui! Steck' ich in der Bude noch? Verfluchtes dumpfes Mauerloch, wo Lärm und Sang mich nicht entzückt, wo mich kein Tabaksqualm erquickt! Von diesem Bücherhauf' erdrückt, beinahe wär' ich eingenickt. – Und fragst du noch, warum dein Kopf dir ungeschickt zum Rechnen brummt? Warum dich philiströsen Tropf, Analysis schon halb verdummt? Statt aus lebend'gem Bieresschank, wo Suchan* reicht die Seidel dir, auf deiner Bude ohne Dank säufst du das schnöde Flaschenbier. Doch nein! Selbst hier fühl' ich den Geist, der in dem Biere sich erweist. Ob nicht auch schon der *stille* Suff mitunter klare Einsicht schuf? *(Stärkt sich.)* Schon fühle ich ein sanftes Weh'n durch Kopf und Glieder lieblich geh'n – ich dächte – laßt doch einmal sehn, den Riemann müßt' ich jetzt verstehn. *(Schlägt ein Buch auf.)* Ha, welche Wonne fließt in diesem x auf einmal mir durch alle meine Sinnen! Jetzt, will mir scheinen,

* Name des Wirts.

müßt' ich augenblicks das längst gesuchte Integral gewinnen. Welch holder Index! Welch ein Modulus! φκλ...r heißt Radius – welch reizende Determinanten mit 36 fraglichen Konstanten! Welch Schauspiel! – – Aber ach, ein Schauspiel nur! Ich fühl' es wohl, noch faß' ich keine Spur. *(Schlägt das Buch zu und stärkt sich.)* Fort mit dem schnörkelhaften Buche! Ob ich's noch einmal selbst versuche? Vielleicht, daß mich der Geist erleuchtet, wenn ich ihn kräftig angefeuchtet. *(Stärkt sich im folgenden wiederholt, das Seidel immer frisch füllend.)* Die Gleichung, ha, vor der mir graut, die ich der Tafel anvertraut – da steht sie! Ja, wenn ich nur wüßt', was damit anzufangen ist. *(Er nimmt verschiedene unmögliche Operationen vor. Hier hat der Humor des Darstellers freien Spielraum. Das Trinken ist nicht zu vergessen, das Operieren an der Tafel muß sehr rasch gehen.)* Die Gleichung – soviel seh' ich schon – definiert eine neue Funktion. Aber was für Eigenschaften mögen das Ungetüm behaften? Was hat sie wohl für eine Verzweigung? Zu welcher Entwicklung zeigt sie Neigung? Welche Ordnung und welches Geschlecht? Aber mag ich sie gleich nicht kennen, will ich sie doch inzwischen benennen: Die Prost-Funktion! So ist es recht! *(Stärkung. Man merkt die wachsende Bekneiptheit, die jedoch nur leicht markiert werden darf.)* Wie anders winken jetzt die Zeichen mir! Schon fühl' ich mich der Lösung näher. Der Grad der Gleichung wird nicht höher. Schon glüh' ich wie vom echten Bier. Ich fühle Mut zum Transformieren! Dies Glied hier wird sich annullieren, und dieses auch – und dieses hier – *(Er wischt massenhaft weg.)* Es lebe der Bier! Was kann da sein? Alles 'rein! *(Wischt wieder weg.)* Wie wird mir so hell. Ins Dunkel grell leuchtet ein Blitz des Geistes mir schon. Noch eine Substitution, und die Funktion hat ihm schon! Ha! Ich stehe wie auf Kohlen! Die

Substitution, und sollt' ich sie stehlen, darf mir nicht fehlen! Und sollt' ich sie holen aus der nten Dimension! Geist der Ordinaten und Abszissen, du mußt es wissen, du mußt mir raten! Geist des Unendlichkleinen, du sollst mir erscheinen! Ich fühl' es tief, du wirst mein Leiden kürzen – Du mußt! Du mußt! Und sollt' ich noch eins stürzen! *(Er greift nach dem Seidel.)*

Der Geist Dx *(erscheint. Phantasiekostüm, langer Talar mit mathematischen Zeichen, auf dem Kopfe eine kegelförmige Mütze mit mathematischen Figuren, auf der Brust ein großes dx, in der Hand ein (aus Pappe oder Blech herzustellendes Integralzeichen; er spricht feierlich, die Maske muß jedoch möglichst blödsinnig sein.)*
Wer ruft mir?

Prost *(stellt sein Glas erschrocken hin.)*
Schauderhafter Wicht!

Dx *(ergreift das Seidel.)* Prost!

Prost Sauf's!

(Dx trinkt einen Ganzen sehr schnell.)

Prost So kann ich's freilich nicht.

Dx Du flehst, den Geist *Dx* zu schauen, zu sehen ein Differential – mich rührte deines Hirnes Qual – da bin ich! – Welch' Philistergrauen faßt, alten Burschen, dich? Wo ist der Kehle Zug, die manchen Ganzen in den Leib dir schlug? Wo bist du, *Prost*, der so unendlich trank, daß er mich zu erscheinen zwang? Bist du es, der von meinem Hauch umwittert, wie ein skalpierter Walfisch zittert? So fürchterlich bist du im Tran?

Prost Soll ich dem reinen Formbegriffe weichen? Ich hab' studiert, ich kenne deine Zeichen.

Dx Im Unendlichkleinen, im Weltenwahn wachs' ich zu, nehme ab, schrumpf' ich ein und aus. Geburt und Grab für den Größengraus, ein Raumverlieren, ein Integrieren, so walt' ich im denkenden Meisterverstand und wirke der Forschung formales Gewand.

Prost Der du die weite Wissenschaft umgreifst, allmächt'ger Geist Dx, ich kenne dich!

Dx Du kennst den Geist, in dem du säufst, nicht mich! *(Verschwindet.)*

Prost Nicht dich? Was denn? Ich, Mitglied des Vereins, und kenne nicht dich? Soll es denn niemals mir gelingen, ins analytische Reich zu dringen und meine Gleichung zu bezwingen? *(Trinkt und schläft allmählich ein.)* Könnt' ich durch Substitution nur noch – – eine Transformation – wenn dann – – die Indizes – μ, λ, ν – dy – dr – dφ – – *(Schnarcht.)*

Mephistopheles *(tritt auf.)*

Er schläft. Geleert ist seine Kuffe. Ja, so was kommt vom stillen Suffe. Fah' nur so fort! Ich sage Amen! Dann fällst du glänzend durch's Examen. Zur Hälfte hab' ich jetzt dich schon, doch will ich sicher dich gewinnen und auf 'ne hübsche Transformation für deine Seele mich besinnen. 's ist zwar ein schlecht Geschäft für mich, die Mathematiker zu holen. Sie sind mit Bier durchtränkt so fürchterlich, daß sie im besten Ofen kaum verkohlen. Prost, wache auf!

Prost *(im Schlafe.)* μ, – λ, – κ, – ρ, –

Mephistopheles Wach auf!

Prost Nanu, wer schüttelt mich denn so?

Mephistopheles Wach auf!

Prost Wer sind Sie? Gehen Sie zum Teufel.

Mephistopheles Ist nicht erst nötig, denn ich selber bin's. Du aber scheinst mir nicht ganz hellen Sinn's. Moral'schen Kater hast du ohne Zweifel.

Prost Den Teufel, ja! Und physischen dazu.

Mephistopheles Und mathemat'schen Kater obendrein.

Prost Was geht's euch an? Laßt mich in Ruh!

Mephistopheles *(geht an die Tafel.)*

Die Lösung scheint mir doch nicht schwer zu sein.

Prost Der Teufel mag die Gleichung integrieren.

Mephistopheles Wenn dir's beliebt, so will ich es riskieren.

Prost Ihr wolltet?

Mephistopheles Gern. Ich tu' dir's zu Gefallen.

Prost Und dann hat mich der Teufel in den Krallen?

Mephistopheles Nicht mehr, als du mir ohnedies verfallen.

Prost Wieso?

Mephistopheles Wenn du verbummelst.

Prost Nimmermehr! Nur das Examen, fürcht' ich, fällt mir schwer. Der Wust von Sätzen, all' die Einzelheiten, macht dem Gedächtnis Müh' und Schwierigkeiten, und darum graut mir fast vor dem Examen. Doch frei der freien Wissenschaft gelob' ich meine beste Kraft. Siehst je du meinen Mut erlahmen, wenn es der Forschung hohe Ziele gilt, siehst du zum Bummeln dann mich je gewillt, so sei ich dein.

Mephistopheles Drauf geh' ich ein.

Prost Topp! Und die Gleichung?

Mephistopheles Mach' dir keine Sorgen, ich löse sie.

Prost Noch heut?

Mephistopheles Warum nicht morgen?

Prost Darauf will ich mich nun nicht steifen. Jetzt geht es an ein frisch Begreifen!

Mephistopheles O glaube mir, der an dem harten Leder »Mathematik« zweitausend Jahre kaut, daß von der Schulbank bis auf das Katheder nicht leicht ein Mensch den Zauber ganz verdaut.

Prost Allein, ich will.

Mephistopheles Es wird dir nicht gelingen. Und dann, mein Freund, was kannst du denn erringen? Ein Zeugnis Nummer I? Du sollst es haben! Dann lehrst du im Gymnasium die Knaben ($r^2 \pi$) und $(a+b)^2$, und korrigierst bis abends spat. Willst du dich dann zu deinen Formeln setzen, ermüdet fallen dir die Augen zu; du sagst, so hab' es denn bis Morgen Ruh', am Stammtisch will ich noch ein Stündchen mich ergötzen. So geht es Tag für Tag und Jahr für Jahr, verbummelst als Philister ganz und gar.
Prost Ich nicht, ich nicht! Mein Freund, in deiner Lehre, was kümmert mich die tägliche Misère? Jetzt preis' ich meiner Studien Geschick! Fort Staatsexamen! Hoch Mathematik! Jetzt soll mich keine Mühe mehr verdrießen, kein äuß'res Wissen soll in mir sich häufen, mein Geist soll jetzt das Höchst' und Tiefste greifen und ganz der freien Wissenschaft genießen!
Mephistopheles Da hast du auch was Recht's! Zu reüssieren, mußt du in's Spezielle dich verlieren. Hast du es dann so trefflich weit gebracht, daß du was wirklich Neues dir erdacht – sieh dich nur um, wo du die Menschen findest, die das versteh'n, was du ergründest. Du magst gewiß ein großes Lumen sein, doch stehst du in der weiten Welt allein. Und die Studenten zu examinieren, heißt das vielleicht ein besser Leben führen? Du hast die alte Wissenslast doch stets auf's neue vorzutragen. Zu lehren, was du selbst gefunden hast, wie selten blüht dir dies Behagen. Eh' deine Hörer dich begriffen, sind sie gewöhnlich ausgekniffen. *(Es klopft.)* Das ist ein Füchslein.
Prost Habe keine Zeit. Die Gleichung löse mir, und laß uns eilen!
Mephistopheles Sogleich, mein Freund, ich bin sogleich bereit. Will nur den Fuchs rasch dem Vereine keilen. Gib deinen Schlafrock – so – und laß mich hier. Im Nebenzim-

mer liegt ein Fäßchen Bier. *(Prost ab. Mephistopheles legt den Schlafrock an.)*

Mephistopheles *(als Prost.)* Verachte nur den regulären Gang, der steten Arbeit wundertät'gen Zwang, laß selbstgenug im eitlen Wahn dich wiegen, mit einem Schlag zum Ziel empor zu fliegen, dann kommst du ganz gewiß nicht weit. Ihm hat das Schicksal ganz das Zeug gegeben, was Tücht'ges zu erringen mit der Zeit. Nun fass' ich ihn bei der Bequemlichkeit, mit großen Plänen nur soll er sich tragen, im einzelnen nichts zu vollbringen wagen, herabseh'n auf der Freunde Regsamkeit – im Stolz auf eig'ner Bahn zu wandern, trenn' ich vom Eifer ihn der andern. Statt redlich wirken im Verein soll er dem stillen Suff sich weih'n.

Fuchs *(tritt auf.)* Ich ließ mich heut' immatrikulieren, möchte gern Mathematik studieren. Da dacht' ich denn, ihr wär't ein Mann, der mir ein wenig raten kann, wie mir's am besten möchte frommen, im Studium recht bald weiter zu kommen.

Mephistopheles Eu'r Besuch ist mir sehr angenehm, macht's euch doch, bitte, recht bequem. *(Lädt ihn zum Sitzen ein.)* Habt ihr euch auch schon resolviert, welchen Zweig ihr besonders kultiviert?

Fuchs Ich denke, ich muß doch darauf seh'n, die allgemeinen Grundzüge zu versteh'n, eh' ich kann ins Spezielle treten.

Mephistopheles Das ist nun gerade nicht vonnöten. Wühlt euch nur wie ein Maulwurf ein, grabt nur recht tief und guckt nicht nach den Sternen.

Fuchs Doch kann man auch von andern lernen.

Mephistopheles Vor allem hütet euch vor dem Verein.

Fuchs Ich hörte nun gerade draußen sagen, daß man sich dort soll sehr behagen.

Mephistopheles Ihr sollt ja in die Tiefe graben, was braucht ihr da Gesellschaft zu haben? Ich höre gar, die Gemütlichkeit macht sich dort mitunter breit. Ihr laßt am Ende euch verführen, nach zehne noch ein Glas zu riskieren. Der Kater ist das schlimmste Tier.

Fuchs Ihr habt wohl Recht. Fast scheu ich nun das Bier. Auch wollt' es meiner Mama nicht passen, mir den Hausschlüssel zu überlassen. Was soll ich nun aber denn studieren?

Mephistopheles Ihr könnt es mit analytischer Geometrie probieren. Da wird der Raum euch wohl dressiert, in Koordinaten eingeschnürt, daß ihr nicht etwa auf gut Glück von der Figur gewinnt ein Stück. Dann lehret man euch manchen Tag, daß, was ihr sonst auf einen Schlag konstruiertet im Raume frei, eine Gleichung dazu nötig sei. Zwar ward dem Menschen zu seiner Erbauung die dreidimensionale Raumanschauung, daß er sieht, was um ihn passiert, und die Figuren sich konstruiert. – Der Analytiker tritt herein und beweist, das könnte auch anders sein. Gleichungen, die auf dem Papiere stehn, die müßt' man auch können im Raume sehn; und könnte man's nicht konstruieren, da müßte man's anders definieren. Denn was man formt nach Zahlengesetzen, müßt' uns auch geometrisch erletzen. Drum in den unendlich fernen beiden imaginären Punkten müssen sich schneiden alle Kreise fein säuberlich, auch Parallelen, die treffen sich, und im Raume kann man daneben allerlei Krümmungsmaße erleben. Die Formeln sind alle wahr und schön, warum sollen sie nicht zu deuten gehn? Da preisen's die Schüler aller Orten, daß das Gerade ist krumm geworden. Nicht-Euklidisch nennt's die Geometrie, spottet ihrer selbst, und weiß nicht wie.

Fuchs Kann euch nicht eben ganz verstehn.

Mephistopheles Das soll den Philosophen auch so gehn.

Doch wenn ihr lernet alles reduzieren und gehörig transformieren bis die Formeln den Sinn verlieren, dann versteht ihr mathematisch zu spekulieren.

Fuchs Ich bin von alledem so konsterniert, als würde mir ein Kreis im Kopfe quadriert.

Mephistopheles Nachher vor allen andern Sachen müßt ihr euch an die Funktionen-Theorie machen. Da seht, daß ihr tiefsinnig faßt, was sich zu integrieren nicht paßt. An Theoremen wird's euch nicht fehlen, müßt nur die Verschwindungspunkte zählen, umkehren, abbilden, auf der Eb'ne 'rumfahren und mit den Theta-Produkten nicht sparen. Und daß ihr mir die Formeln deutlich schreibt!

Fuchs Gewiß, damit es richtig bleibt. Denn wenn einmal ein Buchstab' nicht zu lesen, wer kann denn je noch wissen, wie's gewesen?

Mephistopheles Wie wär' es mit der Astronomie?

Fuchs *(macht eine abweisende Gebärde.)*

Mephistopheles Ich kann es euch so sehr nicht übelnehmen. Man treibt dabei doch nicht bloß Theorie, die Praxis aber führt zum Unbequemen. Ihr müßt in kalter Winternacht euch stundenlang auf Bauch und Rücken legen, und wenn ein selt'nes Phänomen euch lacht, gibt's zur erhofften Stunde sicher Regen. Und dann das Rechnen! Dieser Zahlenzwist! Stets liegt mit Zahlen man in Fehde. Vom Zahlen, das an uns gerichtet ist, von dem ist leider nie die Rede.

Fuchs Mein Bedenken wird durch euch vermehrt. O glücklich der, den ihr belehrt. Faßt möcht' ich nun moderne Algebra studieren.

Mephistopheles Ich wünschte nicht, euch irre zu führen. Was diese Wissenschaft betrifft, es ist so schwer, die leere Form zu meiden, und wenn ihr es nicht recht begrifft, vermögt die Indizes ihr kaum zu unterscheiden. Am besten ist's, wenn ihr nur einem traut und auf des Meisters Formeln baut. Im ganzen – haltet euch an die Symbole. Dann geht ihr zu der Forschung Wohle ins sichre Reich der Formeln ein.

Fuchs Ein Resultat muß beim Symbole sein?

Mephistopheles Schon gut! Nur muß man sich nicht allzu ängstlich quälen. Denn eben, wo die Resultate fehlen, stellt ein Symbol zur rechten Zeit sich ein. Symbolisch läßt sich alles schreiben, müßt nur im allgemeinen bleiben. Wenn man der Gleichung Lösung nicht erkannte, schreibt man sie als Determinante. Schreib, was du willst, nur rechne nie was aus. Symbole lassen trefflich sich traktieren, mit einem Strich ist alles auszuführen, und mit Symbolen kommt man immer aus.

Fuchs Ich halt' euch auf mit vielen Fragen, jedoch verzeiht noch einen Augenblick. Wollt ihr vielleicht von der Physik mir auch ein kräftig Wörtlein sagen?

Mephistopheles Die mathematische Physik ist leicht zu fassen. Ihr deformiert nur die unendlich kleine Welt, um es am Ende sein zu lassen, wie's dem Empiriker gefällt. Vergebens, daß ihr rings nach Hypothesen sucht. Ein jeder nimmt, was er gebrauchen kann. Doch der den höheren Potenzen flucht, ist ein gemachter Mann. Vernachlässigt nur wacker Stiel und Strunk, und wenn's nicht stimmt, schiebt's auf die höher'n Glieder. Und geht's noch immer nicht, dann sagt ganz bieder, das liegt an Fehlern der Beobachtung. Besonders lernt mir die Konstanten zwingen. 's ist eine lange Frage oft ganz unerverhofft durch ein Konstantchen aus der Welt zu bringen. Auch könnt' ihr rechnen mit Wahrscheinlichkeiten und Mittelwerte fein bereiten nach dem Gesetz der großen Zahlen, nur hütet euch vor schweren Integralen. Zuletzt, wißt ihr euch besser nicht zu raten, greift zu Abszissen und zu Ordinaten, tragt's auf 'nem großen Bogen ein und sagt: so muß die Kurve sein.

Fuchs Das sieht schon besser aus, man weiß doch wo und wie.

Mephistopheles Falsch, teurer Freund, ist alle Empirie und nur die Rechnung ist gewiß.

Fuchs Ich bin schon wie im Paradies.

(Empfiehlt sich mit vielen Verbeugungen.)

Mephistopheles Nun, lieber Prost, kannst du hereinspazieren. Ich will dir deine Gleichung integrieren.

Prost *(tritt ein.)*

Mephistopheles *(nimmt willkürliche Operationen an der Tafel vor, bis plötzlich die unten angegebene einfache Formel dasteht.)*

Zunächst – das macht man einfach so – zwei Striche noch – wir schreiben r statt p – so – so – da haben wir's: $df = i (la)^2 dr$. Die Variabeln sind getrennt. Das weitere kann selbst ein Student gleich dir berauscht vom Geist des Bieres. Fahre fort.

Prost *(schreibt weiter.)* $f = ir (la)^2 + Const.$

Mephistopheles Nun, die Konstante ist gleich b.

Prost *(schreibt.)* $f = ir (la)^2 + b$.

Mephistopheles Schreib sie voran.

Prost *(schreibt.)* $b + ir (la)^2$.

Mephistopheles Verstehst du nun? Leb wohl.

Prost Du gehst schon? So bleib doch hier. Erkläre mir. –

Mephistopheles Es tut mir leid, hab' keine Zeit. Doch höre, welch' ein holder Ton!

Chor *(hinter der Szene singt leise den ersten Vers von: »Bierlala war der einzige Sohn« usw.)*

Mephistopheles *(während des Gesanges.)* Damit er mich nicht inkommodiert, sei er ein wenig hypnotisiert. *(Er streicht ihn. Prost schläft ein. Mephistopheles deckt ihn mit*

dem Schlafrock zu. Sobald der Gesang beendet ist, schreibt Mephistopheles an die Tafel:) Bierlala!
Die Lösung ist da! Die Tafel weih' ich mit diesem Worte, nun soll ihm nichts mehr zu finden gelingen. Sobald er rechnet an diesem Ort, wird ihn ein höllischer Durst bezwingen.

(Er streckt den Arm aus. Gesang hinter der Szene: »Als Bierlala in ein Wirtshaus kam« usw. Nach Beendigung dieses Verses erscheint der Geist Dx.)

Mephistopheles Holla, was willst du?

Dx *(die Tafel fassend.)* Das ist mein Gebiet!

Mephistopheles Ich habe mir den Prost gefangen.

Dx Wenn ihr euch nicht sogleich verzieht, will ich euch eine 'runterlangen.

Mephistopheles Ihr seid sehr grob.

Dx Das will ich sein. Mit solchen Teufeln redet man nicht fein. Nach Geisterrecht bist du mein Knecht.

Mephistopheles Wieso?

Dx Weil du dich mathematisch widersetzt, mit Absicht Rechnungsregeln hast verletzt, mit einem Wort, weil du falsch integriert.

Mephistopheles Als ob das nicht auch sonst passiert.

Dx Ich zwinge deinen Zauber zu vergehn. Was zur Verführung du getan, er halte es für Traumeswahn und nur zur Warnung sei es ihm geschehn. Gerettet sei der gute Prost und an der Tafel rechne er getrost. Was er beginnt, das führe er zum Ziel! Daß er in redlichem Kalkül selbst mag das Schwierigste begleichen, weih' ich ihn ein mit diesem Zeichen. *(Er berührt ihn mit dem Integralzeichen.)*

Mephistopheles Dem stärkern Zauber muß ich weichen. Das Eine konnt' ich doch erreichen: Er integriere noch so schön, der Durst wird nimmer ihm vergehn.

(Der Chor singt den letzten Vers: »Als Bierlala gestorben

war« usw. Währenddessen weist Dx Mephistopheles hinaus, der unter höhnischen Gebärden abgeht. Der Geist verschwindet. Prost erwacht, sichtlich verkatert.)

Prost War mir's doch gerad', als säß' ich im Verein, als hätten wir den Bierlala gesungen. Und blieb doch still zu Haus! Das ist gelungen! Sollt' ich denn hier bekneipt gewesen sein? Was wollt' ich gestern eigentlich beginnen? Ich kann mich gar nicht mehr besinnen. Zehn leere Flaschen? Hm! Ja freilich dann – kein Wunder, wenn man nicht mehr rechnen kann. *(Sieht auf die Tafel.)* Bierlala! Haha! Ein schönes Integral. Und dazu diesen Schädel! Nein, nein, nein! Der stille Suff kann nicht gedeihlich sein. Heute war es ganz gewiß zum letztenmal! Ich fühl' es wohl, nur im Verein kann uns das Bier gesegnet sein, daß man mit neugestärkter Kraft sich stürze in die Wissenschaft. Will nur ein kleines Frühschöpplein probieren – dann geh' es frisch an's Integrieren! *(Ab.)*

Verfasser unbekannt
Faust als Reklamebuch

(1884)

Über die Notwendigkeit der Reklame und die Unerschöpflichkeit des Formenreichtums, den die Industriellen auf diesem Gebiete entfalten, ist schon viel gesprochen und geschrieben worden. Mit den Zeitungen und Anschlagesäulen begnügt man sich schon lange nicht mehr: kein Buchumschlag, kein Pferdebahnbillett, kein Trottoir, ja keine Felswand ist mehr vor den Anpreisungen der Gewerbetreibenden sicher. Selbst die Bühnenvorhänge schmükken sich mit bunten Ankündigungen, in denen die Reklame ihr Wesen treibt; die Bühnenvorhänge – nicht aber die Bühnen selbst! Welch ungeheure Kraft läßt da die Industrie ungenützt Jahr aus, Jahr ein vorüberstreichen! Wie wenig hat die Geschäftswelt bis jetzt erkannt, daß das gesamte Reklamefach einer Neugestaltung und zwar nach der theatralischen Seite hin bedarf!

In keiner Lage ist der Mensch willfähriger zur Aufnahme gebotener Eindrücke, als wenn er unter dem Bann eines bedeutenden Kunstwerks steht. Der Zeitgeist verlangt daher, daß solche Stimmungen auch im merkantilischen Interesse gehörig ausgebeutet werden. Mit einem Wort: die stumme Reklame hat sich überlebt, sie muß sich zur deklamierten umwandeln, und aus dem Munde bedeutender Schauspieler und Schauspielerinnen an die Ohren des Publikums schlagen.

Auch den Theatern selbst würde damit geholfen werden. Fast täglich lesen wir von Theatern, die in Folge ihres pekuniären Notstands gezwungen sind, ihre Pforten zu

schließen, und unaufhörlich sind die Klagen über das Elend des Bühnenproletariats. Tritt hier eine materielle Subvention seitens großer Geschäftsfirmen ein, so dürfen wir eine Regeneration und neue Blüte der Musentempel mit Fug erwarten. Zu dieser Subvention wird sich gewiß jedes Reklamehaus gern verstehen, dem in den Helden und Heldinnen der betreffenden Bühnen ebensoviel Lärmtrompeten zur Verfügung gestellt werden.
Wir denken einstweilen noch nicht an die Abfassung besonderer Reklamedramen, obgleich wir es für sehr wohl möglich halten, daß einem von den Forderungen der Modernität inspirierten Dichter auf diesem Felde Lorbeern erwachsen können. Vor der Hand dürfte es unserer Auffassung nach genügen, die vorhandenen Repertoirestücke klassischen Stils derart umzuformen, daß sie mit Beibehaltung ihres dramatischen Fadens sich für den oben gekennzeichneten Zweck verwenden lassen. Um unsere Idee allgemein verständlich zu machen, wollen wir im folgenden einen kurzen Auszug aus dem von uns bearbeiteten Goethe'schen »Faust« geben, nach welchem Muster dann Dramaturgen und Regisseure mit Leichtigkeit einen Reklametell, einen Reklamelear, eine Reklamebraut von Messina usw. einrichten können.

* * *

1.

Faust Weh! Steck' ich in dem Kerker noch?
Verfluchtes, dumpfes Mauerloch,
Mit Hausschwamm fingerdick belegt,
Weil stets hindurch die Nässe schlägt!
O, hätt' ich doch ein Kilo bloß
Des *Schwammtods (Mykothanatos)*,

Im Nu, ich weiß es ganz genau,
Wär' völlig propper dieser Bau,
Und dieser Weltschmerz ohne Gleichen
Würd' mit dem Schwamm flugs von mir weichen!

2.

Faust Beschränkt mit diesem Bücherhauf',
Den Würmer nagen, Staub bedeckt,
Den bis an's hohe Gewölb' hinauf
Ein angeraucht Papier umsteckt – –
Das Wort: *ein angeraucht Papier*
Erweckt mir Sehnsucht, und ich spüre,
Ich gäb' was darum, hätt' ich hier
Ein Viertelhundert *Rauchpapiere;*
Doch müßten von *Laferme* sie sein,
Ob leicht, ob schwer, ob mittelstarke,
Gedreht, gestopft: stets sind sie fein;
Man achte auf die Schutzesmarke!

3.

Faust Siehst Du den schwarzen Hund durch Saat und
Stoppel streifen?
Wagner Ich sah ihn lange schon; nicht wichtig schien
er mir.
Faust Betracht' ihn recht! Für was hältst du das Tier?
Wagner Für einen *Pudel,* der auf seine Weise
Sich auf der Spur des Herren plagt.
Faust Gestatte, daß ich hier die Firma preise,
Die alle andern mächtig überragt:
Die besten Pudel kauft man heutzutage
In Zahna (Provinz Sachsen) offenbar

»Caesar und Minka« bietet ohne Frage
Die allerfehlerfrei'sten Pudel dar.
Doch willst Du etwa einen Teckel kaufen,
Ein Möpschen oder Windspiel, dann, auf Wort,
Mußt ebenfalls Du hin nach Zahna laufen,
Die reinsten Rassen findest Du alldort.

4.

Faust Ist es der Sinn, der alles wirkt und schafft?
Es sollte stehn: »Im Anfang war die Kraft.«
Doch auch indem ich dieses niederschreibe,
Schon warnt mich was, daß ich dabei nicht bleibe:
Denn deutlich merk' ich, wenn ich dies beschaue,
Ich schreibe eine miserable Klaue!
Kein Haarstrich und kein Grundstrich ist geglückt,
Kurzum, ich schreibe, wie es sich nicht schickt
Für einen, der sich Doktor tituliert.
Doch dieser Schaden wird gar leicht kuriert:
Zwölf Unt'rrichtsstunden müssen ja genügen
Bei Fix die schönste Handschrift 'rauszukriegen;
Dem Kursus unterzieh' ich mich sehr willig,
Zwar wird vorausbezahlt, doch ist es billig.

5.

Mephistopheles Umgaukelt ihn mit süßen
Traumgestalten,
Versenkt ihn in ein Meer des Wahns!
Doch dieser Schwelle Zauber zu zerspalten,
Bedarf ich eines Rattenzahns.
Nicht lange brauch' ich zu beschwören;
Schon raschelt eine hier und wird sogleich mich hören,

Beweis genug, daß jene Pulvermasse,
Die *Zacherl* für den *Rattentod* erfand,
Und die ich selbst zuweilen streuen lasse,
Im Hause Faustens völlig unbekannt.
Bestrich der Faust mit ihr des Hauses Stufen,
Würd' ich vergeblich wohl nach Ratten rufen.

6.

Faust Wohin soll es nun gehn?
Mephistopheles Wohin es Dir gefällt.
Wir sehn die kleine, dann die große Welt.
Mit welcher Freude, welchem Nutzen
Wirst Du den Kursum durchschmarutzen
Bald, Freundchen, wirst Du London sehn,
Doch darf's nicht über Dover gehn;
Wir wählen die alleinig gute,
So bill'ge, wie bequeme Route,
Und lösen uns vor allen Dingen
Zwei Fahrbilletts durch *Vlissingen:*
Die einz'ge Route *comme il faut*
Ist eben *via* Queenboro,
D'rum, eh' der Abend bricht herein,
Marsch hin *zu Brasch und Rothenstein.*

7.

Frosch Gut! Wenn ich wählen soll, so will ich Rheinwein haben.
Das Vaterland verleiht die allerbesten Gaben.
Mephistopheles Verschafft ein wenig Wachs, die Pfropfen gleich zu machen!
Altmayer Ach, das sind *Taschenspielersachen,*

Die jeder leicht exekutiert,
Der Apparate bei sich führt,
Wie man bei *Herrmann,* Friedrichstraße,
Sie käuflich find't in reichstem Maße;
Durch sie kann jeder Mensch auf Erden
Sofort ein *Bellachini* werden!

8.

Brander Man kann nicht stets das Fremde meiden,
Das Gute liegt uns oft so fern.
Ein ächter deutscher Mann mag keinen Franzen leiden,
Doch ihre Weine trinkt er gern.
Nur eines macht mich unversöhnlich:
Bordeaux ist ja *gegypst* gewöhnlich,
Und ich, ich mag nun mal am liebsten
Den ächten, reinen, *»ungegypsten«,*
So wie ihn *Nier* mit Elegance
Verzapfet in den *»Caves de France«*;
Ich bitt' euch, laßt mich den genießen.
Mephistopheles Gleich soll euch *»ungegypster«* fließen.

9.

Faust Hat die Natur und hat ein edler Geist
Nicht irgend einen Balsam ausgefunden?
Mephistopheles Mein Freund, nun sprichst Du wieder klug!
Dich zu verjüngen gibt's auch ein natürlich Mittel;
Allein es steht in einem andern Buch
Und ist ein wunderlich Kapitel.
Faust Ich will es wissen.
Mephistopheles Gut! Ein Mittel, fast ohn' Geld

Und Arzt und Zauberei zu haben!
Flugs werde es von Dir bestellt,
Und daran sollst den Leib du laben;
Es stammt, wie dir das Etikett
Ganz deutlich zeiget in figura,
Von Rindern her, macht stark und fett,
Und nennt darum sich: *»Carne pura«*!

10.

Die Hexe Aus Fünf und Sechs,
So sagt die Hex',
Mach' Sieben und Acht,
So ist's vollbracht!
Und Neun ist Eins,
Und Zehn ist keins.
Das ist das Hexeneinmaleins!
Faust Habt dieses Einmaleins Ihr selbst erfunden?
Die Hexe Ich ganz allein, und zwar vor wen'gen Stunden.
Faust So nehmt drauf ein *Patent* nur auf dem Fleck,
Sonst schnappt es Euch am End' ein andrer weg;
Nehmt ein Patent! Ich möchte nicht verfehlen,
»Brandt und Nawrocki« wärmstens zu empfehlen,
Es sind, damit ich's kurz zusammenfasse,
Patentanwälte allererster Klasse.

11.

Faust Des Liebchens Kummer tut mir leid.
Schaff' Du ihr gleich ein neu Geschmeid'!
Am ersten war ja so nicht viel.
Mephistopheles O ja, dem Herrn ist alles Kinderspiel,

Allein der Mammon ist nun alle,
D'rum müssen wir in jedem Falle,
Soll' ich ein neu Geschmeid' erstehn,
Zu *»Simili«* jetzt übergehn.
Ich hoffe solchen Schmuck zu finden
Bei *Emil Pleßner* unter'n Linden;
Wie ächtes funkelt solch Geschmeid'
Und kostet bloß 'ne Kleinigkeit.

12.

Marthe Befehlt eure Seele Gott zu Gnaden!
Wollt ihr noch Läst'rung auf euch laden?
Valentin Könnt' ich Dir nur an den dürren Leib,
Du schändlich kupplerisches Weib,
Mit meinem Säbel, oder besser
Mit einem starken *»Bulldoggmesser«,*
So einem tücht'gen *Hippolyt Mehles!*
Wie gern stieß' ich Dir in die Kehl' es!
Da hofft' ich aller meiner Sünden
Vergebung reiches Maß zu finden!

Heinrich Freiheim
Faust und Margarethe

Parodistische Soloszene
nach H. Salingré's Parodie bearbeitet,
vorgetragen von Alexander Girardi
(1890)

(Im Auftreten.) Jetzt komm' ich gerade aus dem Theater, heut' hab'n's die Oper »Faust« gegeben. – Ist die Oper schön – ich sag' Ihnen, herrlich, brillant, so gut hab' ich mich noch gar nie unterhalten, wie in »Faust«.
Ich hab' auch noch die ganze Handlung vor Augen und wenn Sie mir einen Augenblick Ihre werte Aufmerksamkeit schenken wollen, so werde ich Ihnen die ganze Geschichte von A bis Z erzählen:

Erster Akt.

(Kußwalzer v. Arditi.)
Faust und Margareth'
Oper himmlischnett,
In die jeder geht,
Der Musik versteht,
Und 's Orchester fein
Spielt jede Note rein,
Daß nicht schöner könnt' sein.

Wie der Vorhang aufgeht, sitzt der Faust in seinem Studierzimmer und brütet beim Scheine einer Petroleumlampe über ein riesig großes Buch: ... *(Originalrezit. Singt:)* »Nichts!« – Na die Oper fangt zwar mit Nichts an, aber das macht nix, der Rothschild hat ja auch mit nichts angefangen und hat's doch zu was bracht.

(Orig.: »Umsonst befrage ich.«)

»Umsonst befrage ich der lichten Sterne Chor!«

Ob die's aber so billig tun werden, das weiß man noch nicht. – Endlich, weil ihm die Sternchoristen so lang keine Antwort geben, fängt er zum Fluchen an, ergreift eine Flasche Zyankali und will sich vergiften. – In dem Moment, als er den Becher an den Mund setzt, fallt der Chor auf das Schlagwort: »Mit diesem Trank in meiner Hand« kräftig ein und singt:

(Chor: »Ach, schlummernde Mägdelein.«)

»Trinke nicht, trinke nicht, trink' nicht den Strichnin,
Trink lieber was anderes, denn sonst bist Du hin!«

Er trinkt auch wirklich nicht, sondern fangt wieder zum Fluchen an und schreit endlich: »Hol' mich der Teufel!« Kaum daß der Faust den Teufel nennt, hat der Teufel den Teufel auch schon da. Er stellt sich vor Faust hin und spricht sehr bös: »Wohlan, sprich, was ist Dein Begehr?« Der Mephisto ist nämlich den ganzen Abend bös – es tut ihm kein Mensch was – aber er ist immer bös. – »Willst Du vielleicht Geld?« – »Nein!« – »Willst Du Macht?« – »Nein!« – »Willst Du des Ruhmes Glanz?« – »Nein!« – »Nein, nein, immer nix als nein, was willst Du denn?« – »Liebe und Jugend!« ruft Faust. – »Sollst sie haben«, sagt Mephisto, »aber zuerst gib mir den Kontrakt mit Deinem Blute unterschrieben, da hast Du Feder und da den Bogen, g'stempelt ist er.« – Wie der Faust unterschrieben hat, gibt ihm Mephisto einen Trank und rückwärts erscheint Margarethe als Stereoskop – natürlich, sehr anständig. Wie der Faust die sieht, schreit er: »Ha, die könnt' mir g'fall'n!« – »Sollst sie haben!« sagt Mephisto wieder und beide stürzen durch die zweite Kulisse links ab.

(Kußwalzer.)

Und so schließt der erste Akt,
Der sich herrlich macht;
Ja, das war eine Pracht,
Und 's Orchester fein,
Spielt jede Note rein,
Daß nicht schöner könnt' sein.

Zweiter Akt.

Im zweiten Akt, da ist's schon lustiger. Vor dem Stadttor wandert alles durcheinander – Studenten, Bürger, alte Weiber, Tramway-Kondukteure, Dienstmänner etc.
Die Studenten singen:
(Orig.-Arie: »Wein und Bier.«)
»Wein und Bier und Bier und Wein,
Was sich findet, schenket ein!«
Brandner singt:
(Orig.-Arie: »Alles Nasse.«)
»Alles Nasse trink' ich gern,
Nur mit Wasser bleibt mir fern.«
Die alten Weiber:
(Orig.-Arie: »Seht nach jenen eitlen Kindern.«)
»Sonntags und an Feiertagen
Sitzt der Mann im Kaffeehaus,
Während wir uns weidlich plagen,
Trinken den Kaffee zu Haus.«
Endlich kommen Faust, der inzwischen jung geworden, d. h. sich jung geschminkt hat, und Mephisto. Mephisto ist gerade gut aufgelegt und bittet um die Erlaubnis, ein Lied zum besten geben zu dürfen, und er fangt auch wirklich zum Singen an:
(Volkslied: »In Berlin, sagt er.«)
»In Schönbrunn, sagt er,

Is a Bär, sagt er,
Hat a G'sicht, sagt er,
Wie mein Herr, sagt er,
Sauft a Bier, sagt er,
Trinkt ein' Wein, sagt er,
So ein Viech, sagt er,
Möcht' ich sein.«

Über diese Arie ist Valentin, das ist nämlich der Bruder der Margarethe, ganz außer sich; er hält dem Mephisto den Schwertgriff unter die Nase und singt dabei:

(Orig.-Arie: »Doch, der Du selbst das Eisen brichst.«)

»Du, der du selbst das Eisen brichst – erzittere!
Daß dieses Kreuz die Macht in Nichts zersplittere!«

Während dem Lied wird's dem Mephisto ganz schlecht und er ist sehr froh, wie endlich alle verschwinden.

Faust fragt Mephisto: »O sag', wo birgst Du das schöne Kind?« – worauf ihm Mephisto zur Antwort gibt: »Nur nicht so hitzig, lieber Freund, dort links kommt sie!« – und richtig tritt Margarethe rechts auf.

Faust spricht sie an:

(Orig.-Arie: »Mein schönes Fräulein.«)

»Mein schönes Fräulein,
Darf ich's wagen,
Arm und Geleit
Euch anzutragen?« –

worauf Margarethe antwortet:

(Orig.-Arie: »Nein, mein Herr.«)

(pp.) »Nein, mein Herr!
Bin weder Fräulein, weder schön,
Kann ungeleitet nach Hause geh'n!«

Und richtig geht sie allein fort. Faust macht sich aber nichts daraus und denkt sich: »Im dritten Akt krieg' ich Dich doch!«

(Kußwalzer.)

Und so schließt der zweite Akt,
Der sich herrlich macht; etc. etc.

Dritter Akt.

Der dritte Akt spielt im Garten der Margarethe. – Wie der Vorhang aufgeht, kommt ein gewisser Siebel, eigentlich ein Schneidergeselle, der aber in Margarethe verliebt ist; wie er sieht, daß Margarethe nicht zu Hause ist, denkt er sich: »Sie ist nicht zu Hause, das ist die beste Gelegenheit, ihr ein Ständchen zu bringen!« – und er singt auch wirklich das bekannte Lied:

(Orig.-Arie: »Blümlein traut.«)

»Wo i geh', wo i steh',
Tut mir's Herz gar so weh –
O, Du mei Margarethel,
Du bist ein fesches Mädel,
Ja, mein Herz g'hört nur Dir,
Das glaube mir!«

Weil er aber sieht, daß ihm die ganze Geschichte doch nichts nützt, steckt er ihr einen Buschen an die Türschnalle und geht wieder seiner Wege, wird aber 'grad noch von Mephisto und Faust gesehen. Mephisto kriegt Angst, der Schneidergeselle könnte ihm in's Handwerk pfuschen, er sagt daher zu Faust: »Ich gehe jetzt zu Traugott Feitel, bald bin ich wieder bei Euch!« Endlich ist Faust allein und kann nun seine langverhaltene Arie loslassen:

(Orig.-Arie: »Gegrüßt sei mir.«)

»Gegrüßt sei mir, o heil'ge Stätte,
Von banger Lust erfüllt, ich dich betrete,
Wo jedes Lüftchen mir verkündet:
Hier atmet Reinheit nur und Tugend!«

(»O, Du Elisabeth!« Volkslied.)

»O Du mei Margareth',
Du bist so fesch und nett,
Du bist, bei meiner Seel',
Alleweil fidel!
O Du mei Margaredl–redl–redl,
Ja, Du bist a fesches Mädl–Mädl–Mädl
Und a so a nette Gredl–Gredl–Gredl!«

(Original wie Anfang.)

Gegrüßt sei mir, etc. *(Wie vorher bis: »und Tugend!«)*

Mephisto kommt zurück, stellt das Kistel mit dem Talmischmuck auf die Treppe und er und Faust ziehen sich in den Hintergrund zurück, weil sie soeben Gretchen bemerkt haben, das in den Garten tritt.

Gretchen singt:

(Orig.-Arie: »Ich gäb' was.«)

»Ich gäb' was d'rum,
Wenn ich nur wüßt',
Wer heute früh der Herr
Mit dem kleinen, netten, schwarzen Schnurrbartel
G'wesen ist.

(Graseltanz.)

Wie er heut' mit mir so schön hat g'red't.
Das war g'wiß a nobler Herr – i wett'!
Meiner Seel', der Schlankel könnt' mir g'fall'n,
Aber so a Herr wird mir was mal'n – der Schlankel!«

Dann sagt sie: »Heut' ist's aber kuhle!« – nimmt sich einen Stuhle, setzt sich zur Spule und singt das Lied vom König von Thule und seiner Buhle: *(Zauberflöte: »Ein Mädchen oder Weibchen/Wünscht Papageno sich.«)*

1. »Es war ein König in Thule,
Den nahm sein Zorn sehr mit,
Auch gab er seiner Buhle
Zweimal des Tags ein' Tritt.

2. Die Buhle eilt von dannen,
Die Behandlung war ihr z'dumm.
Doch plötzlich bleibt sie stehen,
Dann draht sie sich wieder um.
3. Der König hatt' ein' Becher,
Den liebte er gar sehr –
Die Buhle und den Becher,
Die sah kein Mensch dann mehr.«

Faust und Mephisto treten vor, sprechen vom schönen Wetter usw. und machen auf diese Art Margarethens Bekanntschaft, die mit einer Promenade im Garten schließt; endlich sagt Margarethe: »Lieber Heinrich, geh' nach Haus, es ist schon kühl und Du hast keinen Überzieher bei Dir. Du könnt'st die Strauken kriegen!« – Faust tut auch so, als ob er ginge, bleibt aber im Hintergrunde stehen, weil ihm Mephisto sagt: »Lieber Freund, geh' nicht nach Haus, die Gredel singt zum Fenster 'raus!« – Und richtig, kaum ist Margarethe abgegangen, so öffnet sich das Fenster, Margarethe lehnt sich heraus und singt:

(Tannhäuser: »Abendstern«.)

»O, Du mein holder Abendstern!
O lieber Heinrich, ich hab' Dich gern,
Wärst Du nur eine Stunde hier,
Dann wäre schon geholfen mir!«

Tannhäuser, will ich sagen, Faust, der das alles angehört hat, stürzt hervor und ruft: »Margarethe!« – sie schreit: »Heinrich!« – beide fallen sich in die Arme und Mephisto lacht dazu im Hintergrund und singt:

(Orpheus von Offenbach, Spott-Couplet.)

»Ha, ha, ha! Er bleibt hier und geht nicht weg,
Sonst hat es weiter keinen Zweck!« *(rep.)*

(Kußwalzer.)

Und so schließt der dritte Akt,
Der sich herrlich macht;
Ja, das war eine Pracht,
etc. etc.

Vierter Akt.

Im vierten Akt, da kommen die Soldaten aus der Schlacht zurück, wie Krieger öfters zurückkommen, wenn sie nicht viel ausgerichtet haben, und singen:

(Orig.: »Soldatenchor«.)

»Hoch Ruhm und Ehre! Gebt alles d'rum!
Niemand mir wehre Ehr' und Ruhm,
Gern ich entbehre Besitz und Ruh',
Für's Vaterland kämpft – der Sieg winkt Euch zu!«

Aber mit diesen tapferen Kriegern ist auch der Valentin, der Bruder der Margarethe, zurückgekehrt. Während der in Margarethens Haus geht, kommen Faust und Mephisto wieder zurück, weil Faust seine Geliebte, die Margareth', seit dem dritten Akte treulos verlassen hat.

Mephisto nimmt nun eine Guitarre und bringt ihr ein Ständchen:

(Ständchen aus »Don Juan«.)

»Ach, hör' den Klang der Zither,
Stoß' nicht von Dir den Ritter,
Ja, Faust, der Dich einst floh,
Er ist nun wieder do.
Ach, laß' Dich doch erweichen,
Und öffne mir Dein Haus,
Gib mir ein kleines Zeichen
Und wirf mich nicht hinaus.«

Kaum hört dies Valentin, so stürzt er aus dem Hause wütend heraus und schlagt Mephisto die Klampfen aus der Hand. Valentin und Faust duellieren sich und Valentin

stirbt an einer langen Arie, worüber der Chor sehr froh ist, weil sie nach dem Akte nach Hause gehen können.
Er zieht aber seine Arie ungeheuer in die Länge, endlich beschließt er dieselbe doch, indem er Margarethe verflucht.
Valentin wird hinausgetragen, wodurch die Szene sehr tragisch wird, und der Vorhang fällt.
(Kußwalzer.)

Und so schließt der vierte Akt,
Der sich herrlich macht;
etc. etc.

Fünfter Akt.

Im fünften Akte finden wir Margarethe im Kerker – sie ist wahnsinnig. Faust kommt und will sie befreien; sie will aber nicht mit ihm gehen, sondern sagt:
(Nachfolgendes wird gesprochen, während die Musik die ersten 16 Takte des Faustwalzers spielt.)

»Gelt ja, Du Schlimmer,
Jetzt magst mich nimmer,
Wär' ich wie früher noch,
Sitzet ich nicht im Loch.«
Mephisto *(zu Faust)*
»Geh', laß' Dich nicht hetzen,
's wird sich schon setzen,
Komm' lieber mit mir
Auf ein' Liter Bier,
Das sieht doch ein jeder g'wiß,
Daß die »meschugge« is.«

Faust will aber durchaus nicht ohne Margarethe fort, bis er endlich einsieht, daß Zureden nichts hilft.
Er geht daher mit Mephisto seiner Wege und Margarethe ruft ihm nach: »Heinrich, mir graust's vor Dir!«

(Orig.-Arie: »Engelchor, dort an Gottes Thron.«)
Und nun folgt zum Schluß ein Choral,
Die Oper ist aus, jetzt folgt die Moral:
Moral *(Zweiter Teil des Kußwalzers.)*
»Traut nicht, ihr Mädchen und Frauen,
Den Schwüren uns'rer Männer, sie sind schlau,
Denn sie seufzen und schmachten so zärtlich,
Ich weiß es genau«:
(Cagliostro-Walzer.)
»Ach, könnt' ich schweben mit Ihnen durch's Leben!
An Ihrer Seite dahin zu schweben,
Sempre allegro, Ihnen so nah –
Ach, welche Wonne, *Felicità*!«
(O schöner Mai-Walzer.)
»O schöner Mai der Liebelei,
Spitzbüberei – vorbei, vorbei.
Ihr Mädchen seht,
Wie es ergeht,
Traut nicht sofort dem Manneswort.
Schwört er Euch Treu',
Ist's gleich vorbei,
D'rum bleib' ich immer fest dabei:
Kommt er zu frei'n,
Dann mag's d'rum sein –
Merkt Euch's Ihr lieben Mägdelein!«

Verfasser unbekannt
Auch eine Walpurgisnacht

Mit Illustrationen von A. Br. (1893)

Der Meister wähnt die Zügel straff zu halten
Indess am Wagen schon die Achse brach
Zu Boden stürzen erst die Alten,
Der Pöbel folgt dann hintennach!

Faust.

Wie doch der stete Dämpfer hinter mir
Mein Wort, das überschüssig oft entfährt
Von guter Meinung, immer wendet
Und seine schlimme Seite mir entgegenkehrt!
Ist's mir versagt, an guter Deutung eines Wort's
Ein kleines Weilchen nur mich zu erlaben,
Muss denn auch jedesmal Verneinung folgen,
Kann ich, Mephisto, hier nicht Ruhe haben?

Mephistopheles:

Nach euren eignen Worten seid
Ihr ja zum Kampf emporgestiegen
Nun denn –

Faust.

Nicht kämpfen will ich mehr
Den Kampf betrachten möge mir genügen.
Nun horch, die ersten Schatten ziehen um uns hier

(Unter Brausen nahet sich eine grosse
Menge von Gestalten, die, zum Teil wild
kämpfend, sich manchmal zu einem
Knäuel zusammendrängen.)

Chor.

Vorwärts!
Auf und nieder
Durch Gebüsche
Ueber Tannen
Geht der Zug!
Voran die Grossen,
Dann die Kleinen
Vorwärts, doch nur gemach!
Nur nicht so ungestüm
Haltet, ihr Führer
Wir haben auch Lahme
Und Blinde und Kranke
In unseren Reihn

Mephistopheles.

Dort zweigt ein Haufen
Der Höhe zu!
Die jüngere Schule
Nennen sie sich!
Wir wollen sehen
Wie sie sich machen!

Die Idealisten.

Aufwärts!
Umschwärmen wir oben
Den Gipfel des Berges
So fühlen wir freier
Und grüssen die Welt.

Die Philosophen.

Das Eins ist Eins, ist Wahrheit unbestrit.
Jedoch die Zwei, zu welchem Ende Lten
Wenn Eins genügt, hat denn die Mehrheit ?
Das doch die Frage einmal Lösung fände Recht
Doch dann, wenn offen liegt die heissersehnte
Dann drohet uns gleich Geisseln Spur,
eine neue Schaar
Von Zweifeln, einstimmig klar zu zeigen
Das unsre Lehre doch nur kindlich
Stammeln war.

Die Naturforscher.

Heda, ihr Träumer
Reicht uns die Hand
Und lasst uns wandern
Durch's ganze Land!

Pietist

(Drückt sich scheu vorbei)
Ihr beide bleibet mir vom Leib,
Ich fahre lieber in ver-
schloss'ner Kutsche.

Eine Schaar kleinerer Geister

(In einem langen Zuge vorüberziehend.)

Laut schalle durch das ganze Thal
Das Hohelied der Epigonen
Wir folgen den Geistern überall
Die uns zu Häupten tronen.

(Die ganze Masse wälzt sich zu Tale, indess Faust und Mephisto höher steigen, bis sie auf eine fernere Stufe des Berges gelangen.)

Romanschreiber.

(Schmücken die Statue eines alten Dichters mit Lorbeerkranz)

Zieret den Meister
Den Allverehrten
Mit einem Kranz!
Wir haben geschrieben
Zu seinem Ruhme
Viel schöne Geschichten!
Ob sie auch erfunden
Was liegt daran!

frei nach Stuck.

Geschichtsforscher.

(Dringen auf die Romanschreiber ein)

Die schönen Gewänder reisst ihm herunter
Sie sind doch nur verbrauchter Plunder
Die Draperien stehn ihm viel zu schön
Er kann auch ohne sie da oben stehen!
Doch dass er nicht nackt steht, der arme Mann
So zieh'n wir ihm Unterhosen an.

Mephistopheles.

Seht dort, auf kaltem Felsgestein
Dort sitzt ein Weib im Schlummer
Florfarbne Tücher hüllen sie ein
Ihr Antlitz redet von Kummer!

Faust.

Wach auf, verhüllte Schöne, zeige
Mir deine Züge, Mitgefühl versprech ich dir!

Das Deutsche Theater.

(Aus einer tiefen Lethargie erwachend.)

Für die Güte sag ich viel schönen Dank
Doch leider bin ich seit ein'ger Zeit krank
Die Aerzte halten den Zustand fur schwer
Es kommt von fragwürdiger Nahrung her!

Mephistopheles.

Und seht, wie trostlos übel prangen
Ein Bild des Jammers und der Pein
Die Rosen der Hektik auf ihren Wangen,
Soll das ein gutes Zeichen sein?
Ihr seid ja Doktor, Faust, sagt an
Ob man der Frau noch helfen kann?

Faust.

Nun wohl! Gesunde Kost braucht sie allein
Dann wird die Not zu lindern sein.

Realisten
(Kommen mit einem Topf)
Nimm, hohe Freundin, dies Gericht
Nimm hin der Realisten Gabe
Wir haben es weisslich hergericht'
Auf dass es dich stärke und labe!
Das deutsche Theater:
Der Geruch zwar ist verdächtig sehr
Doch ich will versuchen drum gebt einmal her!
(Schluckt aus Höflichkeit einige Löffel voll hinunter)
Ach, solche Nahrung bekomt mir schwer
Verdauungsbeschwerden komen hinterher.
Faust!
Nicht fehlet Pfeffer und Zucker und Schmalz,
Doch fehlet vor allem das attische Salz.
Dr. Hendrik Ibsen.
Hier sind ein paar Pillen, sie schmecken nicht gut
Doch geben sie wenigstens frisches Blut.
Gottfried Keller:
Ihr Herrn, ihr scheint der Natur
Blos ekle Fratzen abzuwinden,
Ist dort von Schönheit keine Spur?
Ich glaub', sie ist noch wohl zu finden!
(Die Wandrer steigen auf eine höhere Stufe des Berges; Tumult wird hörbar.)

Aufklärungsjesuiten.

(Dringen auf die Beiden ein)

Hier dieses Klümpchen Umweltsdreck
Ist Philosophie und Religion und Leben,
Der Mensch hat nur den einen Zweck
Sich selber dienen, das heisst Leben!
Was unser Meister mit Bedacht
Der lernbegier'gen Nachwelt weist
Das müssen wir klug übertreiben
Sonst glaubt die Welt, wir seien baar an Geist!

Darwinismus:

Die Entwickelung des Künstlers.

Mephistopheles.

Hier wird keiner mehr verschont
Selbst mich haben sie schon lang enthront!
Dort unten im Tal,
Dort machen sie Lärm
Und halten Reden!
Mit offenen Mäulern
Gaffend und Staunend,
Beifall spendend
So hört das Volk!

Die Dogmatiker.

Wir geben dem Künstler eine gute Norm,
Nebst spanischem Mantel der feinen Form!

Die Kritiker.

Nach Reminiszenzen geht unsre Jagd
Das ist das Einz'ge, was uns behagt.

Die Redaktoren.

Traun, es ist ein eigen Ding, dem Volk
Den eig'nen Willen aufzuzwingen!
Grad oder krumm! Wir müssen herrchen,
Wenn auch die Pfeile oft dem Schützen Schaden bringen!

Mephistopheles.

Schon manche Idee und Geistesgaben
Entsprangen dem Redaktorenkopf,
Er glaubte die Welt bewegt zu haben
Doch gabs nur ein Gewitter im Topf.

Faust (zu Mephistopheles.)

Das wär' so ein Geschäft für dich
Du hast Talent, ganz ohne Zweifel!

Mephistopheles.

Die Diplomatie wär besser für mich
Denn ich bin ein ziemlich grosser Teufel!

(Im Weitergehen treffen sie auf die Maler.
Während Overbeck und die Nazener scheu
ausweichen und die Jüngeren achtlos vorüber
stürmen, komen Cornelius und Kaulbach mit
sichtlichen Zeichen der Freude auf die Wanderer
zu, um sie zu begrüssen.)

Cornelius.

Dank, teurer Meister, für die Güte
Die Ihr uns durch Besuch erwiesen
Und Euer mild zu uns gewandter Blick
Lässt unsern Herzen neue Freude spriessen!
Denn all' die jungen, wilden Stürmer
Die machtvoll aus der Tiefe steigen
Das Wort Natur uns höhnisch zuzurufen
Sie alle wollen uns jetzt Wege zeigen!
Ein Jeder weiset schroff zurück die Hand
Die liebevoll wir ihm entgegenhalten
Wie wenn sie nicht gleich uns an Dogmen hängten!

Faust

So lasst die drängenden Gestalten
Die doch in Lebensweges Hälfte
Wo nicht mehr Neid Wertschätzung hindert,
Mit des gereiften Mannes ungetrübten Blick
Als stille Zuflucht eure Werke ehren!

Mephistopheles. (im Weitergehen)

Seht, Doktor, welch ein unfruchtbar Gezänke
Misskennen andrer, Neid und Hass
Die Kunst entehren, bis sie der Welt
ein fertiges Gebild kann zeigen!

Faust.

Schlag auf, wo's dir gefällt, das grosse Buch
Worin der Gang der Kunst verzeichnet steht,
Allda du sehn wirst ~~das~~ zu jeder Zeit

die

Die Meinung gegen Meinung geht.
Jedweder Wiederstand ruft neuer Kraft
So hält die Kunst sich jung der Welt;
Sie gleicht dem Menschenleib, allwo
In Strom und Wiederstrom das Leben flutet!

Mephistopheles:

Schon viele sagten das vor Euch und andre werden's sagen
Ihr dürfet den Gemeinplatz nicht mehr wagen!

Faust:

Ich werde alt, Mephisto, schon zu viel
Hat man aus mir heraussgepresst,
Gleichwie aus der Citron' die Kraft gab kühlenden Getränken
Und nunmehr keinen Saft mehr von sich lässt!
Auch dir, Mephisto, naht das Alter sich
Auch deine Haare fangen an zu bleichen
Auch deine Tracht will nicht dem Zeitgeist passen
Und auch dein Geist fängt mälig an zu weichen!

Mephistopheles:

Gemach, Herr Docktor, fortan werde ich
Im feinsten Schnitt die Welt durchqueren
Mit Gigerlstock und Mantel neuster Mode
So werd' ich künftig meine Weise lehren
Und was den Geist betrifft, was ist da viel verloren?
Ich rede einfach jetzt für wen'ger spitze Ohren!
(Sie gelangen auf dem sich immer mehr verengenden Weg in eine Felsenschlucht, die nur einem Menschen hinter dem andern zu gehen erlaubt, Rich. Wagner komt aus der Tiefe der Schlucht.)

Richard Wagner:

Weicht weg! Lasst frei mir Licht!

Mephistopheles:

Nicht doch –

Mephisto und Marthe.

Faust.

Ich seh' nicht ein, warum
Nicht Ehrfurcht ich bezeigen sollte
Dem Manne, der mit Kraft und Ungestüm
Ein Teil erreicht von dem, was ich einst wollte!

(Die Wandrer machen Platz und lassen Wagner vorübergehen, der ohne sie anzublicken hinuntersteigt. Plötzlich wird die Schlucht weiter, die Wandrer treten an's Licht, wo ein wildes Schreien hörbar wird. Man erblickt im Nebel ein Knäuel von kämpfenden Gestalten.)

Faust.

Wie, hat der alte, zähe Kampf
Um Wagner's Erbe noch nicht ausgetobt?

Mephistopheles.

Der Eine schwinget wild sein altes Messer
Indess der Andre mit dem Prügel lobt!

Faust.

Und vor dem engen Weg des Meister's
Drängt sich der wild bewegte Knäuel
Dass Keinen jenen Eingang findet!

Mephistopheles.

Auch nicht die Schaar der Unbefang'nen!

(Sie drängen sich neben den Streitenden durch u. gelangen nach längerer Wanderung auf den von leichten Nebeln umwölkten Gipfel des Berges.)

Faust.

Wie seh' ich recht? Kahl ist der Gipfel,
Ist Niemand da, sich drauf zu stellen?

Mephistopheles.

Ha, schwer ist's eurem idealen Sinn
Des Räthsels Lösung hier zu finden!
Es soll sich einer nur da oben setzen
Gleich kommt ein Schwarm von Jüngern eines Gegners
Mit Roheit ihn hinwegzuscheuchen
Wenn auch ihr Meister still zurücke tritt!

DA HALF KEIN BITTE BITTE
ER WURDE FORTGEBRACHT
IN EINE RÄUBERHÜTTE
IN FINSTERER MITTERNACHT.
DER UHU KREISCHT · ES HEULT DER WIND
DER MALER HAT BALD AUSGESPINNT.

DER RÄUBERHAUPTMANN GUCKTE
ALS DIESER WARD GEBRACHT
EIN LAECHELN IHN DURCHZUCKTE
DANN HAT ER LAUT GELACHT.
DER UHU KREISCHT ES HEULT DER WIND
DER MALER SCHAUT UND SCHAUT U. SPINNT.

UND SO DU BIST EIN MALER
BIST DU EIN SCHLECHTER RAUB
HIER NIMM EIN SAECKCHEN THALER
UND MACH DICH AUS DEM STAUB
DER UHU KREISCHT ES HEULT DER WIND
DER MALER WIEDER MALT UND SPINNT.

MIRW

MORGEN STIMMUNG NACH DER KNEIPE.

FREI NACH HEINE.

1.

Ich weiß nicht was soll es bedeuten,
Daß ich so katzig bin:
Die [illegible] u. [illegible] der Kneipen
Die kommen mir nicht aus dem Sinn
Die Luft ist kalt und es dämmert
Der Morgen der bricht schon herein
In meinem Kopfe da hämmert
Ein netter Katerlein

2.

Die [illegible] da sitzen
Die oben so [illegible]
Doch ich habe nur einige Skizzen
Und ganze 3 Pfennige baar.

O könnt ich mit Skizzen bezahlen
Doch ich glaube nicht, daß er mich [illegible]
O Kunst o Zeichnen und Malen
Bist du nicht der [illegible] [illegible].

Die Zwerge und Märchen und Sage
Ergreift er mit wildem [illegible]
Da liegt er schon drinnen im Graben
Und kann nicht mehr in die Höh!
Ich glaube die Bauersleute bringen
Nach Hause den armen Mann
Und der hat das Rauschen und Klingen
Unter MAERCHEN UND SAGEN gesehn.

Georg Kaiser
Faust
(1897)

Prolog

Personen: Theaterdirektor, Dichter, Regisseur

Direktor Euch beiden nahe ich vertrauensvoll,
Die ich im Laufe der Zeit als treu befunden,
Und hoffe, daß der Geist vergang'ner Stunden
Zu neuem Werk uns neu verbinden soll. –
Des ganzen Erdballs herrlichster Beruf
Gab uns die Pflicht, den Menschen zu erhöhen,
Wenn er im Staub des Alltags Böses schuf,
Ihm – aufwärts ziehend – hilfreich beizustehen,
Zu stolzem Schwung die Seele zu begeistern,
Durch Schönes seine Lust am Schlechten meistern! –
Ich bin ja selbst nun einmal kein Genie,
Doch hat die Kunst mich mächtig angezogen,
Mein Geld und Gold hab' ich der Poesie
Mit vollen Maßen freudig zugewogen;
Der Tempel, den ich prächtig ihr erbaut,
Ist ein Theater, wie man's nie geschaut! –
Und wie beglückt wär' ich bei all' dem Schaffen,
Wenn strömend sich die Menge zu mir drängt,
Wenn durch die Pforte – ohne zu erschlaffen –
Der breite Strom des Volks sich quetscht und zwängt;
Wenn dicht gefüllt das weite Haus erdröhnt
Von Beifallsjauchzen dem gebot'nen Stück –
Ach, wär' die Menge heut nicht so verwöhnt,

Es blühte oft mir dieses höchste Glück. –
Ein volles Haus kann ich nicht mehr erzielen,
Was ich auch bieten mag dem Publikum,
Ein jeder krittelt ohne jedes Fühlen
Vorwitzig gleich am besten Stück herum;
Man urteilt äußerst weise über Dinge,
Die man verdammt, weil man sie nicht versteht –
Daß zum Bankrott er mich damit noch bringe,
Dem Überschlauen selbst zumeist entgeht! –
So mußt denn du, mein Dichter, deine Kunst
Zu frischem Werke wecken in der Stille,
Daß mit der Menge neugeschenkter Gunst
Sich endlich auch die Kasse wieder fülle! –
(Zum Regisseur.) Und du, mein oft erprobter Regisseur,
Sollst uns mit allen Kräften unterstützen;
Viel kann die Szenerie der Szene nützen,
Drum schone keine Bühnenmittel mehr! –
(Zum Dichter.) Und schaff' uns, der du vieles schon
  geschafft,
Ein neues Werk nun mit verjüngter Kraft! –
Dichter Im Allgemeinen dünkte mir euer Problem
In der Ausführung nicht sonderlich bequem:
  Etwas Neues, das nie gewesen,
  Etwas Schönes, wies niemand gelesen,
  Etwas Frisches, von keinem gekannt,
  Mit Worten noch niemals genannt –
  So durch und durch originell,
  Von jedem begriffen und schnell
    Erfaßt:
Fürwahr, ihr fordert viel von meiner Phantasie,
Und das Verlangen scheitert fast an meinem Können,
Zwar bin ich mächtig überragend ein Genie,
Doch eine Grenze ward auch mir, ich muß's bekennen! –

Denn der Mensch, der lebt,
Der dichtet und strebt,
Schon von Anfang und Ursprung der Erden!
Es ist alles gedacht
Und schon vollbracht,
Nichts Neues kann nun noch werden.
Und alles – alles ist schon dagewesen!
Wahr und wahrhaftig ist Akibas Wort,
Was *neu* ich schaffe, schleudr' ich wieder fort –
Denn immer hat's nachher schon einer irgendwo gelesen! –
Regisseur Auch meine Kunst wird nicht zu Tage bringen,
Was völlig neu das Auge überrascht,
Ein Bühnenbild wird heute nie gelingen,
Das nicht vom Alten Würze sich genascht;
Was ihr begehrt, kann keine Kunst euch geben,
Nur ewig wiederholend wirkt das Leben! –
Direktor Ja – das ist wahr, so schmerzlich es auch klingt! –
Ich sehe schon mein Unternehmen scheitern,
Wie das Theater sacht zusammensinkt,
Der stolze Bau, die Menschen zu erheitern –
Wie der Bankrott durch jede Ritze dringt:
Kann ich den Kreis des Alten nicht erweitern,
Die Kunst mit neuem Lichte übergießen,
Daß sie in mir den Retter jauchzend grüßen! –
(Pause.)
So reißt denn keiner mich aus dem Malheur,
Du schweigst, o Dichter, schweigst, mein Regisseur,
Weiß keiner, keiner einen Ausweg mehr!? –
Regisseur Dunkel hab' ich wohl ein Ahnen,
Wie's vielleicht zu machen wäre,
Daß in neugeschaff'ne Bahnen
Man das Alte kehre:

Wenn man, um mich bildlich auszudrücken,
Frühre Werke, wie ein Kleid,
Das vom Zahn der Zeit
Stark gebleicht, an Brüst und Rücken
Mit modernem Plüsch besetzt,
Nun der Mode ganz entsprechend
Wieder allgemein ergötzt –
Als – nun – in diesem Sinne –
Na – ihr wißt ja, was ich meine,
Wenn man's so einmal beginne,
Ein Erfolg mir möglich scheine. –
Direktor Deine Absicht ist mir nicht ganz klar,
Wenn sie überhaupt vorhanden war.
Dichter Ich aber habe wohl den Sinn verstanden,
Jetzt, Herr Direktor, könnt ihr ruhig sein;
Jetzt wird das Werk euch nimmer mehr zu Schanden,
Ein neuer Tag bricht heut für euch herein!
Hört und begreift, was er damit gemeint,
Ob der Gedanke euch nicht groß erscheint!
Unsterblich ist kein Dichter hier auf Erden,
Er altert schnell im Zirkeltanz der Zeit,
Er findet nicht – wie einst – Verständlichkeit,
Wenn spätere Geschlechter werden;
Und war sein Dichten noch so tief und schön,
Mit seinem Schöpfer muß es bald vergehn! –
Denn schon die Sprache ändert ohne Rasten
Die Form und bildet neu sich Wort um Wort,
Was in der alten einst die Menschen faßten,
Der Sinn liegt uns schon lange nicht mehr dort;
So können wir die Schönheit nicht empfinden,
Wenn wir sie nicht in neue Worte gründen! –
Und welchen Einfluß übt nicht Politik,
Rel'gion und Sitte, Krieg und Parlament

Und Tagesfragen auf ein jedes Stück,
Die heute niemand mehr versteht und kennt;
Was aus dem Strom der Zeit der Dichter sang,
Klingt uns mit einem längst vergess'nen Klang,
Und der Gedanken überreiche Fülle
Verbirgt die Form in altersfremder Hülle! –
Doch es ist schade um den tiefen Sinn,
Der durch die Werke alter Meister weht,
Daß ihrer Schönheit Macht so schnell vergeht! – –
Und so will *ich*, der ich ein Dichter bin,
Die alte Kunst vor'm Untergang bewahren
Und die Ideen aus vergang'nen Jahren
In's neue Kleid der heut'gen Zeit verweben,
Daß sie in frischer Kraft aus neuem Leben
Zu neuer Wirkung Frühlingsblüten treiben!
Ja, der Gedanke faßt mich mächtig an,
Ich sehe schon das Wunderwerk vollendet,
Hier ist die Stelle, wo die Zeit sich wendet;
Und wer sie lenkt – Ich bin der Mann! –
Die Riesenkraft der neuentdeckten Stärke
Drängt sich in mir durch Herz und Kopf und Brust,
Es krampft die Hand sich schon zum Götterwerke,
Und eine Stimme ruft in mir: du mußt! –
So schreite ich sogleich zum frohen Wagen.
Hab' Dank, mein Freund, für diese rettende Idee,
(Zum Direktor.) Und die Versich'rung will bestimmt ich sagen,
Daß nur vollendet ich vom Werke geh! –
Regisseur Was ich geahnt, du hast es wohl erkannt;
Was dunkel ich im Innersten empfunden,
Du hast 's mit Worten greifbar mir genannt,
Ich bin in Dankbarkeit dir eng verbunden!
Schreib du dein Stück, ich bring' es auf die Bretter,

Und dem Theater werden wir die Retter! –
Nun, Herr Direktor, brich die alten Sorgen,
Ein neues Licht bringt euch der neue Morgen! –
Direktor Ich zweifle noch an eurem Unternehmen,
Mir will die Sache nicht recht in den Sinn,
Kann sein, daß ich schwer von Begriffen bin –
Doch ich will mich nicht weiter grämen! –
Schreib' los, das Alte möglichst nur vermeidend,
Der Menge Beifall sei für mich entscheidend. –

(Die Musik leitet mit dem »Schlittschuhläufer«
das Spiel ein.)

Faust

Personen: Faust, Wagner, Mephistopheles

(Faustens Studierzimmer. Vom Tische her verbreitet
ein kleines Lämpchen dämmriges Licht.
Faust sitzt im hohen Lehnstuhl. –
Aus der Ferne hallen zwölf Glockenschläge.)

Faust Schon wieder kündet einen neuen Tag
Des Domes Glockenuhr mit schwerem Schlag. –
Ach – wenn doch einmal sie für mich verstummte,
Wenn sacht verhallend sie mir nie mehr summte! –
Das ganze Leben ist mir Quälerei,
Ich wollt', es wär vorbei! –
Was hab' ich nun von all der Kunst,
Die ich mühsam erfaßt;
Gewinnt sie mir heut eines Menschen Gunst!?
 Die Zeit ist dahin und – verpaßt! –
Kein Menuett war mir zu schwer,

Ich tanzte es wie selten einer,
Selbst *Pas de quatres* oder *patineurs* –
Mich übertraf wohl keiner! –
Und denk ich meines Walzers wieder,
Wenn ich mit *ihr* die weite Runde nahm,
Wie schauten sie bewundernd nieder,
Wenn ich im Kreise kam! –
Ach – ach, wie brennt mir in der Brust
Die Erinn'rung vergang'ner Lust,
Ach – könnt' ich vergessen, vergessen,
Was gewesen! –
Wie wühlet,
Wer kühlet
Den heißen Schmerz;
Wie nagt er,
Wie plagt er
Das kranke Herz! –
Erlösung – Erlösung ist nur mein Begehren,
Erlösung von dieser Sehnsuchtsnot –
Wer oder was will sie mir gewähren
Und macht die Erinnerung in mir tot! –
Wüßt ich ein Mittel, glücklich wollt' ich sein,
Ein Mittel, das mich löst aus Qual und Pein! –
(Faust hat sich hochgerichtet und blickt sich suchend im Zimmer um. Sein Auge fällt auf eine mächtige Glasflasche mit der Aufschrift »Magentropfen«. Die Musik setzt leise ein mit der Melodie der »Letzten Rose«.)
Doch siehe, was blinkt dort
Und lockt mich mächtig an,
Du kristallklare Schale
Ziehst mich wunderbar hinan. –
Komm' herab von dem Podeste
Reiche mir den Wunderlabetrank,

Will dich trinken bis zum Reste,
Löst du mich, so habe Dank! –
(Er gießt die Flüssigkeit in ein Glas.)
Schau, wie er perlt, wie Gold entquillt's dem Born,
Ein milder Rauch steigt nebelweich empor,
Ein neues Leben zaubert er mir vor,
Es sinkt und schwindet schon der alte Zorn! –
Nun denn, mit Kraft –
Den Rettungssaft
Hinunter,
Noch kurze Nacht,
Und ewig tagt
Ein neues Licht mir bunter! –
(Wie er anhebt zu trinken, setzt plötzlich und stark hinter der Szene Gesang ein.)
Chor der Zecher Was schiert mich denn die ganze Welt
Mit Kümmernis und Plag,
Ob morgen sie zusammenfällt,
Was frage ich danach! –
Aus meiner Kanne glüht das Naß,
Wenn die nur nicht zerschellt;
Verschone, Herr, mein Deckelglas,
Sonst schlag' die ganze Welt!
Heidi – Heidi – Heida!
Bei uns geht's immer hast du nicht gesehn!
Heidi – Heidi – Heida!
Bei uns geht's immer so! –
Wenn ich mal Liebesweh verspür',
Dann schnell ins's Wirtshaus 'nein;
Ein tiefer Trunk in schwarzem Bier
Beseitigt alle Pein! –
Herr Wirt, das Fäßlein hergerollt,
Der Morgen bricht schon an,

Wenn ihr die Zeche haben wollt,
So schlagt den Zapfen an! –
  Heidi – Heidi – u.s.w.
(Faust hat bei dem Gesange langsam das Glas abgesetzt.)
Faust Wie anders wirkt dies Zeichen auf mich ein! –
Es zwingt den Becher mir vom durst'gen Munde,
Vergang'ne Bilder drängen auf mich ein:
Es weitet sich der Tisch zur Tafelrunde,
In qualmdurchballte Kneipe fühl' ich mich versetzt,
Wo Nächte lang sich Herz und Mund ergötzt –
Zum Umtrunk rüstet man den mächt'gen Krug,
Aus frischen Quellen schallt Kommersgesang,
Das Maß, erschöpft von manchem tiefen Zug,
Fliegt hin zu Boden, berstend tönt es lang
Ha – welche Wonne liegt in dem Gelage,
Das ist der Himmel wahrer Seligkeit –
Nun denn, dir weih' ich meine Tage,
Will dich genießen meine Lebenszeit! –
Du kannst mir geben, was ich lang ersehnte,
Die höchste Lust und die Vergessenheit;
Was ich im Wintertanz zu finden wähnte,
Du gibst es überreich, bist frei von Leid! –
Zwar bist du nicht so rein und ideal,
Als jenes leichte Schweben durch den Saal,
Es tönt dein Kraftgesang zum Becherkreisen
Nicht sanft und süß wie weiche Walzerweisen,
Doch du bleibst immer, bist stets zu erlangen,
Wenn sehnend nur die Brust sich zu dir zieht,
Man lebt vom Augenblicke ganz umfangen,
Denkt nicht zurück an das, was schnell vergangen,
Dem Heute nur erschallt das frohe Lied! –
Und ich will mich dir völlig übergeben,
Du schaumgekrönter, goldner Gerstensaft,

In dir ertränke ich das alte Leben,
Aus dir trink ich mir neue Lebenskraft! –
Ich werde zwar von meiner Höhe sinken,
Des Geistes edler Teil wird mit ertrinken,
Doch ich hab' Ruh' vor der Erinnerung! –
Daß ich geliebt so heiß und wahr und treu,
Daß keine Antwort schlug das and're Herz,
Daß nun vorbei des Winters Wonne sei –
Ein tiefer Trunk ertötet allen Schmerz! –
Es klopft! – Herein! was dich auch treibt und wer du seist,
Willkommen mir als Mensch, willkommen auch als Geist! –
Ach – Wagner – du? – –

(Wagner erscheint in Zipfelmütz und Schlafrock auf der Schwelle. Seine Linke hält ein flackerndes Licht, die Rechte einen mächtigen Krug.)

Wagner Ach – Herr Faust – wenn Se mechten un' wollten mer nich' ibel nehmen, wegen dem ich Sie so spät noch e klee bißchen ingommediere, abberst – i – denk ich mer – da kommt Sie nu der Herr Faust so middenmang Middernachd erscht nach heeme, von irgend son Danz – Dangßangk, bringt mehr Hunger un' Durst mit, als er hingedragen, un' setzt sich nu' hindennach noch feste hin – un' bräbariert Sie son gelehrdes – griechisches Drauerspiel von 'n ollen Homer – i – schlag' mer 's Dunnerwedder – denk ich Sie –, schtellst' 'n noch 'n Drebbchen Feichtigkeit hin – –

Faust *(den Krug ergreifend.)*
O, wunderbare Stimme, die dich trieb,
Zu später Stunde mir den Trank zu reichen,
Dem ich mein Leben noch verschrieb –
Hinein denn ohne Wanken oder Weichen,

Der Anfang sei mit diesem Trunk getan –
Das neue Leben bricht mir heute an! –

Wagner *(Fausten entsetzt zusehend, der andauernd trinkt.)* Heernse – heernse – – mei' kutes – kutestes Herrche' – das kann Sie doch nich kut werden! – Na – so heernse doch, Sie trinken ja den ganzen Dopf hinder – das kann Sie ja nich bekommen! – Ne, for so unverninftig hätt' ich Sie mei' Lebdag nich gehalten –

(Faust hat tiefatmend den Krug abgesetzt. Wagner blickt wehmütig in das leere Gefäß.)

Wagner Ach, du mei' liebes Grügelche', nu biste leer – dodal leer – keen Drebbche' haste mehr – kee' gleenes Drebbche' haste mehr – *(Er nimmt den Krug an die Lippen und versucht ein letztes Tröpfchen herauszudrücken. Dann setzt er ihn ab und mit dem Ausruf »dem Deifel!« stößt er ihn von sich. –*

Bei diesem Wort steht plötzlich Mephisto auf der Schwelle. Eine Flamme schlägt auf, die Faust, der in den Lehnstuhl gesunken ist, wieder zu sich bringt.)

Faust Was weckt mich aus meiner Nacht? –
Aus meiner friedendurchglühten Nacht? –
Wer stört das wohlige Ermatten –
Wer zerlüftet den Dämmerschatten,
Der mit Vergessen tief mich umhauchte,
Daß ich zu denken nicht brauchte –
Nur selig den Augenblick genoß,
Der neues Leben in mich goß! –
(Sich hoch aufrichtend geht er gegen Mephisto.)
Wer bist du, der du ungerufen
Und ungebeten mir erscheinst? –
Wer bist du, der zu nächtlichstiller Stunde
Die heimlichleisen Schritte zu mir lenkt?! –

Wagner Ach – heernse – Herr Faust, das is Sie 'ne zu gomische Geschichte mit dem Gerl da! – Sitz ich Sie da vorhin so ganz mudderseelenalleine auf mei' Stübche un' drinke so bé à bé en Schlickche nach 'm annerm in mich ein un' gucke so ganz for mir still amesiert den Duft meiner Pfeife nach, da geht Sie mit eenmal so ongefähr von ganz alleene die Tür un mit *Nabend, Gunabend* scharwenzelt Sie der Gerl in die Stube 'nein! – Nun – weil 's mich vorhin in die Alleenheit bißchen langstiezelig un ooch gruselig geworden war – nu – so machte ich ihm verständlich, ich würde Sie nich' ablehnen, der Weise sein un' wohl mit ihm 'n Drebbchen vergieße! –

Faust *(zu Mephisto.)*
Doch du bist mehr als dich mein Wagner ahnt,
Nicht um zu trinken bloß greifst du zum Becher,
Du bist kein menschlichschwacher Zecher,
Der schon im Tieftrunk seinen Himmel fand! –
Mit ganz bestimmtem Zweck kommst du zu mir,
Sag' ohne Säumen, was dich hierher treibt,
Nicht ohne tiefe Absicht bist du hier:
Ich bin ein Mensch und schwach, wie stets er bleibt!

Mephisto Das läßt sich so einfach nicht erklären,
Vor allem, wer ich bin und was mein Begehren!
  Doch säh' ich es gerne,
  Wenn dieser Herr
  Sich etwas entferne;
Denn solchen Leuten pass' ich nicht sehr!

(Faust spricht leise mit Wagner, der mit dem Krug abzieht.
Die Musik hat eingesetzt.
Mephisto singt das Folgende halb sprechend nach der Melodie der »Gigerlkönigin«.)

Mephisto Ich bin ein Geist aus Feuersglut gebraut,
  Der Teufel mein Papa,

Erzogen in der Hölle hat
Mich dessen Großmama! –
Ich komm' als Sendling grad' daher,
Biet mich als Diener an;
Denn du – o Faust – gefällst mir sehr
Auf deiner neuen Bahn! –
Aber du hast nicht bedacht,
Daß der Mensch ist schwach,
Was du erstrebst, wird nie vollbracht,
Hilft nicht ein Geist dir nach! –
Faust Von neuer Seite zeigt sich mir der Teufel,
Als *Helfer* hab' ich ihn noch nicht gekannt;
Ja – fast erweckst du in mir Zweifel,
Doch das ist Unsinn – du bist mir bekannt! –
O sag', für welchen Lohn du *Helfer* bist,
Der Teufel ist der größte Egoist. –

Mephisto Na – siehst du, da können wir ja gleich zur Sache übergehen! – Ich kenne dich schon lange, weiß ganz genau, wer du bist – o ganz genau! – Du möchtest gerne das Mägdelein, das du diesen Winter auf dem Parquet geliebt hast, vergessen, darum, weil du erkannt, daß hinfüro sich keine Gelegenheit bieten wird, mit dem Fräulein weiter zu mimen, und nun willst du deinen Schmerz darüber und die Erinnerung an *Sie* und die vergangene im Gerstensaft ertränken! –

Faust Wer sagt dir das alles! – Woher weißt du das?! –

Mephisto Wozu bin ich denn ein Geist! – Nun komme ich dir mit einem Vorschlag: ich will dir mit allen meinen Kräften – und ich bin stark – bei deinem Unternehmen helfen, will als wackerer Zechgenosse bei jeder Tollheit der erste und schlimmste sein, mit dir den Becher schwingen vom frühen Morgen bis in die späte Nacht, will dir jede melancholische Minute fernhalten, daß du in diesem dulci jubilo alles vergißt, was gewesen, daß dir dies neue Leben zehnmal schöner dünkt als der ganze alte Zimt, daß du wie neugeboren in diesen Genüssen völlig aufgehst! –

Faust Ach – das wär' schön! – Da tät ich manches
schon! –
Doch wer viel gibt, begehrt auch seinen Lohn! –

Mephisto Da hast du recht! – So denk auch ich,
Das ist mein Grundprinzip! –
So nimm denn hier fein säuberlich
Mit diesem Blatt fürlieb. –
Was ich verlange, das erkennt
Ihr klar aus diesem Pergament. –

Faust *(nachdem er das Papier gelesen.)*
Viel! – Viel! – Doch ich will unterschreiben. –
Wie's meiner Seele geht nach diesem Jammertal,
Ist mir egal!
Leb' ich nur hier ein freudenreiches Leben,
Das Später will in Kauf ich gerne geben,
Nur frei auf Erden jeder Qual! –
(Er nimmt eine Feder und will sie ins Blut der Pulsader tauchen.)

Mephisto Was beginnst du?

Faust Nun, für ein wichtig Schriftstück ist es gut,
Man unterschreibt's mit einem Tropfen Blut! –

Mephisto I – wo! – Ein guter Bleistift tut ganz das
Gleiche! –

Faust Auch das! – *(Er unterschreibt.)*

Mephisto *(in beißendem Triumph.)*
Nun sind wir eng verbunden!
He – Top! – Auf frohe Erdenstunden! –

Wagner *(hereinstürzend in höchstem Entsetzen.)* Herr Faust! – Herr Faust! – Heernse – Jegerl, o Jegerl, wie mer bibbert! – Ich denk' mir schlägt's Wedder in alle Gelengke! – Gottschdrambach nich' darüber – glauben mecht' ich Sie, der leibhafdige Sadan is in mei Stübche gewest – son Schreck hab ich Sie mei Lebdag nicht – mei' ganzes Lebdag nich –

Faust Was hat dich, lieber Wagner, so erregt,
Als ob das ganze Haus in Flammen stünde?

Wagner Der – der – der Mensch da – hat – draußen – – das ganze Faß – – – ausgedrunken!! –

(Pause.)

Faust Ach Geist, wie arm ist doch dein Überlegungssinn!
Ich will dir meine Seele schenken,
Wenn du vermagst mich abzulenken
Von der Erinn'rung dessen, das dahin.
Und um *den* Preis dir zu erringen,
Weißt du und ich, von allen Dingen
Betäubt am ersten wohl ein Trunk! –
Und nun vereitelst du dir selbst den Plan,
Verschlingst allein, was mich dir überliefern kann! –
Ach Geist, wie bist du doch so herzlich dumm! –

Mephisto Verwünscht! Verdammtes Pech! – Aber um solche Kleinigkeit solchen Spektakel! –

Wagner *(auffahrend.)* Kleenigkeit? – Scheene Kleinigkeit is Sie das – Sie – –

Mephisto Dem kann doch bald abgeholfen werden! – Das ist doch weiter kein Malheur! – Wenn ich nicht sehr irre, ist hier ganz in der Nähe der Auerbachskeller, wo'n ganz honetter Tropfen verzapft wird, da kann in Kürze der Schaden reguliert werden! – Das ist doch keine große Sache! –

Wagner Abberst wer, denken Sie sich denn, soll Sie nach Middernachd da noch hinloofen – un denn das schwere Bier, daß man Sie am Osterspaziergang mit sonnen dicken Kopp rumlooft! – Ich danke! –

Faust Hast recht, mein Wagner, du hast recht;
Es ist schon spät, wir wollens heute lassen.–
(Zu Mephisto.) Dir wird es zwar nicht grade passen;
Denn ohne Trunk gelingt dir's schlecht,
Mich in Vergessenheit zu wiegen
Und meinc Seele zu kriegen. –
Mir tut fast der Vertrag schon leid,
Ich fühle nichts von einer neuen Zeit! –
Mephisto Ich Tor, wie hab' ich's dumm begonnen! –
Daß ich mich so vergessen konnte! –
Daß ich mir selbst die Mittel weggenommen,
Mit denen ich das Menschlein leicht gewonnen
Und seine Seele, die so wertvoll in ihm wohnte!
So müssen alle meine Künste spielen,
Die reichlich mir zu Dienste sind,
Die beste nehm' ich von den vielen,
Um zu erfassen dieses Menschenkind!
(Zu Faust.)
Wenn's dir gefällt, so möcht' ich dir was singen,
Ein lustig Lied von Kneip'- und Zechgelag,
'S wird dich auf andere Gedanken bringen,
(Für sich.)
Und ich erreich' mein Ziel so nach und nach;
Auf diesem Wege soll's mir wohl gelingen,
Daß ich die Seele in die Hölle trag',
Daß sie vergißt, mir folgt ohn' alles Zweifeln
Und selbst den *Walzer* wünscht zu allen Teufeln! –
Faust Was Walzer?! – Mach' mich davon frei
Und übertön' der Seele Sehnsuchtsschrei,
Sing – sing, bis dir die Stimme bricht,
Daß die Erinn'rung mir verlischt! –
Mephisto Jetzt eine Melodie, die ihn begeistert,
Die seinen Unmut im Erwachen meistert;

An diesem Augenblick hängt viel,
Wenn man ihn jetzt nicht faßt,
Dann ist's verpaßt,
Und unerreichbar winkt das Ziel! –
Was ist denn! – Wie ich mich besinne,
Ich weiß nicht, welches Liedlein ich beginne,
Das ihn so recht auf andere Gedanken bringt,
Ihn fest in meine Klammerfinger zwingt. –
Weiß ich denn nichts, das völlig neu
Das Alte schnell vergessen macht!? –
Du Höllenvater hilf mir treu,
He – Teufel – habe auf Mephisto Acht! –
(Die Musik setzt leise mit dem Couplet »Beim Souper« ein.)
Mephisto *(halb singend – halb sprechend.)*
Ein großes Faß, das niemals leer zu schänken,
Mit braunem Naß, hei, wie durchglüht mich das! –
Um drin so tief die Liebe zu ertränken –
Juchhe – Juchhe – das ganze Liebesweh! –
Faust Was für ein Sang berauscht das müde Ohr,
Was taucht schon halb vergessen mir empor?! –
O schöne Zeit – o du vergangne Zeit,
Wie spür' ich jetzt die Himmlischkeit
Der fernen Stunden!
Mir ist's, als ob ich sie nochmal durchlebte,
Die ganze Seligkeit mich neu durchbebte!
Sing' weiter – weiter diese Melodie,
Sing' und verstumme nie! –
Mephisto Potz Höllengriesbrei! –
Muß ich mir selbst die Netze sprengen,
In denen ich die Seele wickeln wollte!
Schnell, schnell, zu neuen Liedern und Gesängen! –
Wenn mir mein Werk mißlingen sollte,
Will ich zehntausend Seelen glühn und rösten,

Zehntausend für die eine von den besten!
(Die Musik setzt mit dem Couplet »Wer noch Sinn hat für Fröhlichkeit« ein.)

Mephisto *(wie vorhin.)*
Wem in Liebe die Brust entbrannt,
Und wer ihren Trug erkannt,
Den befreiet ein tiefer Trunk
Von dem Leide leicht genug!
Darum greif' zum Deckelkrug,
Und bei jedem neuen Zug
Fühlst du dich so herrlich frei,
Und das Malheur ist vorbei! –

Faust Jetzt schweige, schweig, empfindungsloser Geist,
Besud'le länger nicht mit deinem Text die Melodien,
Bei deren Klang mir die vergang'nen Zeiten blühn,
Von deren Schönheit du nichts ahnst noch weißt! –

Mephisto *(wild erregt.)*
Ich will die Erinnerung töten!
  Denn du sollst mein sein!
Ich muß den Pakt gewinnen!
  Ich überschreie dich! –
(Die Musik beginnt den ersten Satz der Quadrille.)

Mephisto Gib deine Seele – mir zu Befehle,
  Wo allein sich Erlösung beut!
Töt' dein Empfinden – Altes laß schwinden,
  Leb' nur im Taumel des Heut! –

Faust Das war dein letztes Lied! – Und jetzt erkenn' ich,
Warum du unbewußt mir die Erinn'rung wecktest,
Statt daß du sie in mir mit Dunkel decktest!
Des hohen Himmels Herrscher nahm sich meiner an;
Durch dich gab er mir Klarheit und Erkennen,
Gab einen Weg mir, wie ich heilen kann
Der kranken Seele heißes Sehnsuchtsbrennen! –

Du hast dich um dein Opfer selbst betrogen,
Des Himmels reine Macht, sie lenkte mich –
Mephisto Und fesselte sie dich mit ihrem Regenbogen,
Ich halte dich – ich lass' dich nicht! –
Der Pakt verbürgt mir meinen Lohn,
Mach' dich bereit, die Hölle flammt dir schon! –
Faust *(das Papier zerfetzend.)*
Da hast du, was ich dir versprach!
In Stücke reiß' ich den Vertrag! –
Willst du noch mehr von mir,
Dies Fläschlein hier
Wird dich belehren,
Ob du vermeinst, noch hierher zu gehören! –
Mephisto *(vor der »Magentropfen«-Flasche bis auf die Schwelle zurückgewichen.)*
Es tut mir leid um dich und deine Seele. –
Pfui! – Gute Nacht! – Ich lob' mir meine Hölle!
(Ab.)
(Feuer flammt auf.)
Faust *(der langsam zum Lehnstuhl zurückgekehrt ist und sich auf die hohe Lehne stützt.)*
Wie ekelt mich vor dieses Teufels Treiben.
Es graut mir vor Gelagen und Kommers.
Wie konnt' ich ihm mein Seelenheil verschreiben!
Hä, wie er dastand, grölte Vers auf Vers,
Und mir die schönen Melodien beschmutzte! –
Ach, wie so ungleich rein und edel ist
Doch so ein Leben, wie er's mir verhieß;
O du vergang'ne Zeit, fürwahr du bist
Der schönen Seele wahres Paradies! –
(Er setzt sich.)
Jetzt faßt mich nicht mehr Wehmut beim Gedenken,
Nein, Freude kehrt in meinen Busen ein,

Es glüht so traut der Lampe Dämmerschein,
Als wollte sie mir neue Hoffnung schenken!
Ja – ich will hoffen! – denn bald kehret wieder
Ein neuer Winter, wenn der Sommer flieht,
In dem vielleicht die gleiche Lust mir blüht,
Wenn nicht so ganz – ein Abglanz fällt doch nieder!
Und *sie* und andre denken gleich wie ich;
Da gibt's ein heitres Wiedersehen,
Ja, wie Gewißheit überkommt es mich – ! –
So will ich meinen Weg denn weiter gehen! –
Aus Hoffnung und Erinn'rung schaff' ich mir
Wohl Trost und Lust zum Weiterlauf des Lebens,
Ich fühle wieder Kräfte neuen Strebens –
Das schöne Ziel winkt schon von ferne mir! –
Die Zukunft dringt mir licht durch meine Lider,
Ich bin geheilt! – Die Erde hat mich wieder! –
Gesang aus der Höhe Alle Qual ist vorbei!
Faust ist vom Leide frei!
   Herrlich erlöst!
Hoffnung – Erinnerung
Reichen ihm Trost genug
Mehr denn ein tiefer Trunk,
   Faust ist erlöst! –

Alfred Halm
Faust fin de siècle

Eine Um- und Undichtung
(1900)

Menschen, Un- und Übermenschen:
Henry Faust, *Dr. phil., med., jur. et ing.*
Mephisto, *ein Decadent von der Friedrichstraße.*
Ein Theaterdirektor.
Heléne, *eine Chansonette.*
Marguérite, *eine Studentin.*
Der bekannte Mops.
Ein Phonograph.

(Zur »Jahrhundertfeier« des »Vereins zur Förderung der Kunst«, 17. Januar 1900, geschrieben und dargestellt.)
(Die Szene stellt das im modernsten Stile gehaltene Studierzimmer Faust's vor. Die Wände sind unten dunkelrot, gehen oben in orange, gelb und blau über, um an der Decke in himmelblau auszufluten. – Englische Möbel. Gläser von Gallet *etc. zieren den Raum. – Elektrische Lampe mit grünem Schirm. Telephon. – Verschiedene Apparate.)*
Faust *(sitzt an seinem Schreibtisch. Er trägt eine moderne geniale Frisur, Werther-Krawatte mit Verniernadel. Das Gesicht umrahmt in stilisierten Wellenlinien ein Spitzbart. Der Schnurrbart ist bei Haby frisiert. Nach einem tiefen Seufzer beginnt er.)*
Faust Habe nun ach! Philosophie,
Juristerei und Ingenieurwissenschaft
Durchaus studiert mit unausgesetzter Kraft.
Der Theaterdirektor *(ein kleiner Mann, nicht alt, nicht*

jung, der sich immerfort schnalzend die Zähne putzt, tritt auf.)
Lieber Doktor, was fällt Ihnen denn ein, Monologe werden auf unserer Bühne nicht mehr gehalten!

Faust Ich will doch hier mein Inneres enthüllen,
Will künden all mein Trachten und Leiden;
Wie kann ich diesen Drang nur stillen,
Darf ich's hier nicht in Worte kleiden?

Theaterdirektor Aber, lieber Professor, Sie sind hundert Jahre zurückgeblieben. Wir reden jetzt einfach, so recht, wie im Leben, – – – natürlich!!! – Sie sind tiefsinnig? Nicht wahr? Also machen Sie *(mit komischem Seufzer)* »Ah!« – oder zucken Sie mit dem Finger, sehen Sie, so. *(Das Fingerzucken eines bekannten Berliner Nervenschauspielers kopierend.)* Das Publikum denkt sich schon sein Teil. *(Er wendet sich zum Publikum.)* Nicht wahr, meine Herrschaften, Sie denken sich ihr Teil?

Faust Wie lös' ich dieses Rätsels Tiefe?
Ich soll sagen, was mir im Herzen tobt,
Was ich gefühlt mit tausend Wunden
Und dabei wird mir's Maul verbunden.
Doch halt! Ich mir schon Hilfe schaff',
Ich nehm' den Elektropsychograph.
(Zum Direktor.)
Erklären Sie meine neuste Erfindung,
Des Jahrhunderts tiefsinnigste Ergründung.

Theaterdirektor *(den Elektropsychophonographen vom Tisch nehmend. – Der Apparat sieht aus, wie eine Mütze aus weicher Seide, die sich an die Kopfform anschmiegt und hat in der Mitte der Stirn den Schalltrichter eines Phonographen.)*
Meine Herrschaften! Diese Erfindung des Ihnen allen bekannten großen Gelehrten ist das Genialste, was auf dem

Gebiete der technischen Wissenschaften in diesem Jahrhundert geleistet worden ist. Er war deshalb auch der erste, der den Doktortitel für Ingenieurwissenschaften erhielt.
Sehen Sie sich diese Mütze an, sie ist aus so zartem Material: Deutsches Reichs-Pat. Nr. 34657½, daß über den Kopf gestülpt, die feinsten Bewegungen der Gehirnmoleküle darauf einen Eindruck hinterlassen. Durch einen geistreichen Mechanismus, den ich Ihnen aus naheliegenden Gründen nicht erklären kann, wird dieser Eindruck in mechanische Bewegungen umgesetzt; diese mechanische Bewegung trägt sich auf eine Phonographenwalze über und aus diesem Schalltrichter tönen laut und deutlich die Gedanken unseres allverehrten Doktors als Worte zu Ihnen, ohne daß er überhaupt zu sprechen braucht. Künftig wird sich kein moderner Dichter mehr den Kopf zerbrechen, wie er den Monolog umgeht. Er läßt seinen Helden einen Elektropsychophonographen aufsetzen, und die zartesten Bewegungen der Menschenseele tönen laut und deutlich in's Publikum! Los, lieber Doktor! Aber denken Sie vorsichtig, wegen der Zensur. *(Er geht ab.)*

Faust *(setzt die Mütze auf, es tönt aus dem Schallrohr im Bauchrednerton.)*

Wie wird es mir so schwer gemacht,
Zu sagen Euch, was ich gedacht
Die hundert Jahre, die vorbei
Von unsrer armen Menscherei.
Das Höchste suchen wir zu finden,
Das Tiefste möchten wir ergründen –
Und überall steht eine Mauer vor
Durch die uns führet ach, kein Tor.
Wohl könnt Ihr sprechen heut' in ungeahnte Fernen,
Guckt in den Magen selbst den ew'gen Sternen,

Wohl sucht Ihr heut in heißem Drang
Euch frei zu machen von erlerntem Zwang;
Motive bringt statt Melodie Musik
Und Friedensutopie die Politik,
Man dichtet nur real noch oder mystisch,
Man malt das Neuste neoimpressionistisch;
Und doch o ihr lieben Brüder all',
Es blieb sich gleich der Menschen Qual,
Die Seele, die das Höchste sucht,
Und doch zur Erde ist verflucht.
Mephisto *(ist schon etwas früher aufgetreten.)*
Da seht mir doch den alten Laffen,
Der wieder sich mit seinem Erdendrecke quält.
(Faust nimmt beim Eintritt Mephisto's sofort
den Apparat ab.)
Hätt' *(schluckend und nach oben zeigend.)*
»Er« die Welt zum Trauerhaus geschaffen,
Zum Leichenbitter hätt' er den Gesellen sich erwählt.
Komm' mit und laß Dein melancholisch Grübeln,
Eh' Eure Sonne Euch verpufft,
Es ist das größte nicht von allen Übeln
Zu atmen Eure Erdenluft.
Weit führ' ich Dich weg bis zum Morgengrauen,
In der *Union-Bar* die Nixen zu schauen.
Und willst Du nicht küssen und willst Du nicht kosen,
Komm' mit mir zu all' den Harm Losen.
Durch Räume, die man die Wolfschlucht nennt,
Steigst Du zu den Tanten, die jeder kennt.
Faust In jedem Lokal
Fühl' ich gleiche Qual.
Ich hab' den Dalles, um hoch zu spielen
Und bin zu jung, um wunschlos im Bar zu sein.
Zeig' mir, daß dieses Leben ohne Qualen;

Daß nicht Genuß mit Weh' ich muß bezahlen;
Zeig' mir ein Spiel, bei dem man nicht verliert,
Ein Portemonnaie, das nie Ultimo spürt,
Den Sekt, bei dem Du Haarweh nie gehabt
Und wenn Du Dich die ganze Nacht daran gelabt.
Ein Restaurant, wo sich trotz Kellnerinnen
Die lieben Gäste selbst bedienen.
Mephisto Für letzten Wunsch, da weiß ich Rat,
Benütze Du den Speiseautomat!!
Du hast wahrhaftig keinen Grund zu klagen,
Was mußten sich die Menschen früher plagen,
Um zu genießen. Du sitzest daheim
Und holst die Freude Dir in's Haus hinein.
Du sollst genießen, was haben man kann,
Beisammen sind wir, fanget an!!
(Er geht an's Telephon, klingelt, ruft dann hinein.)
Du liebe Kleine!
Ach vereine
Mir meinen Draht
Mit dem Probekandidat!
Faust Das nennst Du geben, törichter Wicht!!
Meinst Du, den Probekandidaten kenn' ich nicht?
Ich, der bei jeder Première gezischt
Und den noch keiner beim Zischen erwischt.
Mephisto *(zeigt verschiedene Drähte am Telephon.)*
»Dame von Maxim«! »Als ich wiederkam?«
Hier siehst Du Urania, Nansens Fram.
Ein Diner bei Dressel wirst Du schmecken,
Magst Du an diesem Drahte lecken.
(einen andern Draht hebend.)
Hier kannst Du Dich besonders amüsieren,
Hörst Du den Reichstag über Kunst debattieren.
Faust *(hält sich das Schallrohr an's Ohr.)*

Da spricht ein Mensch ja wie im Fieber!
Mephisto Das ist der Gröber Lieber!
Er spricht über Hauptmann's »Weber«,
Spahn hätt' ihn lieber gröber. –
Gesteht doch ein, es läßt sich mit mir leben.
Faust Was willst Du armer Teufel geben?
Ward eines Dekadenten Geist,
Der, was er will, selbst nicht gut weiß,
Von Deinem armen Teufelshirn gefaßt?
Nur einmal Du mir gegeben hast,
Was mich in Extase versetzen kunt'
Ich denk' gar oft zu mancher Stund'
An jenes holde, blonde Kind –
Mein Gott, wie hieß sie doch geschwind? –
Anne Marie oder Käthchen –
So'n kleines Schneidermädchen.
Mephisto Ich kann Dir gern so 'ne Puppe bringen,
Doch glaube ich, wird es mir kaum gelingen,
Der Krone deutscher Frauentugend
Dir heut' zu schaffen das Feuer der Jugend.
Zu knacken diese harte Nuß,
Da braucht's Chahut und seidenen Jupon,
Das ist für Dich, mein lieber Sohn,
Vide Recznicek Simplicissimus!!
(Es donnert und verfinstert sich, der rote Simplicissimus-Mops erscheint.)
Mops Wer ruft mir?
Faust Schreckliches Gesicht!
Meinst Du, ich kenn' Dich nicht?
Mops Ich bin der wohlbekannte,
Von jedem Bahnhof Verbannte.
Ich belle nicht, doch beiße ich!
Simplicissimus heiße ich!

Du riefst nach mir in tausend Nöten,
Sprich, was befiehlst Du – frei nach Goethen?
Meine Zeichner Dir zur Verfügung stehen,
Die malen ein Weib Dir wunderschön,
Das kannst Du materialisieren,
Mit ihr manch Stündchen parlieren.
Faust Was sollte mir das frummen?
Mops Das ist auch einer von den Dummen,
Der über das Leben trauert
Und mit Wollust sich's versauert.
Das ist auch einer von den Neuen,
Die sich mit Melancholie zerstreuen!!
Über die trübsten Dinge der Erde
Lach' ich mit höhnischer Gebärde,
Lache nicht krank, nein, lach' mich gesund!
Faust Das ist ein ganz poetischer Hund!
Ach schaffst ein Weib Du mir nach meinem Sinne,
Voll Liebesglut und doch voll keuscher Minne,
Naiv und doch so etwas dekadent,
Noch einmal ich selig werden könnt'!
Mops Haha! Du bist ein richtiger Narr,
Der schlechter wurd', als er früher war.
Dir werd' ein Weib, das leben kann
Im allerneusten Berliner Roman!
(Es donnert, der Mops verschwindet, an seiner Stelle erscheint die Chansonette, eine weibliche Figur mit roten Haaren im Stile Reczniceks.)
Faust Was seh' ich, Gott, welch ein Entzücken,
Solch stilisiertes Weib zu erblicken!!
Ist's möglich, ist die Frau so schmal,
Seh' ich in diesem langgestreckten Leib
Wirklich ein Seelenfutteral,
Das von der Seccession gebaute Weib?

Chansonette *(singt »les quat'z étudiants«.)*
Mephisto Ein nagelneues Lied,
Sie bracht' es just aus Gallien mit,
Dem Land der Weine, Panamabons,
Der Staatsverschwörer und Chansons.
Faust Hätt' sie nicht Lust, bald abzufahren?
Was soll ich mit gefärbten Haaren?
Ich hass' dies *rouge à la carotte*!
Und was das kostet! – Ach du lieber Gott!
Mephisto Ein echter deutscher Mann kann keinen Franzen leiden,
Doch seine Weiber hat er gern.
Faust An solcher Zierpuppe mich weiden
Lag mir von jeher fern.
Am liebsten mag ich deutsches Gewächs,
Trotz Lirum-larum der Heintze-*lex*
Du solltest unsre Studentinnen sehen,
Wie sie fein zierlich in's Kollegium gehen,
Vorausgesetzt, daß sie nicht rausgeschmissen.
Bei solcher hätt' ich schon gern angebissen!
Mephisto *(zur Chansonette.)*
Du siehst, es ist nichts mit dem Jungen,
Dein Liedchen hast Du *chic* gesungen.
Für dies Konzert bin ich in Deiner Schuld,
Doch nun verdufte, tu' mir die Huld.
Chansonette *Non, je ne veux pas.*
Mephisto Was, Du bleibst da?
Chansonette *Oui, je reste, je reste chez lui.*
Mephisto Auch noch aufdringlich? Pfui!
Faust Die Hexe bleibt und will mich ennuyieren.
Mephisto Beruhige Dich, sie soll's bald spüren,
Daß man mit mir nicht spaßen kann,
Reich' mir doch dort das Instrument heran.

(Er zeigt auf einen Dreifuß.)
Madame soll, um sie zu zerschmettern,
Ein einzig Wort ich ihr in's Antlitz wettern?
(Er schwingt den Dreifuß und ruft.)
Dreyfuss, Dreyfuss, Dreyfuss!
Chansonette *(unter Donnern verschwindend.)*
Mon Dieu, je suis perdu!!
Mephisto Vor diesen Worten, wie Du weißt,
Verschwindet jeder französische Geist.
Faust Nun sind wir die Phryne los!
Was machen wir heut Abend bloß?
Mephisto Wir gehen eben fort,
Was ist das für ein Jammerort!
Was heißt das für ein Leben führen,
Sich selbst mit *Weibern* ennuyieren,
Und hat Dir diese nicht gepaßt,
Schnell eine andre umgefaßt.
Vergiß nicht, daß, der sie aus der Rippe gemacht,
Die Schönheit hat in die Welt gebracht,
Die Schönheit, die in Rausch verloren
Das irrende Menschlein hat geboren.
Hast Du Lust, ich will Dir's nicht wehren,
Die Weiber zu bessern und zu bekehren.
Jedoch, was willst Du Dich das Stroh zu dreschen
plagen?
Das Beste, was Du je erfahren,
Kannst Du aus Furcht vor Disziplinarverfahren
Den armen Weibchen doch nicht sagen.
Da hör' ich eine auf dem Gang,
Laß' sie nur mir, so dauert es nicht lang,
Und binnen allerkürz'ster Zeit
Ist sie zur schönsten Fahrt bereit.
(Die Nelke aus Faust's Knopfloch nehmend.)

Die Nelke stecke mir noch an,
Dann gleich ich Dir als Lebemann,
Und etwas *violette de Nice.*
(Besprengt sich mit Parfum, das er vom Tisch nimmt.)
Nun überlaß es meinem Witz.
(Klemmt ein Monokel ein.)
Die Maske muß mir köstlich stehen,
Nun denn, mein Freund, auf baldig Wiedersehen.
(Verabschiedet mit einem Gigerlhändedruck Faust, der in ein Nebenzimmer abgeht.)
Studentin *(tritt auf; sie ist in Radfahrkleidern, Hemdenbluse, trägt englisch gescheiteltes Haar, Matrosenhütchen, eine Mappe in der Hand.)*
Ich bin allhier erst kurze Zeit
Und komme voll Ergebenheit.
(Zaudernd.) Einen Mann zu sprechen und zu kennen,
Den viele mir mit Ehrfurcht nennen.
Mephisto Euere Höflichkeit erfreut mich sehr,
Ihr seht einen Mann, wie wenige mehr.
Studentin Ich bitt' Euch, nehmt Euch meiner an.
Mephisto Das hab' ich stets sehr gern getan.
Studentin Ich komme mit allem guten Mut,
Ganz ohne Geld, doch frischem Blut
Und weil ich krieg' so keinen Mann,
Drum fing ich das Studieren an,
Und Mama tat es bewilligen.
Mephisto Eure Gründe muß ich billigen.
Erklärt mir, eh' Ihr weiter geht,
Was wähltet Ihr für 'ne Fakultät?
Studentin Zur Philosophie mag ich mich nicht bequemen,
Kein Mann mag eine solche Frau sich nehmen.
Mephisto *Nulla regula sine exceptio.*

Doch meistens ist es immer so.
Studentin Aber Rechtswissenschaft und Kameralia,
All' die feudale Jugend findet man da.
Jeder von ihnen ist Reserveoffizier
Und trägt den Bart in Haby's Manier.
Mephisto Mein Kind! laßt mir die großen Herrn,
Sie sind nicht standhaft und drücken sich gern.
Studentin Soll ich mich zu den Medizinern schlagen?
Mephisto Du lieber Gott, denkt doch an Euren Magen!
Jedes Jahr ein Patient,
Und eh' er's Honorar bekömmt,
Ist er verhungert mit Weib und Kind,
Wenn er nicht Krankenkassen nimmt.
Studentin Da ist das Wählen eine Plag',
(kokettierend) Wenn mich der Herr nicht selber mag.
Mephisto O, da heißt's vorsichtig sein,
Die fängt sich selbst den Teufel ein,
Mein Kind, was wollt Ihr lang studieren,
Vor allem lernt die Männer führen.
Es ist ihr ewig Weh und Ach
So tausendfach
Aus einem Punkte zu kurieren,
Und wenn Ihr halbwegs ehrbar tut,
Habt Ihr sie alle unter'm Hut.
Studentin Das sieht schon besser aus,
Man sieht doch wo und wie.
Mephisto Grau, liebes Herz, ist alle Theorie
Und grün des Lebens goldener Baum.
Studentin Ich schwör's Euch zu, mir ist es wie ein Traum.
(Faust tritt wieder auf.)
O, welch ein eleganter Mann,
Ach, daß es so 'was geben kann!
(Kokettiert mit Faust.)

Meine Ruh' ist hin,
Mein Herz ist schwer,
Ich finde sie nimmer,
Nimmer mehr.
Seine Werther-Krawatt'
Es mir angetan hat
Und die Nadel, o je!
Ist von Vernier.
Und was sofort
Mein Herz erweicht,
Der Schnurrbart ist es
»Es ist erreicht!!!«
Nicht eher will ich ruhen,
Bis ich auch seh'
Wie viel er hat
Im Portemonnaie!!!
Faust Beim Himmel diese Maid ist klug,
Sie hat am Äußeren nicht genug.
Es ist ein praktisch liebes Kind,
Sie baut ihr Sach' nicht in den Wind.
Und daß zu rechnen sie versteht,
Hat mir den ganzen Kopf verdreht.
Studentin *(zieht einen photographischen Apparat aus ihrer Mappe.)*
Ach lieber Herr, gestattet mir,
Daß ich Euch schnell photographier'.
Mephisto Zu was das Spiel?
Studentin Kein Spiel,
Mit X-Strahlen durchleucht ich sein Portemonnaie,
Damit ich armes Mädchen auch seh'
Ob er *(Pantomime des Geldzählens)*
Und wieviel –
(Ein Schein fällt aus dem Apparat auf Faust. Hinter ihm

erscheinen auf der Wand ein paar 100 Mark-Banknoten und Gold.)

Mephisto Wie schlau! – Mit dem Röntgen-Apparat
Verschafft sie sich Klarheit! – Sehr delikat!!

Studentin Ich bin zufrieden mit Dir zu gehen,
Seit ich Dein Inneres gesehen.
Komm', stürzen wir uns in's Rauschen der Zeit,
Ins Rollen der Begebenheit.

(Die Musik stimmt leise den Donauwalzer an.)

Faust Welch' tiefes Summen, welch' ein heller Ton,
Wie zieht es mich, zu walzen in der Runde!
Verkündiget ihr hellen Geigen schon
Des Balles holde Freudenstunde?

Studentin O, komm', vertraue Dich der Freude an,
Nur, wer den Augenblick ergreift,
Das ist der rechte Mann!
(Ins Orchester.) O tönet fort, ihr süßen Himmelslieder!
Seht, wie er schon chassiert, – die Erde hat ihn wieder!!

(Wie sie in seine Arme stürzt, fällt der Vorhang aus Furcht vor § 184 b.)

Leo Wulff
Der intime Faust

Ein neues Drama im Stile Maeterlincks
(1901)

Vorhang hoch!

Faust Habe nun, ach! Philosophie,
Et cetera, – erraten Sie
Den ganzen Monolog-Erguß,
Den ich durchaus verschweigen muß!

Der Conférencier Meine Herrschaften! Beachten Sie gefälligst diese Finesse: der ganze Reichtum seelischer Erregungen erklingt jetzt unhörbar in Faust's Nervensystem, und Sie haben nunmehr das hochkünstlerische Vergnügen, ahnungsvoll erschauernd alles das mitdenken und mitfühlen zu können, was Faust mit seiner sublimen Wortlosigkeit gleichsam nur andeutet. Diesen Moment benutzt Mephistopheles, um hinter dem Ofen hervorzutreten.

Mephistopheles *(von links.)*
Ich komme, Dich, o Faust, zu grüßen;
Dir soll sogleich Tokaier fließen,
Ich führ' auch Gretchen bei Dir ein, –
Nicht jedes Mädchen kommt so 'rein.

Margarete *(von rechts.)*
Ich weiss zu gut, daß solch erfahrnen Mann
Mein arm Gespräch nicht unterhalten kann,
Ich kann Euch keine Weisheit zeigen
Und werde deshalb lieber schweigen.

Faust Das ist mein Fall! Man wird sich dran gewöhnen:
Verschweigen wir somit die Liebes-Szenen!

(Sie gehen schweigend auf und ab; Gretchen singt innerlich das Lied vom König in Thule; Martha tritt auf und wechselt mit Mephisto vielsagende Blicke; Valentin erscheint auf der Bildfläche und wird nach einem stummen Wortwechsel erstochen. Verwandlung: Kerker. Faust in dumpfem Brüten.)

Der Souffleur Nur hier hinein, hier muß sie liegen,
Jetzt wird der letzte Akt geschwiegen!

(Faust möchte das nachsprechen, bringt es aber nicht über die Lippen. Durch unterdrückte Interjektionen deutet er an, daß der Menschheit Jammer ihn anfaßt. Margareten bleibt das Schlußwort im Halse stecken.)

Stimme des Regisseurs Genug empfunden und geschwiegen!
Der Vorhang soll herunterfliegen!

Der Conférencier Meine Damen und Herren! Vergebens ringen Sie nach Beifall, um der tiefen Erschütterung, die sich Ihrer bemächtigt hat, Ausdruck zu verleihen. Zum ersten Male haben Sie empfunden, welche Gewalt ein Dramatiker durch ungesprochene Redc und durch verheimlichten Dialog auszuüben vermag. Dieses Schauspiel wandte sich weder an Ihre Köpfe noch an Ihre Herzen, sondern an die feinsten Ausläufer Ihrer Nervenspitzen, die leise mitzitterten, während die handelnden Personen ihre Erlebnisse verinnerlichten. Ihr Schweigen beweist mir, daß ich von Ihnen verstanden worden bin. Ich danke Ihnen für das lebhafte Bravo, mit dem Sie mich so zartfühlend verschont haben!

Rudolf Wilhelm
Faustel als Erzieher

Ein welträtselhaftes Satyrspiel
(1908)

Allen Gläubigen des
Großen Propheten in Jena
in herzlicher Teilnahme gewidmet.

Personen:
Faustel, *Professor und Prophet.*
Schmidtheinz, *sein Famulus.*
Goethe, *eine Gipsbüste.*

1. Szene.

(Studierzimmer, halb Bibliothek, halb Naturalienkabinett; die Tapeten zeigen Kunstformen der Natur; Affen- und Menschenskelette; Embryonensammlungen etc. – Faustel, selbstzufrieden im bequemen Lehnstuhl. Über dem Schreibtisch Büsten von Darwin und Goethe.)

Faustel Habe nun Zoo- und Biologie,
Damit zugleich alle Philosophie,
Auch Theologie nach Saladin
Ganz durchstudiert mit leichtem Bemüh'n.
Es ist ja alles kinderleicht,
Im Nu ist jede Höhe erreicht.
Begreife gar nicht, wie and're Gelehrten
Sich über Nicht-wissen-*können* beschwerten!
Ich darf mich rühmen, jetzt *alles* zu wissen,
Im ganzen System fehlt mir kein Bissen,
Und wollen die Leute nur auf mich hören,

So kann ich sie über alles belehren. –
Freilich, manche Spezial-Kollegen
Lassen vom blassen Neid sich bewegen,
Behaupten, ich triebe nur Windbeutelei,
Sei unzuverlässig und flach noch dabei!?!
Laßt sie nur belfern, die guten Leute, –
Ich bin doch gescheiter, als all' die Laffen;
Was schiert sich die Durchschnittsbildung von heute
Um diese gelehrten Magister und Pfaffen!
Aber ich, – der genau weiß, was die Welt
Im Innersten zusammenhält,
Ich werde von jung und alt gelesen,
Ich helfe der Welt, vom Wahn zu genesen.
Sogar schon Pennäler und junge Studenten, –
's gibt wen'ge, die meine Bücher nicht kennten! –
Verschlingen entzückt meine herrlichen Werke,
Saugen daraus ihre geistige Stärke,
Verachten getrost die »fromme Erbauung«,
Und lernen vernünftige Weltanschauung!
Das ist mein richtiges Publikum;
Herauf, herab, kreuz, quer und krumm
Folgen sie blindlings meinem Leiten;
Das sind »gebildete, denkende« Geister,
Die sich selbst des Denkens Qual nicht bereiten,
Nur hören und schwören auf ihren Meister.
(Er betrachtet seine neuesten Werke.)
Die Rätsel der Welt, die Wunder des Lebens
Zu lösen suchte schon mancher vergebens.
Nur Unsinn haben sie ausgekramt,
Besonders die Theologenzunft,
Schwarze und blaue, allesamt
Schwelgen sie förmlich in Unvernunft.
Doch auch die Denker und Philosophen

Sind meistens auf den Wegen des Holzes,
Das Schlußwort ihres Wissensstolzes
Ist, daß sie die Rätsel zu lösen nicht hoffen.
Ihr Ignorabimus-Ignoranten!
Euch hat der Berliner Rhetor betört;
Borniert sind all' seine Korybanten,
Und wer auf meinen Monismus nicht schwört!
Monismus bedeutet die Wiederkunft
Der lang-verbannten reinen Vernunft.
Goethe *(für sich.)*
Er nennt's Vernunft, und braucht's allein,
Ein echtes Affentier zu sein.
Faustel *(zur Goethebüste aufblickend.)*
Doch du, mein Goethe, du großer Dichter,
Gehörst nicht zum ignoranten Gelichter.
Obwohl noch dunkler Zeit entstammt,
Noch ehe Darwin's Licht entflammt,
Warst du schon gänzlich meiner Meinung,
Erkanntest alles Lebens Einung.
Man nennt dich ehrenvoll den großen Heiden,
Du warst kein Mucker und Ignorant;
Nicht wahr, Freund Goethe, wir zwei beiden
Sind eines Sinns und nah verwandt!
Goethe *(halblaut.)*
Es tut mir lang schon weh',
Daß ich mich in *der* Gesellschaft seh'!
Faustel *(erstaunt aufhorchend.)*
Ich glaube gar, er knurrt, der Alte,
Es klang, wie Widerrede fast.
Das leid' ich nicht, – den Mund du halte,
Denn Widerspruch ist mir verhaßt!
Willst du im Zimmer bei mir bleiben,
So laß das Knurren,

Mach keine Schnurren,
Und bleib bescheiden,
So mag ich's leiden.
Wenn ich was sage,
Darfst du nur nicken,
Zustimmend blicken.
Wenn ich dich frage,
Was du gedacht hast
Von Weltgestaltung
Und Kraftentfaltung,
Von Artabstammung und Menscherscheinung,
Mußt immer sagen: Ganz deiner Meinung!

Goethe *(halblaut.)*
Wie nur dem Kopf nicht alle Hoffnung schwindet,
Der immerfort am schalen Zeuge klebt
Mit gier'ger Hand nach Schätzen gräbt,
Und froh ist, wenn er – Strudelwürmer findet.

Faustel *(reibt sich die Stirn.)*
s' ist doch nur meine rege Phantasie,
Daß mir der Gips zu reden scheint.
Denn Geisterspuk, – den hab' ich stets verneint,
Geist gibt es nicht nach meiner Theorie.

Goethe *(laut.)*
Die Geisterwelt ist nicht verschlossen;
Dein Sinn ist zu, Dein Herz ist tot. –

Faustel *(entrüstet.)*
Hör' mal, Freund Goethe, mach' keine Possen,
Warum die Freundschaft stören ohne Not?
Du hast noch viel vom alten Mystizismus
Und abergläub'sche Schrullen ohne Zahl;
Und meinem aufgeklärten Monismus
Ist *Einzelnes* nur kongenial.
Ich sage dir: Der Mensch hat keinen Geist,

Wie dir mein Wort und Werk beweist.
Geist, Seele, Gott und gar Unsterblichkeit, –
Wer das noch glaubt, der tut mir leid!

Goethe *(gelassen.)*
Wir sind gewöhnt, daß die Menschen verhöhnen,
Was sie nicht verstehen.

Faustel Das stimmt zum Teil, zum Teil auch nicht;
Denn viele preisen, laut Erfahrung,
Das Unverstandene als Weisheitslicht
Und Unverdauliches als Wissensnahrung.
Bei meinen Schülern hab' oft ich's geseh'n,
Sie rühmen begeistert, was sie nicht versteh'n.
Und leider muß ich's oft erfahren,
Wenn ihnen Verstand kommt mit den Jahren,
Daß meine Lehren sie ganz begreifen,
So fangen sie an, wieder abzuschweifen. –
– Doch keinen Streit! Laß Freunde uns bleiben!
Ich brauch deine Autorität beim Schreiben.
Der deutsche Philister kriegt großen Respekt,
Wenn er dich auf meiner Seite entdeckt.
Ja, großer Goethe, höheres Wirbeltier!
Wie nah verwandt fühl' ich mich dir!

Goethe *(unwillig.)*
Du gleichst dem Tier, das du begreifst,
Nicht mir!
(Er hüllt sich mit hörbarem Ruck in Schweigen.)

Faustel *(nicht zusammenstürzend, sondern höhnisch lächelnd.)*
Nicht dir? Ach so, nun seh' ich deine Ignoranz,
Du schwärmst am Ende doch für Artkonstanz.
Dann, laß dir sagen, ist vorbei dein Ruhm,
Bist nur ein dürftiges Ingenium.
Mir schwant es längst, du warst ein Tor,

Nun kommst du mir recht albern vor,
Ein unverbesserlicher Dualist,
Nur halb erst Heide, halb noch Christ!
(Geht unmutig auf und ab.)
Wir beide passen nun nicht mehr zusammen,
Du bist nicht wert, vom Affen abzustammen!
(Es klopft.)
Wer kommt? – Schmidtheinz, mein Famulus,
Mein echter Pithekanthropus!

2. Szene.

Schmidtheinz *(tritt auf und macht Kotau.)*
Großherzig-herzogliche Exzellenz!
Was seh' ich! Deine Stirne ist umdüstert?
Quält Dich der Sorge schlimme Hirnfunktion?
Ist eingebeult die Großhirnrinde Dir?
Faustel Mein teurer Affensohn! Es ist mir leid,
Daß eine Schlange ich am Busen hegte.
Du weißt, was ich für Goethes Ruhm getan,
Zum Wegbereiter Darwins ihn kreierte,
Und damit auch zu meinem Eideshelfer.
Nun denk' nur . . .
Schmidtheinz *(erschrocken abwehrend.)*
Nein, o teurer Meister, nein!
Wie kann zu *denken* ich mir nur erlauben,
Da *Du* zugegen?
Faustel Gut, schon gut, mein Freund.
Doch merk' dir, ich will nachdenkliche Schüler,
Die mir nach denken, was ich vor gedacht.
In diesem Sinne denk mal nach!
Der Goethe ist nicht wert mehr unsrer Freundschaft,
Er hat sich nicht entblödet, mich zu kränken.

Schmidtheinz *(voll Eifer.)*
Ha! Dem entwickeltsten der Affensprossen,
Dem siebzig Ehrndiplome und der goldnen
Medaillen vier die Weisheitsfüll' bezeugen,
Dem Mitglied der Kalkutter Sozietät,
Solch' einen Schimpf zu bieten?!
Faustel Teurer Heinz!
Ich seh', du bist gesinnungsfest und treu.
Es geht auch ohne Goethe. Reiß ihn runter!
Schmidtheinz *(tut es.)*
Faustel *(beiseite.)*
Ein würd'ger Helfershelfer, tut den Auftrag
Und fragt nicht lang nach Recht und Unrecht.
(laut) Nun sprich, was führt dich her so spät am Abend?
Schmidtheinz Verzeih', ich möcht' noch etwas profitieren;
Das Leben ist so kurz, die Kunst so lang!
Es bleibt so viel noch zu studieren,
Drob wird's im Kopfe mir so bang;
Ich hab gestrebt mit Fleiß der Bienen,
Und doch bin ich noch weit zurück –
Faustel Gern will ich dir mit meinem Rate dienen.
Hör' an. Das *Publikum*, das macht dein Glück.
Schreib' nicht fürs Fach, schreib' für die Laien,
Da kommst du aus mit wenig Wissenschaft;
Am meisten wird's das Volk erfreuen,
Schreibst du recht keck und dünkelhaft,
Als ob im Sack du alles Wissen führtest,
Von Dingen, die du nie studiertest.
Und wenn Gedanken dir da fehlen,
So laß dich das nicht ängstlich quälen,
Da stellt ein *Fremdwort* schon zur rechten Zeit sich ein,
Ein schönes Fremdwort schlägt bei Deutschen ein.
Mit schlechtem Griechisch läßt sich trefflich streiten,

Ein hochgelehrt' System bereiten;
Der Deutsche meint, wenn er ein Fremdwort lernt,
Nun hab' er recht des Wissens Nuß entkernt.
Mit fremden Wörtern wird gar viel erreicht,
So – macht man sich die Arbeit leicht.
Schmidtheinz Dies, Meister, hab' ich schon erwogen,
Mir deshalb fleißig ausgezogen
Aus Deinen *populären* Werken
Von fremden Wörtern ein ganzes Heer,
Die will ich mir getreulich merken,
Obgleich gar manche schrecklich schwer.
Welch' Hochgefühl, wenn man kann lesen
Von *Onto-, Ceno-, Palingenesen,*
Von *Rhizopoden* und *Mammalien*,
Pithecometra, *Placentalien*,
Von *Crea-*, *Thana-*, *Genetismus*,
Metasitismus, *Anthropismus*,
Von *Mixo-*, *Amphi-*, *Triplotheismus*,
Und dem fatalen *Vitalismus*,
Von *Cyto-*, *Phyto-*, *Histopsychen*,
Und andern, noch mehr fürchterlichen,
Von *Akroganglien*, den *dorsalen*
Und den famosen Seelenskalen,
Von *Blastoderm* und *Blastäaden*,
Von *Katallakten*, *Gasträaden*,
Und von *biontisch* und *phyletisch*,
Pyknotisch, *kosmisch* und *kinetisch* –
– Von all' dem wird's dem Publikum,
Als ging ihm ein Mühlrad im Kopf herum,
Es sperrt den Mund vor Staunen weit
Und rühmt die Wissenschaftlichkeit.
Faustel Sehr schön, mein Sohn, fahr' nur so fort,
Dann wird dir der Erfolg nicht mangeln.

Und nun hör' noch ein and'res Wort,
Wie du dein Publikum kannst angeln.
Vor Laien darfst du niemals geizen
Mit freigeistig-pikanten Reizen.
Setz' dich auf ein recht hohes Pferd,
Und schau verächtlich auf den Pfaffen,
Nenn alles Unsinn, was er lehrt,
Sollst sehen, wie die Leute gaffen.
Mit Himmel, Hölle, Teufel, Gott
Treib' fest und derbe deinen Spott,
Auch alles, was sonst heilig heißt,
Bewitzle unverschämt und dreist, –
Das pflegt bei halbgebildeten Leuten
Stets Geistesgröße und -kraft zu bedeuten.
Schmidtheinz *(nachdenklich.)*
Allein es gibt auch kundige Geister,
In ihrem Fach bewährte Meister,
Die eklig mich zerzausen könnten
Mit wissenschaftlichen Argumenten,
Und schlagen mein System in Trümmern?
Faustel *(lachend).*
Ha, ha! Das laß dich wenig kümmern,
Sei keck und geistesgegenwärtig,
So wirst du leicht mit ihnen fertig.
Sind's Theologen, die dich befehden,
Mußt du von »Muckern« und »Frommen« reden,
Mitleidig nenne ihr Kritisieren
Dogmatische Befangenheit, –
Das ist genug, sie abzuführen,
Und Sieger bist du in dem Streit. –
Sind's Philosophen und Fachgenossen,
So laß auch das dich nicht beirren;
Bei deiner Meinung steh' entschlossen,

Wieviel auch kritische Pfeile schwirren.
Sag', daß sie die Wahrheit nur verhehlen,
Um bei den Herrschenden sich zu empfehlen.
Betone, daß von faulen Kompromissen
Im Wahrheitskampf du nichts willst wissen,
Daß rücksichtslos du ziehst die Folgerungen
Aus dem, was Wissenschaft errungen.
Sprich von sophistischer Verdrehung,
Von Eifersucht und gehässiger Schmähung,
Von Unkenntnis der Biologie; –
Und sind es viele, die dich bestreiten,
So wisse klüglich anzudeuten
Eine *»cerebrale Epidemie«*!
– Vor allem, laß auf Gründe dich nicht ein,
Kräftige Phrasen tun's schon allein,
Und wiederhole unentwegt,
Worauf du dich einmal festgelegt
Mit dreifach eherner Stirne dreist.
Dann mag die Kritik sich wütend gebärden,
Du bleibst bewundert als Ritter vom Geist
Bei denen, die nicht alle werden.
Und die sind immer der größere Haufen,
Die unsere trefflichen Bücher kaufen.
Schmidtheinz Indes, man könnte *prüfen* doch,
Was unsere Gegner geltend machen.
Es gibt doch diskutable Sachen, –
Und das System zeigt manches Loch.
Faustel Wie? Du bezweifelst die monist'sche Wahrheit?
Ist hier nicht alles Licht und Klarheit?
Den Zweifel kann ich nicht erlauben.
Der Schüler muß aufs Wort mir glauben.
Bewiesen hab ich längst empirisch,
Daß alles Menschliche rein tierisch;

Entwicklung, dieses Wort enthält
Den Zauber zur Enträtslung der Welt;
Was sie enthält, organisch oder anorganisch,
Hat sich von selbst entwickelt mechanisch.
Ich hab' gelöst jedwedes Problem,
Und lückenlos ist das System,
Laut *genereller Induktion*!
Schmidtheinz Jedoch, verzeih, ich höre schon,
Wie Kritiker, die die Sache kennen,
Uns voreilige Forscher nennen.
Sie plaudern aus, daß unsere Kette
Doch manch' verdächtige Lücke hätte,
Gar manches Glied sei supponiert,
Das wirklich gar nicht existiert!
Faustel Das ist bloß Scheu vor Konsequenzen,
Hier muß eben die Logik ergänzen.
Das Glied, das fehlt der Empirie,
Wird konstruiert per Phantasie,
Mit gräko-lateinischem Namen benannt,
Als wär's uns haargenau bekannt.
Dann wird die Phantasie-Erfindung
Gestützt durch logische Begründung:
Mit absoluter Notwendigkeit
Ergibt sich aus der Deszendenzgeschicht',
Daß Glied an Glied sich ohne Lücke reiht,
– *Sonst stimmte das System ja nicht!!!*
– Das ist ein Schluß *spezieller Deduktion!*
Verstehst du das, mein lieber Sohn?
Schmidtheinz Kann dich nicht eben ganz versteh'n,
Doch seh' ich, du weißt alles zu dreh'n,
Und ohne einmal zu entgleisen,
Die Wahrheit felsenfest beweisen.
– Mit Dank für deine guten Lehren,

Will ich mich nun von hinnen kehren.
Faustel Nun, gute Nacht, mein würd'ger Heinz!
– Halt, eh' du fortgehst, hör' noch eins:
Da liegt ein Haufe von Pamphleten,
Die wollen den Monismus töten.
Gelesen hab ich keines zwar,
Es ist alles Unsinn offenbar,
Womit ich meine Zeit nicht will verschwenden.
– Sei du so gut, sie durchzublättern,
Und zieh' heraus, was gut sich läßt verwenden
Zu einer kräft'gen Abfuhr für die Vettern.
Ich schreibe dann gegen die Ignorantenzunft
Ein »Glaubensbekenntnis der reinen Vernunft«.
Schmidtheinz *(begeistert.)*
Mit Freuden nehm' ich den Auftrag an,
In wen'gen Tagen ist alles getan.
Faustel Ich denk', du brauchst nur wenige Stunden,
Hast dann genug für unsern Zweck gefunden.
Die Gründe der Gegner laß ruhig beiseite, –
Befolg' die Methode der Antikritik,
Die ich dir habe entwickelt heute. –
(Er erhebt bedeutsam die Hand.)
Schmidtheinz! Das sei dein Meisterstück!
Wenn es nach meinem Wunsch gerät,
Ein großer Lohn dir in Aussicht steht:
In der monist'schen Zukunftsreligion
Wirst Hoherpriester du, mein Sohn!
Schmidtheinz *(überwältigt niederfallend.)*
Und obenan in meinem Kredo steht:
Darwin ist groß und Faustel sein Prophet!

Egon Friedell und Alfred Polgar
Goethe

Eine Szene
(1908)

Personen:
Goethe
Der Schulrat
Der Professor der deutschen Literaturgeschichte
Ein tschechischer Besitzer
Züst, ein schlechter Schüler
Kohn, ein guter Schüler
Linerl, Züsts Freundin
Der Pedell

(Goethe erscheint als ›alter Goethe‹, etwas im Kostüm des Stielerschen Porträts.)

I. Studierzimmer

(Tisch mit Büchern, die zum Teil aufgeschlagen sind, Heften usw. Studierlampe. Züst und Linerl sitzen beim Tisch.)
Züst *(verzweifelt)* Es geht nicht, es geht nicht!
Linerl Aber schau! Das bisserl Goethe wirst scho' a no derlerna.
Züst Das bisserl?!? Hast du eine Ahnung? Bevor man die dreiundzwanzigste Epoche so eines endlosen Dichters auswendig kann, hat man die ersten zwölf schon längst wieder vergessen. Da ist der Körner ein anderer Bursch gewesen! Mit zweiundzwanzig Jahren war er schon tot! Aber dieser Goethe! Dieses olympische Monstrum, das allein mehr Jahreszahlen verbraucht hat als alle anderen Dichter zu-

sammen! Dreiundachtzig Jahre hat er alt werden müssen; in alles hat er sich dreinmischen müssen, bei jedem Datum war er dabei; so oft er mit einem Frauenzimmer was zu tun gehabt hat, ist er fruchtbar geworden –

Linerl Aber geh!

Züst – und hat einen neuen Brocken gesammelte Werke von sich gegeben.

Linerl Ah so!

Züst Aber noch nicht genug! O nein! Wo er ein Gras gesehen hat, hat er ihm gleich wachsen zugehört; alle besseren Herren in seiner Nähe hat er in »Gespräche mit Goethe« verwickelt und die entfernteren hat er zu zwei- bis dreibändigen Briefwechseln benützt; und wie er schon ganz alt war und nicht mehr hat schreiben können, hat er sich den Ekkermann geholt und hat ihm Löcher in den Bauch geredet, nur damit auch aus dieser Zeit etwas über ihn zu lernen ist!

Linerl Aber es wird doch net alles so wichtig sein!

Züst Nicht wichtig?! Sag' das einmal dem Professor Hinterhuber! *(Kopierend.)* »In Goethes Leben ist nichts unwichtig! Merken Sie sich das, Sie Grünschnabel! Goethe ist ein Heiligtum!« ... Auf vier italienischen Reisen hab' ich ihn begleiten müssen!

Linerl Gelt, und mit dei'm Papa hast nicht nach Prag fahren dürfen!

Züst Herrgott, oder waren's gar nur drei italienische ...? Bitt' dich, schau g'schwind nach!

Linerl *(blättert im Buch.)* Jessas! Da schau her! In Karlsbad war er auch!

Züst Wa–as?

Linerl Ja, da steht's! *(Liest.)* »Kapitel achtzehn: Der Dichterfürst in Karlsbad und seine Bedeutung für die alkalischen Naturwässer des Königreiches Böhmen«.

Züst *(wütend)* Na, da hast du's! Jetzt werd' ich am End' noch durchfallen, weil der Herr Geheimrat Verstopfung gehabt hat. Der Teufel soll ihn holen! Der Teufel soll ihn holen! *(Wirft das Buch in eine Ecke.)*

(Verdunkelung, Donner, blauer Blitz.)

Eine tiefe Stimme Du mußt es dreimal sagen!

Züst *(fällt zitternd in den Stuhl zurück, wiederholt automatisch)* Der Teufel soll ihn holen! *(Die Tür springt auf, blauer Blitz, es erscheint Goethe. – Angstpause.)*

Züst *(mit schwacher Stimme)* Wer sind Sie?

Goethe *(milde)* Ei kenne Se mich dann net? Ich bin doch der, wo der Deiwel hole soll.

Züst *(fällt auf die Knie und wiederholt in Pausen, während deren er im Buch nachschlägt)* Altmeister ... Dichterheros ... Neuschöpfer der deutschen Dichtung ... Großer Dioskur von Weimar ... Wiederbeleber der Antike ...

Goethe Ei, lasse Se doch die Förmlichkeite! Sache Se oifach zu mir Exzellenz, verstanne? *(Da der Schüler ihn verständnislos ansieht.)* Verstehe Se mei Frankforterisch net recht? *(Lächelnd.)* Ja, 's Hochdeutsch hat mer immer Schwierichkeite gemacht. Un nu sache Se mer, was wolle Se eichentlich geche mich, daß Se immer so uff mich rumschimpfe?

Züst Ich ... ich ... möchte ... weil ich's nicht finden kann ... wenn Exzellenz so gütig wären ... wie oft waren Exzellenz in Italien?

Goethe No, dreimal wird's scho gewese soi. – Aber sache Se mer, was geht Ihne das an?

Züst Ach, Exzellenz, das kommt doch sicher morgen dran in der Prüfung. Ich weiß ja, alles, was Sie betrifft, ist sehr wichtig und interessant, aber es ist so furchtbar viel. Und wenn ich die Prüfung nicht besteh', muß ich in ein Bankgeschäft und ich möcht' doch so riesig gern Doktor der

Philosophie werden, um im Kabarett auftreten zu können...

Goethe No, no, nur net gar so hoch hinauswolle!

Linerl Ach ja, er tragt so viel schön vor!

Goethe *(bemerkt Linerl)* E nett Mäddche! *(Faßt sie unters Kinn.)*

Züst Ach Gott, manchmal hab' ich den Eindruck: wirklich jede Frage über Goethe könnten eigentlich nur Exzellenz selber beantworten.

Goethe Was? Ich selber? No, da wer ich Ihne was sache. Da wolle mer mal n' kleine Jokus aufführe. Ich wer die Prüfung für Ihne mache. Ich wer mich in Ihne verwandle! Da wird emal der Schüler mehr wisse wie die Herre Lehrer! Alle wern glaube, Sie sind's und derweil wer ich dastehe und alle Frache großartig beantworte. Wenn irchend jemand das Zeich weiß, so bin ich's doch! *(Vergnügt)* Das Zeichnis werd sich gewasche hawwe!

Züst und **Linerl** *(fallen auf die Knie.)*

Züst Ach Exzellenz, wie soll ich Ihnen danken!

Goethe Lasse Se nur! S' macht mer ja selber Spaß, die Federfuchser zu blamiere. – Un gar wenn so e nett Mäddche mit bei is, da kann ich scho gar net noi sache! Das hab' ich nämlich nie gekönnt – in meiner ganze Biographie net!

Linerl Ach Exzellenz! Wenn Sie schon so liebenswürdig sind, ich hätt' auch eine Bitte! Schreibens mir was ins Stammbuch, der Herr Lehar und der Herr Bonn stehen auch schon drin!

(Vorhang. – Rasche Verwandlung.)

II. Schulzimmer

(Grüner Tisch, Goethebüste, an der Wand eine große Reproduktion des Wiener Goethedenkmals. Schulrat, Professor der Literatur, mehrere Beisitzer, Kohn, Goethe. Später der Pedell.)

Professor Also, Sie wissen, in bezug auf Goethe verstehe ich keinen Spaß, Goethe ist ein Heiligtum.
Schulrat *(zahnlos, uralt, von ohnmächtiger Ironie)* In das man nur durch eisernen Fleiß sich den Eintritt erwirbt, hihihi.
Professor Wir haben noch den Kohn und den Züst. Züst, Sie sind der Schwächere, stehen Sie auf! ... Goethe ist eine Erscheinung von so gigantischer Bedeutung, daß sie jedem Gebildeten aufs genaueste vertraut sein muß. Nur der kann mit Aussicht auf Erfolg in den Ernst des Lebens hineintreten, der Goethes Leben und Schaffen zu seinem täglichen Brot gemacht hat.
Goethe *(bescheiden abwehrend)* Bitte, bitte –
Professor *(scharf)* Sagten Sie etwas? *(Blickt in sein Notizbuch)* Wir beginnen mit der Familiengeschichte. Wie hießen, was waren und wo lebten Goethes Großeltern,
a) väterlicherseits, b) mütterlicherseits?
Goethe No, der Vattersvatter war der alt' Schorsch Friedrich Goethe, der war scho Schneider in Frankfort, na un sei Fraa war e geborne Schallhorn, das war de Tochter vom Weidewirt, die hat von Neckergemind 'erübergemacht, un der Bruder, das war der Kaschper Schallhorn –
Professor *(befriedigt)* Nun, ganz schön. Das wäre ja so weit memoriert.
Goethe *(unbeirrt)* No un dem sei Fraa, de Bisemerskathrin, das war doch de erschte Hebamm, die vom Großher-

zog e beeidichtes Diplom gehabt hat, aber sonscht war se e bees Weib; der ältest' Sohn hat auch weche dem nach Bensheim niwwergeheirat, der Ulrich ...

Professor Nun ja, sehr gut, das genügt!

Goethe *(nicht aus dem Konzept zu bringen)* ... Der Ulrich Franz Theodor.

Professor Sie scheinen sich ja so weit in die Materie vertieft zu haben. – Aber nun zum Dichter selber. Er wurde geboren?

Goethe 28. August 1749.

Professor In?

Goethe Frankfort, Großer Hirschgrawe 12, in dem blaue Zimmer im zweite Stock links *(in Erinnerung versunken.)* Da ware aach die zwää Pendeluhre vom Onkel Rettich mit die nette Amorettcher druff, die oi hat de Schorsch kaput gemacht, wie er mit eme Klicker roigeschosse hat ...

Professor *(gereizt durch Goethes Mehrwissen)* Verlassen wir Goethes Geburtszimmer ... Er bezog wann die Universität?

Goethe Mit sechzeh' Jahr'.

Professor Er studierte in welchen Städten zu welchen Behufen?

Goethe No in Leipzig, dann in Straßburg erscht nix, und nachher die Rechtswissenschaft und Kunstgeschichte un e bißche Philosophie.

Professor *(zornig)* Hm?

Goethe Na 's war net viel!

Professor Wann verließ Goethe Wetzlar?

Goethe Ei, no so um die 71 oder 72.

Professor *(triumphierend)* Ich frage, wann Goethe Wetzlar verließ?

Goethe *(unsicher, nachdenklich)* 72, ja, ja 's wird scho so gewese soi, im Winter 72.

Professor Mit diesem inhaltlosen Herumgerede werden Sie Ihre Unwissenheit nicht verbergen! Ich frage Sie: in welchem Monat verließ Goethe Wetzlar?

Goethe In welchem Monat? Warte Se, das werd' ich Ihne gleich sache. *(Trocknet sich den Schweiß von der Stirn; denkt verzweifelt angestrengt nach.)* Ei, wann war's denn nur? Ei, das hab' ich doch gewißt...

Professor Ja, das ist Ihre ständige Redensart! Sie haben immer nur gewußt! Aber Sie wissen nichts. *(Zu Kohn, der Zeichen ungeduldigen Ehrgeizes von sich gibt.)* Kohn, wann verließ Goethe Wetzlar?

Kohn *(tritt stürmisch vor, schiebt Goethe weg)* Selbstverständlich am 23. September 1772, 5 Uhr nachmittags mit der Fahrpost.

Goethe *(erfreut)* Ja, richtig, im September mit der Fahrpost...

Professor *(mit scharfem, strafendem Blick auf Goethe)* Jawohl, am 23. September mit der Fahrpost... Aus welchem Anlaß schrieb Goethe die »Laune des Verliebten«?

Goethe No, da war er noch e junger Mensch, dem so allerlei durch'n Kopp gegange is. Da hat er wohl viel geschriwwe, wo ihm später liewer gewese wär, er hätt's net geschriwwe.

Schulrat Hihihi! Ihnen wäre freilich am liebsten, wenn er gar nichts geschrieben hätte. *(Lautes Gelächter, in das Kohn begeistert einstimmt.)*

Professor Wann las Goethe zum erstenmal Gottsched?

Goethe *(unwillig)* Ei, das weiß ich net. Das werd doch alles net so wichtig soi!

Professor In Goethes Leben ist nichts unwichtig! Merken Sie sich das, Sie Grünschnabel! *(Im Litaneiton.)* Alles hat seine Bedeutung als organischer Tragbalken in dem tektonischen Gefüge dieser in ihrer harmonischen Gegeneinanderwertung von Kraft und Last einzig dastehenden Biographie.

Goethe *(jovial)* No, so arch harmonisch war's ja gar net.

Professor Ich denke, diese Frage ist bereits von kompetenteren Köpfen entschieden worden, als Sie es sind. – Eine andere Frage: Wann besorgte Goethe die erste Umarbeitung der »Stella«?

Schulrat Hihihi! Das wird doch hoffentlich mit Ihrer Erlaubnis wichtig genug sein?

Goethe Die Stella? Warte Se mal. *(Für sich.)* E was! *(Dann laut und dreist.)* No, 1804.

Kohn *(entsetzt)* T! T! T!

Professor Ich bin starr. Sie wissen wirklich nicht, daß die erste Umarbeitung der »Stella« 1806 stattfand? Ja, sagen Sie, was haben Sie denn eigentlich in Ihrem Kopf? – Wann erschien »Hermann und Dorothea«?

Goethe *(nach kurzer Überlegung)* 1796.

Professor *(höhnisch)* Ich würde an Ihrer Stelle gleich 95 sagen!

Schulrat Oder 94! Hihihi!

(Allgemeines Gelächter.)

Professor *(brüllt)* »Hermann und Dorothea« erschien im Jahre 1797, Sie Ignorant!

Goethe *(fest)* Noi, 's war 96!

Professor 97!

Goethe *(unerschütterlich)* 96!

Kohn *(kommt diensteifrig herbeigesprungen und übergibt dem Professor ein aufgeschlagenes Buch.)*

Professor Hier! Sie insolenter Bursche!

Goethe Ja, wirklich. – Ich hätt' doch druff geschwore, 's war 96!

Professor Daß ein deutscher Jüngling derartige Daten nicht gegenwärtig hat, könnte einem wirklich den Glauben an die Jugend nehmen! Da muß sich ja Goethe im Grabe umdrehen.

Schulrat Hihihi! Pedell, drehen Sie die Goethebüste um, damit ihr dieser Anblick *(er zeigt auf Goethe)* erspart wird. *(Es geschieht.)*

Professor Nun, ich sehe schon, Daten darf man Sie nicht fragen. Goethes Leben hat Sie nicht beschäftigt. Jetzt will ich schauen, ob Sie wenigstens bei meinen Vorträgen aufgemerkt haben. Was wissen Sie über den Charakter des Tasso?

Goethe No, das is e kindischer, hysterischer Mensch, der sich net recht ausgekennt hat im Lewe, un ...

Professor *(schlägt auf den Tisch, starr)* Ich traue meinen Ohren nicht. *(Automatisch, im lehrhaften Ton, der durch parallele Bewegungen der beiden Zeigefinger unterstützt wird.)* Tasso zeigt den Kampf des Subjekts und seiner Gebundenheit, das, indem es sich in die Objektivität auseinanderlegt, notwendig an der Zerrissenheit des Subjekt-Objekts, d. h. der nach außen projizierten Individualität, scheitern muß.

(Kohn hat die Definition mit Kopfnicken skandierend leise mitgesprochen; die letzten Worte spricht er schon fast laut mit.)

Schulrat Hihihi! Wissen Sie vielleicht zufällig, was Goethes Hauptwerk war?

Goethe *(stolz)* No, die Farwelehr'! *(Schallendes Gelächter.)* Was is denn da zu lache?

Schulrat Hihihi! Das ist allerdings nur zu weinen. *(Allgemeines seufzendes Zustimmen des Kollegiums.)*

Professor Wann entstand der Tancred? *(Goethe weiß es nicht, dreht sich fragend zu Kohn um.)*

Kohn *(einsagend)* 1800.

Goethe *(befreit)* 1800.

Professor Ein Wunder, daß Sie einmal etwas wissen. – Welche Werke entstanden noch in diesem Jahr?

Goethe No, e paar Gedichtcher, denk' ich.

Professor Das ist keine Antwort. Gedichte fallen in jedes Jahr. Aber im Jahr 1800 entstand vor allem Palä – Palä –

Goethe *(wendet sich wieder fragend zu Kohn.)*

Kohn *(einsagend)* Paläophron und Neoterpe.

Goethe *(will erfreut nachsprechen)* Paläophron –

Professor *(scharf)* Genug! Ich habe jedes Wort gehört. Meine Ohren reichen bis in die letzte Bank! – Was waren Goethes letzte Worte?

Goethe No, Milch hat er gewollt.

Professor W–a–as? Ich verstehe immer Milch.

Goethe No ja, Milch in sein Kaffee, weil er ihm zu dunkel war. Und dat hat er gesacht: mehr licht!

Professor *(entsetzt aufstehend)* Ganz abgesehen davon, daß durch die verdienstlichen Arbeiten von Düntzer, Erich Schmidt und Minor – Namen, die Ihnen natürlich nichts bedeuten! *(Goethe schüttelt den Kopf.)* – zur Evidenz nachgewiesen ist, daß Goethe mit dem Ausspruch »Mehr Licht« dem prometheischen Triebe der Menschheit neue Ziele weisen wollte, zeigt es die äußerste Niedrigkeit der Gesinnung, annehmen zu wollen, daß ein Genius wie Goethe sich ein so triviales Thema für seine letzten Worte hätte wählen können!

Schulrat Hihihi! Wissen Sie vielleicht zufällig, wer die Frau von Stein war?

Goethe No, soi Geliebte.

Professor *(erhebt sich)* Derartige Ausdrücke sind an einer Staatsanstalt absolut unstatthaft. – Daß es außerdem den Tatsachen nicht entspricht, wundert mich bei Ihrer Unkenntnis von Goethes Leben und Schaffen nicht mehr. Der Dichterheros schätzte Frau von Stein viel zu hoch, als daß er sie zu seiner Geliebten erniedrigt hätte. – Lachen Sie nicht, Sie frecher Bursche! – Warum löste Goethe sein Verlöbnis mit Lili?

Goethe *(unwillig)* Das kann ich doch net sache. Das wär' doch indiskret.

Schulrat Hihihi! Diskretion ist allerdings die Haupteigenschaft, die Sie in bezug auf Goethe entwickeln.

Professor Wissen Sie wenigstens, warum er die Beziehungen zu Friederike abbrach?

Goethe *(zornig)* Ja, das weiß ich schon, aber das geht doch niemande was an!

Professor Was behaupten Sie? Goethes Beziehungen zur Blume von Sesenheim gingen die Wissenschaft nichts an!

Schulrat Hihihi! Wissen Sie vielleicht überhaupt, wer der Herr dort ist? *(Zeigt auf die Reproduktion des Wiener Goethedenkmals; Gelächter.)*

Goethe *(ahnungslos)* Noi, das weiß ich net.

Der tschechische Beisitzer *(der bisher ganz stupid dagesessen ist, mit tiefer Baßstimme)* Also jetz' weiß der blede Lackel nit, daß das den Gette vustellt!

Goethe *(mit der Faust auf den Professorentisch schlagend)* Jetzt werd mersch awwer zu dumm! Erscht frache Se mich Sache, de koi Mensch wisse kann und die ganz wurscht sinn, nachher erzähle Se mer n' Blödsinn übern Tasso, dann mache Se mer de Farwelehr' schlecht, dann wolle Se iwwer die Weiwer Sache wisse, die Ihne en Dreck angehn, un jetz' wolle Se mer gar den Toppsitzer da als Goethe uffschwätze! Da muß ich schon de Götz zitiere: Ihr könnt mich alle mitenanner . . . *(Will wütend ab.)*

Professor *(nach Luft schnappend)* Halt! Bleiben Sie! Zur Strafe für Ihre Insolenz sollen Sie Zeuge Ihrer Beschämung sein! *(Tempo von jetzt ab sehr rapid.)* Kohn!! – Kommen Sie heraus! Wann verließ Goethe Rom?

Kohn 22. April 1788.
Professor Welche Orte berührte er noch in diesem Jahr?
Kohn Pempelfort, Münster, Stichroda.
Professor Wann wurde Eckermann geboren?
Kohn 14. November 1790.
Professor Was schrieb Goethe im Frühling dieses Jahres?
Kohn Urpflanze, Amyntas, der Sänger.
Professor *(immer erfreuter)* Was übernahm er in diesem Jahre?
Kohn Die Oberaufsicht über die Landesanstalten.
Professor Für?
Kohn Kunst und Topographie.
Professor Wie hieß Goethes Schwester?
Kohn Cornelia.
Professor Geboren?
Kohn 1765.
Professor Gestorben?
Kohn 1814.
Professor *(ist in freudiger Erregung ganz aufgesprungen)* Verheiratet an?
Kohn Schlosser.
Professor Geboren?
Kohn 1754.
Professor Gestorben?
Kohn 1829.
Professor Kinder?
Kohn Franz, Georges, Marie, Theophil.

Professor	**Kohn**
(Gleichzeitig im raschesten Tempo.)	
Geboren?	1780.
Gestorben?	1824.
Wo?	In Magdeburg.
Wann?	November.

Wie oft?	Dreimal.
Warum?	Wegen Herder.
Wo?	In den »Horen«.
Mit wem?	Mit Schiller.
Erkrankt?	Am vierzehnten.
Genesen?	Am neunten.
Woran?	An Darmverschlingung.

(Das Kollegium gibt Zeichen der höchsten Zufriedenheit. Auf lebhafte Winke des Schulrats wird die Goethe-Büste wieder vom Pedell umgedreht. Goethe hat erst unwillig und erstaunt, dann immer vergnügter zugehört; am Schluß schüttelt er sich vor Lachen.

Wenn das Prüfungs-Geknatter seinen Höhepunkt erreicht hat, fällt langsam der Vorhang.)

Roderich Müller
Der Zigarrenfaust

(1914)

»Ein starkes Sehnen ist in mir, man nannte mich schon auf der Schule den Faust«, sagte der Mann, der im Kino neben mir saß.

Ich kannte ihn gar nicht, aber er hatte nun einmal das Verlangen, sich bekannt zu machen.

»Ich bin wie Faust Journalist«, fuhr er fort, »ich suche nach allem, was unter der Hülle ist.«

»Aha«, entgegnete ich, »Faust schrieb indessen nicht für Zeitungen.«

»Das mag sein«, erklärte er, »aber das waren damals auch andere Zeiten; die Zeit der Romantik trug sich anders als die Zeit der positiven Wirklichkeit. *A propos*, ich habe einen Artikel bei mir, soeben im Kaffeehaus verfaßt.«

Er hielt mir ein Papier unter die Nase, und da wir nach einem Asta-Nielsen-Film gerade Pause hatten, begann ich: »Süße, liebe, verehrte Frau. Zunächst einen Kuß auf Ihr feines, zartes Händchen, dessen weichen Sammet ich fühle und dessen stilles Parfüm ... ein moderner Faust, wissend und doch suchend, alt und doch jung, verstehe die Zeit und bin ihr doch Ewigkeiten fern ... Sie Grausame, warum sah ich Ihren doppelten Reiher gestern Abend nicht am Korso? Der bleiche Schein der Bogenlampen steht Ihrem weißen Gesicht so gut ...«

Ich gab ihm das Papier zurück. Da er sich einmal mit mir bekannt gemacht hatte, sollte er von dieser Bekanntschaft auch etwas profitieren.

»Sie haben recht«, meinte ich, »Sie sind ein wacher Gegenwartsmensch und verstehen die Zeit. Sie machen genau solchen Kitsch wie die da oben. Wenn übrigens die feine und schöne Dame, mit der Sie korrespondieren, in Wirklichkeit existiert, was ich bezweifle, dann sollten Sie sich wenigstens die Fingernägel reinigen, bevor Sie an sie schreiben.«

Er sah mich etwas unruhig an, zog einen alten Zahnstocher aus der Tasche, mit dem er unter seine Nägel fuhr, dann sagte er: »Gewiß lebt die Dame, sie heißt Odette.«

»Nun Sie einmal lügen«, erklärte ich ihm, »so nennen Sie sie doch wenigstens Gretchen, damit wir das richtige Paar beieinander haben.«

»Gretchen ist ein scheußlicher Name. Glauben Sie etwa, wenn Goethe den Faust heute schriebe, er würde das Mädchen ›Gretchen‹ nennen? Keine Spur«, schrie er ziemlich laut.

»Odette sicher nicht«, sagte ich. »Odette ist nämlich, was Sie nicht zu wissen scheinen, französisch.«

Diese Vermutung kränkte ihn.

»Mein Herr«, fuhr er auf, »nach der Art, wie Sie mit mir zu sprechen belieben, muß ich glauben, Sie nehmen mich nicht ernst.«

»Ich nehme Sie sogar sehr ernst«, erwiderte ich, »ich nehme alle diese modernen Fauste ernst, die von vier Uhr nachmittags bis vier Uhr nachts im Kaffeehaus, wie Sie sagen, nach dem suchen, was unter der Hülle ist, wie ich sage, dem lieben Gott den halben Tag und die ganze Nacht stehlen. Wir haben tausend solcher Fauste, Dichter, Maler, Musiker, verkrachte Existenzen in jeder Form, die alles wollen, nur nicht arbeiten, und die nachgerade eine soziale Kalamität werden. Warum tun Sie nichts Gescheites, warum verdienen Sie sich nicht Ihr Brot durch eine vernünftige Tätigkeit?«

»Sie kennen mein Schicksal nicht, Sie würden sonst anders sprechen«, flüsterte er.
Es wurde wieder dunkel, und wir mußten das Gespräch abbrechen.
Als der Film »Die letzte Stunde eines Fliegers« mit Absturz, Explosion, Brand und Tod zu Ende gekommen war, und ich das Theater verließ, drängte sich der junge Mann an mich.
Ganz unvermittelt zog er ein Etui aus der Tasche.
»Sind Sie Raucher«, sagte er, »dann, bitte, nehmen Sie eine Zigarre. Sie haben mir vorhin bitter Unrecht getan. Das wird die Friedenspfeife sein.«
Er sah mich dabei so flehend an, daß ich gar nicht anders konnte als zugreifen.
Sogleich hatte er auch ein Feuerzeug bei der Hand, und wie der Stengel brannte, fragte er:
»Schmeckt sie Ihnen?«
»Jawohl«, sagte ich.
»Sie werden jetzt etwas erstaunt sein«, fuhr er fort, »aber ich offeriere Ihnen von dieser Zigarre das Stück zu 8 im Einzelpreis, zu 7½ im Hundert. Ich verstehe etwas von der Sache, dessen können Sie versichert sein. Mein Vater ist auch bei der Tabakbranche. Unser Prinzip ist jederzeit: nur Qualität, keine Ausstattung. Wenn Sie 500 Stück nehmen, liefere ich um 7 und gebe Ihnen noch 3 Prozent Skonto. Die Sorte heißt Elzeviros. Besser, auch etwas teuerer freilich ist die große Hollandia, unsere Spezialmarke. Ich würde Ihnen raten, nehmen Sie 250 Elzeviros, 250 Hollandia, dann hat sich für Sie der heutige Kinobesuch glänzend rentiert.«
Ich sah ihn ganz starr an.
»Jawohl«, rief er triumphierend, »jetzt erkennen Sie erst den richtigen Faust. Gerade dieser Doppelcharakter, das

Philosophisch-Poetische hier, das Geschäftliche da, ist das eigentlich Faustische meines Wesens. Wie sagt doch Faust selbst: Zwei Seelen wohnen, ach, in meiner Brust. Er sagt ›ach‹. In diesem ›Ach‹ liegt der ganze Unterschied der alten und der neuen Welt, der Unterschied von damals und von heute. ›Zwei Seelen wohnen, Gott sei Dank, in meiner Brust‹, sage ich, denn ein Faust, der nichts vom Geschäft verstände, käme heutzutage ganz eklig unter den Schlitten. Das haben Sie vorhin schon sehr vernünftig bemerkt. Nun ziehen Sie aber, bitte, auch die Konsequenzen Ihrer guten Lehren. Meinetwegen nehmen Sie nur 250 Hollandia, ich gebe sie Ihnen zum *En-gros*-Preise.«

Ich war sehr ärgerlich.

»Wenn Sie sagen, Sie suchen nach dem, was unter der Hülle ist«, erwiderte ich, »so meinen Sie augenscheinlich die Portemonnaies in anderer Leute Hosentaschen. Weshalb geben Sie sich erst als Dichter, wenn Sie schließlich nichts anderes sind, als ein Zigarrenreisender? Ich habe keine Lust, mich von dem ersten, besten Kinonachbarn zum Narren halten zu lassen.«

»Sie haben mich nicht begriffen«, meinte er traurig; »Sie haben alle diese modernen Fauste nicht begriffen, sonst würden Sie wissen, daß ein jeder von ihnen, so gut es geht, sein Geschäft macht. Bloß nicht alle so ehrlich wie ich. Die meisten werden Sie nur anpumpen, ohne etwas dafür zu leisten. Wenn Sie die große Hollandia nehmen, bin übrigens nicht ich, sondern sind Sie der Mann, der den Vorteil von unserer Bekanntschaft hat.«

»Wahrhaftig, Sie sind ein tüchtiger Geschäftsmann«, lobte ich ihn. »Warum reden Sie aber immerzu von Faust, was geht Sie dieser Mann an? Die Begriffe Elzeviros und große Hollandia liegen Ihnen doch augenscheinlich viel näher.«

»Im Augenblick ja«, erwiderte er, »aber nur augenblicklich. Für welche Sorte haben Sie sich entschieden?«
»Schicken Sie mir in drei Teufels Namen 50 Hollandia«, brummte ich.
»Pardon, ich hätte gerade 50 Elzeviros bei mir«, meinte er. »Es ist mein Musterkistchen.«
So nahm ich die 50 Elzeviros und zahlte.
»Grüßen Sie Odette-Gretchen von mir«, sagte ich zum Abschied.
»Sie ist eine nette Person«, schmunzelte er. »Ich bin mit ihr verheiratet, wir haben sogar ein Kind.«
»Sie haben von Gretchen ein Kind«, rief ich. »Gott sei Dank, endlich etwas, das an Ihr großes Vorbild erinnert.«
»Bester Herr, Sie tun mir Unrecht, Sie werden es noch einsehen, ich bin kein gewöhnlicher Zigarrenreisender«, schrie er, während er auf die Trambahn sprang.
Ich ging nach Hause und öffnete das Kistchen, aber ich fand die 50 Elzeviros nicht. Ich fand nur ein kleines Kissen aus Watte, Holzspänen, Roßhaaren, Nägeln und anderen Dingen, die kein Mensch zu rauchen imstande ist.
Ich warf den Dreck ins Feuer, lachte aus vollem Halse und brannte mir eine meiner eigenen Zigarren an, und während die 50 Pseudo-Elzeviros vom Ofen her einen furchtbaren Gestank machten, war ich meinem Lieferanten aufrichtig dankbar, daß er gar nicht erst versucht hatte, mir seinen Schmant in scheinbar genießbarer Form als Zigarillos oder dergleichen zu präsentieren.
Übrigens, der Mann hatte vollkommen recht gehabt, er war kein gewöhnlicher Zigarrenreisender, er ließ sich Zigarren wohl bezahlen, aber lieferte nicht.
Indessen, er war auch kein gewöhnlicher Schwindler, denn ich fand, wie ich behaglich in meinem Lehnstuhl saß, einen

kleinen Zettel, der aus der Elzeviros-Kiste gefallen war. Darauf stand:

»Nichts für ungut, Herr Nachbar.
Das Unzulängliche.
Hier wird's Ereignis!
Faust II.«

Hans Henny Jahnn
Heinrich von Kleist
Eine jämmerliche Tragödie

Fragment
(1917)

(Beim Doktor Faust – Faust in einem schwarzsamtenen Rock sitzt abwesend in einem Stuhl – Wagner stellt den Aspekt – Nacht.)

Wagner Wo ist das Weib?
Faust Wem schreist Du nach?
Wagner Schrei ich, daß Ihr davon erwacht?
Faust Du schriest nach einem Weib.
Wagner Wir schrieen lange und sind empfindlich worden. Ihr wägt Atome meiner Sinne. – Ich stelle den Aspekt, die Venus such ich.
Faust Dies Götterbild?
Wagner Den Stern.
Faust Ich träumte einmal, daß er mich verzehrte, ich in ihm unterginge, wollusttrunken. Es war ein kurzer Traum.
Wagner Ein kurzer Traum.
Faust Was würdest Du von solchen Gaukelbildern halten?
Wagner Herr, war es lustig?
Faust Lustig?! Narr! Mein Blut ist ewig daran worden, doch auf falschem Weg.
Wagner So seid Ihr schuld, daß wir in diesem Erdloch wesen?
Faust Ich, nein. Sie, sie allein, denn sie gebar mir keinen Sohn, kein Knäblein meines Blutes, nichts. Sie ver-

schlang in ihrer Gier mein Ich, daß es an ihr zertrümmerte.

Wagner Seht Herr, es erging mir besser nicht als Euch.

Faust Dir, der Du Weiber haßt.

Wagner Verzeiht, nicht haßt, das hab ich nie gesagt.

Faust Man braut in Kolben und Retorten kein lebend Wesen.

Wagner Wahr bemerkt.

Faust Doch Du versuchtest es. Nun magst Du hausen zur Strafe über dem Versuch.

Wagner Schon gut, man kennt die Meinung. Doch Göttinnen sind just auch nicht wie Kühe, ihre Brüste schwellen nicht im animalischen Gefühl der Muttermilch.

Faust Du seufzest Weib.

Wagner Ihr seufzet Weib.

Dies ist die Lehre: Vom brüchigen Gestein, von Mineralen, Säuren, Kräutern, Kristallen und amorphen Pulvern zum Weib – und von den Göttern, den ewigen ambrosisch hehren heiligen zum Weibe auch. Was solls, daß Ihr mich scheltet, bin ich nicht so weit wie Ihr? Hab ich mein Leben nicht versäumt? Habt Ihr das Eure besser angewendet?

Faust Wahr, wahr. – Fort, stell den Spiegel, belausch das Blut, das sich in Hochzeitsnächten mischt. Ich halts nicht aus.

Wagner Die Venus hält wie immer ihre Hand vorm Schoß. Es gibt nicht viel zu lauschen.

Faust Es gibt nicht?

Wagner Das wälzt sich aufeinander, s'ist nichts neues.

Faust Nichts neues und doch ewig neu.

Wagner Herr, in der Tat, sie treibens schlimmer als das Vieh.

Faust Was soll das heißen?

Wagner Nicht halb so geil und doppelt ungezogen.

Faust Die alte Sache. Sie reizen sich das Blut und lassen's nicht zusammenrinnen. Sie lieben keine Kinder.
Wagner Das Kinderprügeln um so mehr.
Faust Oh unerträglicher Gedanke!
Wagner Was ficht Euch an?
Faust Ich hab es satt, ein Narr zu sein. Ich will nicht länger meine Sinne martern, nicht weiterhin des Nachts in ewig lüsterner, doch unerlöster Sehnsucht, die Triebe, göttlich, rätselhaften Baus, genutzt in Scham, Schamlosigkeit, loslösen von den Leibern, denen sie anhaften, um in mein nebeldunkles Hirn zu pflanzen. Was hat es meiner Not bis jetzt geholfen, sprich, daß ich seit vielen hundert Jahren schon Dich Nachts der Zahlenzeichen Sterne kuppeln lasse, um einzudringen in den Rausch, aus dem auf ewig ich verstoßen bin? Ist es nicht Pein, zu sehen, wie sich die Paare aneinander drängen, und die Buben doch nichts wagen? Toren! Und wenn sie's wagen, Himmel, welche Hurerei. He, daß sie sich ihr Blut verspritzen, um weiter nichts als ein Gefühl, dieweil wir hier nach neugebornen Knaben lechzen, die man gezeugt im Wissen ihres Seins, die man gemacht, und nicht zufällig wurden! Unsegen und Verwesung allen Menschen, daß sie nach nichts als Tand und trüglichem Vergnügen streben; weh, armen Knaben euch, daß ihr aus euch nichts seid, weil eure Eltern euch gezeugt!
Wagner Erbaulich ist der Fluch, den Ihr gesprochen. Ihr aber irrt. Habt Ihr noch wirklich niemals Knaben zeugen und gebären sehen, die mehr als ein Produkt aus Sam' und Ei?
Faust Nun ja. Ein jeder Weltteil wirft dergleichen Buben zweie in hundert Jahren. Die Venus öffnet ihren Schoß nicht oft.
Wagner Kommt's auf die Venus an?

Faust Die alte Buhlin gibt mir stets ein Zeichen, wenn man sich aus der Menschen höchstem Werk was zu erwarten hat.
Wagner Eine alte Anhänglichkeit. Und mein Homunkulus errötet jedesmal wie ein gekochter Krebs, wenn ein Menschlein das Licht der Welt erblickt, dessen er sich schämen muß. Die meisten, ach, Ihr wißt es selbst, sind besser nicht als mein Gebild aus Ton.
Faust Gemischt wie Dein Homuncio aus Pyrosäuren oder Laugen, gestankgeschwängert oder ausgesogen, mit Weisheitssprüchen oder Gold in hohlen Zähnen, kurz ein Gebild aus eines Stümpers Hand.
Wagner Die Frage nun: Was soll von diesen Menschen kommen, wenn sie doch so, wie sag ich es, nun so gebrechlich sind?
Faust Sie haben ein Gefühl, das in den Himmel reicht, das solln sie nutzen. – Jammer, Jammer, hätt' ich mein's doch nur nicht Göttern angetragen!
Wagner Die Reue kommt zu spät.
Faust Verödet dies Gewölbe, seitdem der letzte Ton Sebastian Bachs ist ausgeklungen.
Wagner Ja seht, der war doch ein Genie.
Faust Kränk ihn mir nicht mit Deinem Ruhm.
Wagner Behüt mich Gott, daß ich ihn kränken sollte.
Faust Du bist geblieben, was Du immer warst, obgleich Du nun schon an die tausend Jahr mit mir dies Erdgewölb behaust.
Wagner Ihr habt Euch just, ich müßte anders lügen, sagt ich's, auch nicht viel verändert.
Faust Zum Teufel! Überall stinkt die Kanaille. Die Erde ist von ihr verpestet, in meiner eignen festgefügten Burg bin ich nicht sicher, weil dieser Geist, was sag ich, Klumpe Kot, an meiner Seite ewig ward, da er, aus Ton gebildet,

den Einheitsmassenmensch erfand, der jetzt, millionenfach vermehrt, den letzten Tropfen Blut, der göttlich noch, erdrückt. Es rächt sich schwer, daß Deine Gier ein Weib verschmäht und nur mit sehnsuchtsloser Lust gebuhlt.

Wagner Viel Dank der Schelte. – Es rächt sich schwer, daß Eure Götter, die Ihr mit dem Stachel Eures Leibs bepflügtet, unfruchtbar waren.

Faust Endloser Jammer! Knabe, Knabe, weshalb starbst Du mir gleich nach den Wonnen?!

Wagner Die Welt ist schlecht fundiert.

Faust Bedenk ich's doch: Niemals kann der Lust Adel siegen werden.

Wagner So scheint's. Ist an dem Spruch, Ihr seid ja klug, vertraut es mir, gar nichts zu ändern?

Faust Ich kann die Götter nicht bezwingen.

Wagner He, bezwangen Eure Wonnen denn Frau Venus nicht?

Faust Die eine wohl bezwang ich halb.

Wagner Glaubt Ihr, daß Ihr sie abermals zitieren könnt?

Faust Ich hab die alte Kunst noch nicht vergessen. Doch was soll's?

Wagner Getraut Ihr Euch, die alten Bücher dort noch einmal freventlich –

Faust Für mich ist's nun kein Frevel mehr. Jedoch was soll's? Ich mag den Lug nicht.

Wagner Wenn Eure Dame den Schoß nicht öffnen will als holdes Zeichen, so rat ich, schlagt den Arm ihr ab. Und ist das Zeichen da, wie es, ich zweifle nicht, erscheinen wird, muß logischen Zusammenhangs gemäß in der Realität sich eine gottgenehme Paarung manifestieren.

Faust Du bist doch ein Scholast. – Jedoch ich seh, Dein Wort klaubt uns die Not vom Leibe. Wir haben Langeweile, Freund, nicht wahr? Wir schlafen achtzehn Stunden des Tags und wissen dennoch nicht die Zeit dahin zu bringen. Gut, für einmal wollen wir uns unterhalten. An unserm Spaß erstehe ein Genie!

Wagner Oh Doktor, es ist mein Verdienst, daß ich Euch an die alte Kunst erinnert.

Faust Schon gut, Du bist mein Famulus.

Geweihten Augenblicken zwar bist Du ein Greuel. So schweige denn und hüte Deine Scham, daß Dein Gefühl das Götterbild nicht störe.

Das eine ist Stein,
Stein bist Du denn,
starr und kristallen,
weiß oder schwarz,
schwarz oder Glas,
Glas oder Hauch.
Das bist Du auch.
Drei ist das Leben,
der Stein und das Weib,
der Stein und der Mann,
der Stein und der Leib,
gespalten in zwei,
zeugend, gebärend, gibt drei.
Fünf ist der Stern.
Der Zahlen Kern –
Rhythmus unserer Sinne,
der den Stein durchfurcht,
der den Nabel gesetzt,
unsere Hände zerfetzt,
der die Gotteshalle
erfüllt mit Schalle:
Zahl der Musik verwandt
alle Sphären verband.
Sieben das Allerheiligste,

Dir geweiht, daß Du erscheinst
und Dich der Fünf vereinst.
Erbrenne den Stern,
leuchtender Menschenleib,
steinernes Bild,
Göttin und Weib!

(Eine Statue der Venus erscheint.)

Stumm bist Du und kalt, ohne Zeugen, ohne Genuß, ohne Umarmen und Kuß, Stein nur ein Stern. Nah und fern. Gib Deinen Segen einer Nacht! Laß zeugen ein Kind, einen Knaben, der fern von der Welt in ihr steht, daß sie nicht untergeht an der Seichtheit ihrer Vermessenheit, ihrer Einsamkeit und Gottlosigkeit, die weit und unergründlich breit, den Menschen zu frommen, die ohne die heiligen Zahlen ihre Geschicke malen. Gib einen Schoß, gib einen Traum, gib einen Mann wie ein Baum – erfülle Dein segnendes Los!

Du schweigst und rührst Dich nicht. Die Hand ist Dir gebannt. Auf edle Vorbilder berufst Du Dich, auf einen Giorgione, oder wie er heiße, und auf die Sitte und Zucht. Ich aber habe andere Sucht. – Aus alter Anhänglichkeit bist Du erschienen. Du sollst mir dienen. Ich spaße nicht. Erfülle die Pflicht! Du bleibst der Stein. So muß der Stein zersprungen sein.

(Er schlägt gegen den Arm der Göttin, der niederfällt. Die Statue versinkt.)

Schau in den Spiegel, Wagner, der der Sterne Licht vergrößert wiedergibt. Was siehst Du, alter Bursch, ist der Himmel verändert? Veränderte das Sternenbild den Schein? Ward rot das Blau, und sahst Du anderes Gestirn verlöschen? Was macht die Venus?

Wagner Herr, welch Wunder! Ein Weib im Spiegel, ohne Arm!

Faust Nun, unsre List gelang. Es dampft die Nacht. Es zeugt ein Mann, ein Weib empfängt, der Nebel rauscht, die Stunde steht, die Flut hält an. Ein Knabe ward, und dieser Knabe wird ein Mann.
Wagner Und dieser Knabe wird den Zorn der Göttin spüren, die Rache ihrer abgespaltnen Schönheit schlürfen. Verflucht sein und gesegnet. Halb leben nur und doppelt sterben. In seiner Liebe irren. Was hast Du angerichtet, Faust! Die Göttin grollt. Was nützt ein Mensch, wenn Götter zürnen. Oh, welch ein Fluch stieg auf aus dieser Höhle. Erröte nicht, Homunkulus! Er stirbt verbrannt, doch Du wirst ewig leben.
Faust Schicksal hub an, und ich bin nicht befriedigt. Wen auch die Götter in die Welt gesendet, noch immer haben sie ihn abgeleugnet. Und stachen sie nicht seine Kraft aus, so schlugen sie mit Blindheit die nicht Kräftigen. Wir sahen es, und werden's auch in Zukunft anders nicht erfahren. Der Morgen graut, ich möchte schlafen gehn.
Wagner Der Himmel rot, die Sonne kommt mit Flammen. Sie will verdammen. Zum Mond denn bete, Kindchen und zum Tod.

Albert Ullrich
Goethes Testament

(1919)

Erste Deutung

Mephistopheles * der Körper
Faust * der Geist
Helena * die Seele

Zweite Deutung

Mephistopheles * Die Phantasie
Faust * Der Wille
Helena * Das Gesetz

Dritte Deutung

Mephistopheles * der Verstand
Faust * die Vernunft
Helena * Gott

Vierte Deutung

Mephistopheles * der (tote) Dichter
Faust * der (lebende) Forscher
Helena * die (wiedererstandene) Idee

Fünfte Deutung

Mephistopheles * die (äußere) Dichtung
Faust * das (innere) Leben
Helena * die (bindende) Moral

Sechste Deutung

Mephistopheles * das Gute
Faust * das Wahre
Helena * das Erhabene

Siebente Deutung

Mephistopheles * die Schrift
Faust * die Sprache
Helena * die Offenbarung

Alle diese Sieben sind das Farbenspiel der Einen: *Natur.*
Alle diese Sieben streben und suchen nach der einen: *Erlösung.*
Alle diese Sieben einen sich in der Einen: *Persönlichkeit.*

Ernst Ullirsch
Goethe als Dadaist

(1919)

Der lustige Versuch, Goethe für den Katholizismus zu reklamieren, den Hermann Bahr vor einiger Zeit unternahm, schien durch nichts übertroffen werden zu können. Jetzt ist es einem bisher unbekannten Berliner Gelehrten, sein Name ist Albert Ullrich, gelungen, Goethe als Dadaisten zu entlarven. Das Werk heißt: *Goethes Testament, Die Lösung des Faust Rätsels, die Deutung 1.–3. Buch* (Faust Verlag, Dessau 1919). Der Dadaismus ist eine während des Krieges in Zürich ausgeheckte internationale Dichtungsmanier, die die Worte nach dem Lautklang abwägt. Die Anregung zum Schaffen eines Lautschlüssels, der sich international auf alle Sprachen anwenden läßt, gab der Futurist Marinetti; doch hetzten die Dadaisten die an sich nicht neue Lautwertung durch kabbalistische Buchstabenabwägung zu Tode. Die Kabbala ist eine Geheimlehre des Orients, die hinter scheinbar unverfänglichen Worten oder unverständlichen Begriffen tiefe Weisheiten verbirgt, die aber nur der zu lesen versteht, der die Worte mit einem ›Schlüssel‹ enträtselt. So soll auch Goethe, versichert Herr Ullrich, die wahren Gedanken in seinen Werken niemals ausgesprochen haben, sondern in kabbalistischer Mystik eingeschachtelt. Für den *Faust*, dessen Kommentare zahllos und doch nicht befriedigend sind, legt uns Herr Ullrich den kabbalistischen Schlüssel in die Hand, mit dem wir die Tür zu den verborgenen Schätzen öffnen können. Er heißt Gott!

Goethe, versichert unser Zeitgenosse, da der unzuverlässige Eckermann und die Tagebücher des Erhabenen sich leider in Schweigen hüllen, entnahm den kabbalistischen Schlüssel seinem Namen, indem er die beiden e strich und so das Wort Goth = Gott erzielte. Dieser Gott ist Goethe; Goethe fühlte sich als Gott der Deutschen, als der Berufene, sein Volk um sich zu sammeln. Konnte er diese Erkenntnis bereits seinen Zeitgenossen anvertrauen, mußten nicht sie, in Tagesereignissen befangen, Goethe des Größenwahns beschuldigen? fragt Herr Ullrich mit Recht. Man versteht jetzt, weshalb er seine wahren Gedanken in Buchstabenmystik verkapselte, aber wir können uns glücklich preisen, daß uns endlich der Stein von der Grabestür weggewälzt wurde. Rufen wir die Kabbala!

»Ich bin ein Kavalier, wie andere Kavaliere«, sagt Mephisto. Seit wann ist der Teufel ein Kavalier? Aber man setzte an die Stelle des v das russische w (in der Schrift ein b), was die Kabbala gestattet, und nun: Ich bin ein Kab(b)alier! – Aha, das war des Pudels Kern. Denn der Pudel ist, wie wir später erfahren, das Faustmanuskript und sein Kern die Kabbala! (Man denkt hier an die Mystik Karl Mays, der seinen Werken auf ähnliche Art hinterher eine pantheistische Ethik unterschob und dabei seine Reitpferde mit seinen Manuskripten identifizierte und seinen Verleger als Henker kostümierte.) Faust ist der Leser, der Löser des Welträtsels, der Logos Platos, den Goethe in seiner Gotteigenschaft durch die Welt führt. Man hat die ›Tragödie‹ bis jetzt so mißverstanden; die zwei Teile sind eigentlich vier, aber jede Gestalt deckt zwei Personen und jede Szene hat achtfachen Sinn, behauptet der Kabbalier. Die wichtigste Szene ist in die Hexenküche verlegt worden, wo wir der Hexe begegnen, die nichts Geringeres als die Muse des Werkes ist. Die Hexe ist also auch Goethe. Deshalb lese man kabbalistisch Hexe Goethe = ecce Goethe, woraus man mit englisch gelispeltem th eine Exegese machen kann.

Eine rätselhafte Figur war uns bis jetzt die episodische Gestalt des Erdgeistes. Der Dada-Kabbalist enthüllt uns, daß niemand anders als Goethe dahinter steckt. Aus Erd-Geist kann man anagrammatisch der Steig lesen; der Steig, die tiefste Symbolik des ›Weges‹ in der buddhistischen Reinkarnation. Aber ein geschickter Kabbalist bringt es auch fertig, das Wort ›Geist‹ mit dem Chiffre-Schlüssel so zu bearbeiten, daß Goth = Gott (Goethe) daraus wird. Der Erdgeist ist also der Gott Goethe, der den Menschen, den Leser als Faust, führen will. Aber dieser gleicht nur dem Geist, den er begreift, weshalb sich ihm Goethe in anderer Gestalt nähern muß. Er erscheint deshalb als Mephistopheles, hinter dem niemand anders steckt als der Dichter Goethe, der Kabbalier...

Goethe, erklärt Herr Ullrich, habe im *Faust* alle Begriffe auf den Kopf gestellt. Wie die Netzhaut das Bild verkehrt spiegelt und ein unbekannter Vorgang in unserem Hirn die Richtigstellung vornimmt, so soll es geistige Arbeit des Lesers sein, den Begriffen Goethes die richtige Positur zu geben. Herr Ullrich stellte aber die Vernunft auf den Kopf, als er die tiefste Stelle der Tragödie in seinem Sinne auslegte und die ›Mütter‹ zu Vätern machte. Die ›Väter‹ sollen Dichter, Autoren sein, wobei er Autor aus Uterus dadaisiert. In weiterer Verfolgung dieses ›Steiges‹ kommt dann die Deutung zustande, daß die Frauengestalten des *Faust* verkleidete Philosophen sind.

Philosophen aber, oder sogar Religionsstifter, sind auch die vier lustigen, ewig trinkenden Gesellen in Auerbachs Keller, nämlich niemand anders als Kant, Dante, Buddha und Luther. Die Dechiffrierung führt in die verborgensten

Tiefen abseitiger Gelehrsamkeit. Hier nur eine: Luther ist der Frosch! Frosch = Lurche, aus welchem Wort sich leicht Lurja schlüsseln läßt (Lurja ist ein berühmter syrischer Kabbalist). a vertritt in der Sprache des Volkes, im Patois, die Buchstaben e r. Nun ist aber das Wort Padua im *Faust* gleich Patois zu lesen, ein Beweis, daß der *Faust* ein volkstümliches Werk sein soll. Aus Lurjer entsteht dann Luther ohne Mühe. Außerdem fällt das Wort von der Frau Nachtigall, und Luther war doch die Nachtigall von Wittenberg. Wie ist es zu erklären, daß diese vier erhabenen Geister von Goethe in so lockere Situationen gestellt werden? Alles Symbolik! »Ich trinke, trinke, trinke!« klingt leichtsinnig, aber man lese thinke (englisch zu lispeln) und erfahre, daß diese Geister nichts tun als denken, denken, denken...

Diese Aufklärungen lesen sich wie eine Parodie der Goethephilologie, aber leider sind sie ernst gemeint und beweisen nur, wozu sich in Deutschland immer noch die Gelehrsamkeit versteigen kann. Einige dieser Deutungen sind komisch, gegen andere ist schärfster Einspruch am Platze. Hätte Goethe wirklich das Wort stehlen mit Stele in Verbindung gebracht, so wäre er der Echolalie, einer Erscheinung der Gehirnparalyse, dringend verdächtig. Der Echolaliker knüpft die Worte nach dem Gleichklang zusammen, wie es unsere Dadaisten tun. Herr Ullrich spricht das Wort Dada nicht aus, aber er leistet dem Beweis Vorschub, daß Goethe als Ahnherr des Dadaismus anzusehen ist. Dieser Scherz ist nur dadurch zu übertrumpfen, daß man die Frage stellt: Hat Goethe gelebt?! – und sie dann philologisch verneint.

Christof Spengemann
Schiller, Faust und Goethe

Anekdotischer Reflex auf die 20er Jahre
(um 1930)

Kurt Schwitters stand zur Zeit der dada-Bewegung auf dem Gipfel seines Ruhmes. »Anna Blume«, seine natürliche Tochter, verwirrte die Köpfe der Schöngeister. Keiner wußte etwas damit anzufangen. Günstigsten Falles fühlte man sich veräppelt.
Sein Ruhm beschränkte sich nicht auf Deutschland. Von überall kamen die Vertreter der jüngsten Kunst herein. Und keiner ging an Hannover vorüber. Es war ein lebhafter Betrieb im Rahmen der jungen Richtung und dessen, was man später als »Entartete Kunst« abstempelte.
Wenn Schwitters in der Öffentlichkeit aus seinen Arbeiten las, gab es oft wildbewegte Zwischenfälle. Dann mußte die Polizei einschreiten, um die Wogen zu glätten. Und der Bürger entfleuchte: »Flieht sich ewig was«! Das ist die Umgruppierung der Dichterworte: »Was sich ewig flieht«. Die Umdichtung poetischer Zitate gehört zu dem Rohmaterial Schwittersscher Kunstübung.
Eines Tages las Schwitters in einer benachbarten Stadt aus seinen Werken, in denen es von umgedichteten Dichtern schillerte.
Es war sehr schön. Aber am Ende des ersten Teiles der Matinee stürzte eine elegant gekleidete Frau mit geschwungener Faust auf Schwitters zu und fauchte: »Wenn Sie noch einmal unseren Schiller in Ihre dreckige Atmosphäre zu ziehen wagen, dann werden Sie die Faust einer deutschen Frau im Nacken fühlen!« Kurt Schwitters ist

persönlich ein netter, liebenswürdiger Mensch. Er lächelte die rabiate Frau bezaubernd an und sagte freundlich: »Verzeihen Sie, gnädige Frau, aber Faust ist nicht von Schiller, sondern von Goethe.« Der mutigen Frau sanken die Arme am deutschen Leib herunter. Sie war, was sowohl die Zunge wie auch den übrigen Körper betrifft, gelähmt – total gelähmt und völlig außerstande, auf Schwitters irrsinnige Worte etwas zu erwidern. (1950)

Hermann Hesse
Ein Abend bei Doktor Faust

(1931)

Zusammen mit seinem Freunde Doktor Eisenbart (dem Urgroßvater übrigens des nachmals so berühmten Mediziners) saß Doktor Johann Faustus in seinem Speisezimmer. Das üppige Abendessen war abgetragen, in den schweren, vergoldeten Pokalen duftete alter Rheinwein, eben waren die beiden Musikanten verschwunden, die zum Essen aufgespielt hatten, ein Flötenbläser und ein Lautenschläger.

»Also jetzt will ich dir die versprochene Probe geben«, sagte Doktor Faust und goß einen Schluck von dem alten Wein in seine etwas fett gewordene Kehle. Er war kein junger Mann mehr, es war zwei oder drei Jahre vor seinem schrecklichen Ende.

»Ich sagte dir ja schon, daß mein Famulus zuweilen so drollige Apparate herstellt, mit denen man dies und jenes sehen und hören kann, was weit von uns entfernt oder längst vergangen oder noch Zukunft ist. Wir wollen es heute mit der Zukunft versuchen. Der Bursche hat da etwas sehr Amüsantes und Kurioses erfunden, weißt du. So, wie er uns öfters in magischen Spiegeln die Helden und Schönen der Vergangenheit gezeigt hat, so hat er jetzt etwas für die Ohren erfunden, einen Schalltrichter, der gibt uns die Geräusche zu hören, welche in ferner Zukunft an ebendem Ort einmal erklingen werden, an dem der Schallapparat aufgestellt ist.«

»Sollte dein dienender Geist, lieber Freund, dich da nicht vielleicht etwas beschwindeln?«

»Ich glaube es nicht«, sagte Faust. »Für die schwarze Magie ist ja die Zukunft keineswegs unerreichbar. Du weißt, wir sind immer von der Voraussetzung ausgegangen, daß die Geschehnisse auf Erden ohne Ausnahme dem Gesetz von Ursache und Wirkung unterliegen. Es kann also an der Zukunft ebensowenig etwas geändert werden wie an der Vergangenheit: auch die Zukunft ist durch das Kausalgesetz festgelegt, sie ist also schon da, nur sehen und schmekken wir sie noch nicht. Ebenso wie der Mathematiker und Astronom genau den Eintritt einer Sonnenfinsternis weit vorausberechnen kann, ebenso könnte, wenn wir eine Methode dafür erfunden hätten, jeder beliebige andere Teil der Zukunft uns sichtbar und hörbar gemacht werden. Mephistopheles hat nun eine Art Wünschelrute für das Ohr erfunden, er hat eine Falle gebaut, in welcher die Töne eingefangen werden, welche in einigen hundert Jahren hier in diesem Raum ertönen werden. Wir haben es wiederholt probiert. Manchmal freilich ertönt gar nichts, dann sind wir eben in der Zukunft auf eine Leere gestoßen, auf einen Zeitpunkt, in dem nichts Hörbares sich in unserem Raume abspielt. Andere Male haben wir allerlei gehört, zum Beispiel hörten wir einmal einige Menschen, die in ferner Zukunft leben werden, von einem Gedicht sprechen, in dem die Taten des Doktor Faust, also die meinen, besungen werden. Aber genug, wir wollen es probieren.«

Auf seinen Ruf erschien in der gewohnten grauen Mönchskutte der Hausgeist, er setzte eine kleine Maschine mit einem Schalltrichter auf die Tafel, schärfte den Herren dringlichst ein, daß sie ja während des ganzen Vorganges sich jeder Bemerkung enthalten sollten, dann drehte er an der Maschine, die mit einem leisen, zarten Sausen zu arbeiten begann.

Längere Zeit hörte man nichts als dieses spannende Sau-

sen, dem die beiden Doktoren erwartungsvoll lauschten. Dann schrillte plötzlich ein nie gehörter Ton auf, ein böses, wildes, teuflisches Geheule, von dem nicht zu sagen war, ob es von einem Lindwurm oder etwa von einem wütenden Dämon stamme; ungeduldig, warnend, zornig, befehlend schrie der böse Ton, in kurzen, heftigen Stößen sich wiederholend, als pfeife ein verfolgter Drache durch den Raum. Doktor Eisenbart wurde blaß und atmete auf, als der scheußliche Schrei sich, in immer größerer Entfernung noch oftmals wiederholt, in der Ferne verlor.
Es folgte Stille, dann aber erklang ein neuer Laut: eine Männerstimme, wie aus großer Ferne kommend, in eindringlich predigendem Ton. Die Hörer konnten Bruchstücke der Rede verstehen und sich auf die bereitgelegten Schreibtafeln notieren, zum Beispiel die Sätze:
»– und so schreitet nach dem leuchtenden Vorbilde Amerikas das Ideal wirtschaftlichen Betriebes unaufhaltsam seiner siegreichen Vollendung und Verwirklichung entgegen. – – Während einerseits der Komfort im Leben des Arbeiters eine nie erlebte Höhe erreicht hat, – – und können wir ohne Überheblichkeit sagen, daß die kindlichen Träume früherer Zeitalter von einem Paradiese durch die heutige Produktionstechnik mehr als – –«
Wieder Stille. Dann kam eine neue Stimme, eine tiefe, ernste Stimme, die sprach: »Meine Herrschaften, ich bitte um Gehör für ein Gedicht, eine Schöpfung des großen Nikolaus Unterschwang, von dem man ja wohl sagen darf, daß er wie kein anderer das Innerste unserer Zeit hinausgestülpt, den Sinn und Un-Sinn unseres Daseins am weisesten erschaut hat.

Den Schornstein hält er in der Hand,
An beiden Backen trägt er Flossen,

Und nach dem Barometerstand
Steigt er auf Leitern ohne Sprossen.

So steigt er lange Leitern lang
Mit Wolken in dem Mantelfutter,
Nach einem Leben wird ihm bang,
Ihn überkommt die Wankelmutter.«

Doktor Faust konnte den größeren Teil dieses Gedichtes niederschreiben. Auch Eisenbart notierte fleißig.
Eine schläfrige Stimme, ohne Zweifel die Stimme einer älteren Frau oder Jungfer, wurde hörbar, sie sagte: »Langweiliges Programm! Als ob man nur dazu das Radio erfunden hätte! Na, jetzt kommt wenigstens Musik.«
In der Tat brach jetzt eine Musik los, eine wilde, geile, sehr taktfeste Musik, schmetternd bald, bald schmachtend, eine ganz und gar unbekannte, fremdartige, unanständige, bösartige Musik, von heulenden, quäkenden und gaksenden Blasinstrumenten, durchschüttert von Gongschlägen, überklettert zuweilen von einer singenden, heulenden Sängerstimme, welche Worte oder Verse in unbekannter Sprache von sich gab. Zwischenein ertönte in regelmäßigen Abständen der geheimnisvolle Vers:

Bewunderung dein Haar erregt,
wird stets mit Gögö es gepflegt!

Auch jener erste, bösartige, wütende, warnende Ton, jenes Drachengeheul voll Qual und Zorn, wurde zwischenein immer je und je wieder laut.
Als der Hausgeist lächelnd seine Maschine zum Stillstand brachte, blickten die beiden Gelehrten einander merkwürdig an, in einem peinlichen Gefühl von Verlegenheit und

Scham, als seien sie ungewollt Zeugen eines unanständigen, verbotenen Vorganges geworden. Beide überlasen ihre Notizen und zeigten sie einander.
»Was hältst du davon?« fragte Faust endlich.
Doktor Eisenbart trank einen langen Schluck aus seinem Becher, er blickte zu Boden und blieb lange nachdenklich und schweigsam. Endlich sagte er, mehr zu sich selbst als zu seinem Freunde: »Es ist schauderhaft! Es kann gar kein Zweifel darüber herrschen, daß die Menschheit, von deren Leben wir da ein Probestück gehört haben, irrsinnig ist. Es sind unsere Nachkommen, die Söhne unserer Söhne, die Urenkel unserer Urenkel, die wir da so bedenkliche, traurige, verwirrte Dinge sprechen hören, die so Entsetzen erregende Schreie ausstoßen, so unverständliche Idiotenverse singen. Unsere Nachkommen, Freund Faust, werden im Wahnsinn enden.«
»Das möchte ich nicht so bestimmt behaupten«, meinte Faust. »Deine Ansicht hat ja nichts Unwahrscheinliches, aber sie ist doch pessimistischer als nötig. Wenn hier, an einem einzigen beschränkten Ort der Erde, solche wilde, verzweifelte, unanständige und zweifellos verrückte Töne erklingen, so braucht das noch nicht zu bedeuten, daß die ganze Menschheit geisteskrank geworden sei. Es kann ja sein, daß an dem Ort, an dem wir uns befinden, in einigen hundert Jahren ein Irrenhaus stehen wird und daß wir Bruchstücke davon zu hören bekommen haben. Es kann auch sein, daß eine Gesellschaft von schwer Betrunkenen da ihre Einfälle zum besten gegeben hat. Denke an das Gebrüll einer vergnügten Volksmenge, etwa an einem Karnevalsfest! Das klingt ganz ähnlich. Aber was mich stutzig macht, das sind jene anderen Töne, jene Schreie, die weder von Menschenstimmen noch von Musikinstrumenten erzeugt sein können. Sie klingen, so scheint mir,

absolut teuflisch. Es können nur Dämonen sein, die solche Töne ausstoßen.«
Er wandte sich an Mephistopheles: »Weißt du vielleicht etwas darüber? Kannst du uns sagen, was für Töne wir da gehört haben?«
»Wir haben«, sagte der Hausgeist und lächelte, »in der Tat dämonische Töne gehört. Die Erde, meine Herren, welche ja schon heute zur guten Hälfte Eigentum des Teufels ist, wird bis in einer gewissen Zeit ihm ganz gehören und wird einen Teil, eine Provinz der Hölle bilden. Sie haben sich über die Ton- und Wortsprache dieser Erdhölle etwas hart und ablehnend geäußert, meine Herren. Es scheint mir aber immerhin bemerkenswert und hübsch, daß es auch in der Hölle Musik und Dichtung geben wird. Es ist Belial, dem diese Abteilung untersteht. Ich finde, er macht seine Sache recht hübsch.«

Dosio Koffler
Im Wellennetz des Äthers
(1941)

(Aus stürmischen Windstößen lösen sich surrend aufprallende Funkwellen. Sie verdichten sich zu einem unentwirrbaren Knäuel aller Sprachen und Töne, durchstoßen die Sturmzone, und in den Regionen der Windstille platzen sie wie erschöpfte Raketen monoton auseinander.)

Mephisto Es schweigt der Wind, es flieht der Stern,
Der trübe Mond verbirgt sich gern.
Im Sausen sprüht das Zauberrohr
Viel tausend Feuerfunken hervor.
Da sprühen Funken in der Nähe
Wie ausgestreuter goldner Sand;
Doch schaut: in ihrer ganzen Höhe
Entzündet sich die Ätherwand!
Wo seid ihr? Goethe? Schiller? Nietzsche?
Die Drei Hier! Hier! Hier!
Mephisto Verfangt euch nicht im Gestrüpp der Tonwellen, die hier von verschiedenen Ursprüngen her zu einem einzigen Klumpen von Sinn und Widersinn zusammenlaufen. Wir jonglieren diesseits der Grenzscheide hier, wo Gegenwart und Vergangenheit mit ihren sich kreuzenden Klingen dies höllische Blitzgefunkel erzeugen. Jenseits der Grenzscheide rauschen die Wellen der Zukunft – doch dorthin ist der Erfindungsgeist eurer Spezies noch nicht vorgestoßen, und er sollte den Vormarsch auch nicht versuchen; denn wenn die Kultur, die alle Welt beleckt, schon mit ihren heutigen bescheidnen Errungenschaften auf den

Teufel sich erstreckt, wie hemmungslos erst würde sich dieser in einem erweiterten Umkreis ausleben. Jetzt aufgepaßt, da saust ein unheilschwangres Blitzbündel heran und explodiert gleich unter unsern Sohlen –

Goethe Welch Gebrüll in Wolkenhöhe,
In der Ferne, in der Nähe!
Ja den ganzen Äther lang
Strömt ein wütender Hexensang.

Mephisto Wir befinden uns im siedenden Golfstrom des Septembers von 1938. Die braune Hyäne nimmt Anlauf gegen die im Herzen Europas blühende Oase der Freiheit, die sich unter Leitung großer Humanisten zum schärfsten Kontrast gegen die Barbarei ausgebildet hatte. Und übertölpelte Weltmächte glauben die schnaubende Bestie zu domestizieren, wenn sie ihr den Schlüssel zur Oase, das Sudetenland, in den Rachen werfen. Und die Bestie, mit der Verdauung beschäftigt, gelobt ewigen Frieden – *(Aus dem Tongewirr schält sich die Hysterische Stimme heraus.)*

Die Hysterische Stimme Und ich bin dem britischen Premier dankbar, daß er durch freiwillige Auslieferung der Sudeten an mich den Krieg zu einem abwendbaren gemacht hat. Und ich habe ihm versichert, daß dies meine letzte territoriale Forderung ist. Wir wollen gar keine Tschechen! Meinetwegen garantiere ich sogar ihre Unabhängigkeit! Denn mein Weg von der Achtung vor dem Eigenleben fremder Nationen war und wird sein stets ein gradliniger, und so wiederhole ich mein Gelübde aus den Siemens-Schuckert-Werken, nämlich: »Solange ich auf meinem Platz stehe, werde ich mich so aufführen, daß mir keiner sagen kann: du hast früher anders geredet als du jetzt handelst!«

Mephisto Ein halbes Jahr später rückt der feierliche Gelober in Prag ein –

Die Hysterische Stimme Damit ist in weiterem gradlinigen Verfolg der mich liebenden Vorsehung ein weiteres Stück deutschen Kulturguts zur Wiedererlangung gelangt. War doch nachgerade unsre deutsche Würde eine unerträgliche geworden angesichts dem Prager Dome, dem stolzen Wahrzeichen deutscher Kunstgröße im Schweiße deutscher Maurer – *(er weint vor Rührung, der fanatisierte Mob rast)* von tschechischen Bolschewistenhorden ebenso zur Schändung werden – *(er glüht vor heiligem Zorn, der rasende Mob glüht mit)* ebenso zur Schändung werden sollte wie die deutsche Universität zu Prag, in welches Kulturgut, koste es was es wolle, wir uns einmischen werden gegen die jüdisch-bolschewistische Weltpest, sso odder sso, ob im fernen Spanien, um wieviel mehr in der Mitte Europas selbst! Denn wie wir mit jedermann zur Friedliebung bereit sind, was unser unblutiger Einmarsch in Prag so leuchtend unter Erhärtung gestellt hat, so werden wir nur zu einem einzigen Staat niemals in ein Verhältnis treten: Sowjetrußland! Wir sehen im Bolschewismus mehr noch als früher die Inkarnation des jüdischen Zerstörungstriebes. Wie dem deutschen Arbeiter den Bolschewismus als fluchwürdiges Verbrechen klarmachen, wenn man etwa selber mit dieser Ausgeburt der Hölle, mit diesem Repräsentanten des Betrugs, der Plünderung, des Raubes gar Verträge schließen könnte, was wohl den jüdisch-bolschewistisch verseuchten Demokratien zuzutrauen ist, während mein Damm gegen den bolschewistischen Abschaum der Menschheit ist eingedenk meines Gelübdes aus den Siemens-Schuckert-Werken: »Solange ich auf meinem Platz stehe – «

Mephisto Aufgepaßt, da schlägt eine Gegenwelle quer durch –

Ansagerstimme Hallo, hallo, hier ist Moskau! Es spricht der weise Vater der Völker.

Die Unhysterische Stimme Uns, meine Genossen, überrascht weder der Zynismus des Aggressors noch die liebevolle Toleranz, mit der die kapitalistischen Mächte ihn gewähren lassen. Denn was stört es ihren Beutel, wenn die Regierung des blutigsten Arbeitermords schwächere Völker versklavt? Deshalb vertrauen und wissen die Werktätigen der ganzen Erde, daß es nur die Sowjetunion ist, die der Regierung des Arbeitermords, des Terrors, des Banditentums und der Völkerversklavung konsequent feindlich gegenübersteht, und ihr weder durch Paktiererei noch durch Kompromißlerei – wie es die Kapitalsmächte ohne Rücksicht auf das Wohl schwächerer Nationen dauernd tun – jemals den Amoklauf gar erleichtern wird, im Gegenteil!
Mephisto Ein Mann, ein Wort!
Bedenk es wohl, wir werden's nicht vergessen!
Die Hysterische Stimme Allein welche sich zu aller Wohle bewährende Freundschaft ich mit jedem andern zu bewähren ein Vermögender bin, hab ich mit meinem Pakt mit den Polen bewährt, mit dieser großen, von stolzem Nationalbewußtsein getragenen Nation, die – wir sehen es ein – einen freien Zugang zum Meer braucht und ich mit ihr eine diesbezüglich unkündbare Regelung auf zehn Jahre getroffen und halten werde – komme was da wolle – eingedenk meines Gelübdes aus den Siemens-Schuckert-Werken: »Solange ich auf meinem Platz stehe –«
Mephisto *(vollendet)* – wird er sich so aufführen, daß ihm keiner sagen kann: du hast früher anders geredet als du jetzt handelst.
(Abschluß mit tosendem »Siegheil«.)
Mephisto Und ein halbes Jahr weiter –
Die Hysterische Stimme So hab ich denn dieses Mißgebilde des polnischen Staates, der niemals eine Daseinsberechti-

gung besessen, indem er meine Forderung nach friedliebender Gebietsabtretung zurückgewiesen und gegen meinen militärischen Einmarsch gar die Kriegsfackel entzündet hatte, hab ich ihn im Bunde mit meinem neuen Antikominternpartner – will sagen mit meinem Antiplutopartner innerhalb zwei Wochen von der Landkarte weggewischt!

Mephisto Und zwar eingedenk seines Gelübdes aus den Siemens-Schuckert-Werken.

Die Hysterische Stimme Ebenso hab ich den Dänen ihre Unantastbarkeit förmlich aufgedrungen, welchselbe Garantiegewährung umfaßt gleichfalls die Norweger, Holländer, Belgier, Rumänier, Bulgaren, Jugoslawen, Griechen, Türken, und weiß der Teufel wen sonst noch – ja sogar die Amerikaner, sofern auch sie mich nur gewähren lassen! Allein wenn sich mir die jüdisch-marx – ich meine die jüdischen Plutokraten da noch weiter friedstörend einmischen, so appelliere ich ihre Völker an meine Vernunft, indem ich ihnen widrigenfalls auflade die Verantwortung für den Bruch meiner diesbezüglichen Ehrenwörter und für meine daraus resultanten Befreiungen der diesbezüglichen Staaten. Dies umso konsequenter, als meine diesbezügliche Mission ist eine Folge aus dem Resultat der moralischen Rückendeckung meiner herzlichen Freundschaft mit dem jüdisch-marxistischen Abschaum der Mensch – Verzeihung: mit dem sozialistischen Arbeiterstaat, welch innige Gemeinschaft ist – erstens – eine historisch von dem Allmächtgen in der Natur gelegene und – zweitens – im Sinne guter deutscher Tradition –

Schiller Vor Tische las man's anders.

Mephisto Wir sind aber – erstens – noch lange nicht nach Tische, sondern erst zwischen den einzelnen Gängen. Bis zum Kompott kann sich der sozialistische Arbeiterstaat längst in den jüdisch-marxistischen Abschaum der Menschheit zurückverwandelt haben. Zweitens wird der Sinn guter deutscher Tradition bis dahin auf jeden Fall noch ein paarmal in das jeweilige Gegenteil umschlagen, und zwar eingedenk –

Die Hysterische Stimme – meines Gelübdes aus den Siemens-Schuckert-Werken: »Solange ich –«

(Der ekstatische Mob unterbricht ihn mit rasender Zustimmung.)

Mephisto Und wirklich brüllt das deutsche Hornvieh auch vor diesem Purzelbaum mit gleicher Brunst.

Schiller Daran erkenn ich meine Pappenheimer.

Die Hysterische Stimme *(vollendet)* »– daß mir keiner sagen kann: Du hast früher anders geredet als du jetzt handelst!«

(Verstärkte Rauschausbrüche, worauf das Horst-Wessel-Lied ertönt. Es gleitet langsam über in den Schluß der Internationale: »... erkämpft das Menschenrecht!« Anschließend der Ansager.)

Ansagerstimme Hallo, hallo, hier ist Moskau. Es spricht unser genialer Führer, der weise Vater der Völker, der Ruhm und die Sonne des Sechstels der Erde –

Nietzsche *(unterbricht)* Moment! Ist das noch Moskau oder ist das schon Byzanz mit dem Bosporus als des Führers Trinkgeld für seinen Steigbügelhalter? Ist das etwa auch nietzschescher Aristokratismus nebst Betonung des Persönlichkeitswertes oder ist das marxistischer Kollektivismus nebst Diktatur des Proletariats – oder ist das Diktatur über das Proletariat, und ist Karl Marx dafür ebenso verantwortlich wie ich für das deutsche Führerprinzip? Oder umgekehrt? Oder wie? Wer wollte sich da noch auskennen?

Die Unhysterische Stimme Wie unsre Iswestija feststellt, beißen die imperialistischen Plutokraten auf den Granit der dialektischen Zwangsläufigkeit, daß hinter dem Dritten Reich eine mit diesem befreundete Sowjetunion steht –

Goethe Wie sich die Doppelschandgestalt
So schnell zum eklen Klumpen ballt!

Mephisto Natürlich! Die Verwandtschaft ist erprobt:
Zwar oft gescholten, doch zuletzt gelobt.

Schiller Und die Natur soll nicht in wildem Grimm
Sich drob empören? O mich soll's nicht wundern,
Wenn sich die Felsen bücken in den See,
Die Berge brechen, eine Sündflut alle
Wohnstätten der Lebendigen verschlingt.

Mephisto Aber Herr Hofrat, woher diese Entrüstung? Haben Sie etwa erwartet, daß der Sowjetstaat jenen Lordschaften, die ihn dauernd vor die mißliebige Stirn gestoßen haben, jetzt plötzlich mit derselben Stirn ans teure Bruderherz sinkt?

Schiller Nein, gewiß nicht; aber noch weniger durft' ich wohl erwarten, daß er sich mit solchem Feuer an das andre Bruderherz wirft.

Mephisto Ja, wer kann dafür, daß Sie an den dialektischen Materialismus den Maßstab Ihrer Kantischen Moral anlegen? Der Führer ist da etwas realistischer; deshalb holt er sich für das große Abenteuer einen abhängigeren Komplizen –

Die Hysterische Stimme Ein wie lechzendes nach geistiger Befruchtung muß doch dieses ganze Europa gewesen sein, wenn es sich mir geradezu Hals über Kopf erschloß wie die knospende Braut dem Werber, vielmehr den beiden Werbern, nämlich mir und dem kongenialen Mitschöpfer meiner Inkraftsetzung von neuartiger Anständigkeit, dem verehrungswürdigen Duce –

Mephisto Woraufhin der betreffende Duce sich hiermit prompt verbürgt, daß in dem totalitären Europa –

Stimme des Duce Daß in dem totalitären Europa die Überzeugungen nicht mehr wie die Hemden wechseln werden, das gewährleistet die Unwandelbarkeit unsrer Weltanschauung, wonach es da vor allem keinen Juden mehr geben darf.

Mephisto Sicher ist nur, daß die knospende Braut, die sich von den zwei Liebhabern befruchten ließ, nach vollzogenem Akt vor allem ihr Hemd nicht wechseln kann, weil die beiden Kavaliere ihr sogar die Aussteuer geklaut haben. Was aber die Überzeugungen betrifft, so brauchen wir uns nur in eine etwas ältere Funkwelle desselben Duce einzuschalten, um die Unwandelbarkeit seiner Weltanschauung aus folgendem Hemd zu vernehmen –

Stimme des Duce Antisemitischer Faschismus ist eine krasse Absurdität. Wir Italiener finden es höchst lächerlich, wenn wir hören, daß die Antisemiten in Deutschland durch den Faschismus an die Macht kommen wollen. Wir protestieren energisch dagegen, daß der Faschismus auf diese Art kompromittiert wird! Antisemitismus ist ein Produkt der Barbarei!

Schiller Womit erklär ich mir nun das Phänomen, daß ein Erdteil, der mit allen großen Ideen der Entwicklungsgeschichte geimpft ist, sich wirklich Hals über Kopf einem solchen Pestgeschwür von Gaunertum, Stumpfsinn und Heuchelei erschließen konnte?

Mephisto Einfach damit, daß diese knospende Braut in Wahrheit eine ausrangierte Hure ist, die sich an die zwei niedrigsten Zuhälter anhängt, weil sie von eben diesen das fachkundigste Protektorat über ihre entsprechenden Instinkte erhofft. Daß diese Instinkte sogar in dem letzten Bollwerk der Freiheit, in England, schon Morgenluft witterten, beweist der Versuchsballon, den sie dort losließen: die Einkerkerung der deutschen Flüchtlinge, darunter der erprobtesten Feinde des Feindes, den man auf Tod und Leben zu bekämpfen vorgibt.

Goethe *(aufseufzend)* Amerika, du hast es besser. Du kannst aus der Borniertheit deines europäischen Vorpostens lernen, welch andern Nutzen du aus den Erfahrungen deiner Fremdlinge zu ziehen hast.

Mephisto Ungefähr das sagt der Führer auch,
Nur mit ein bißchen andern Worten.

Die Hysterische Stimme Aus tiefempfundenem Herzen, Herr von Wiegand, warne ich durch Sie Ihre amerikanischen Landsleute vor jenen jüdisch-bolsche – jenen jüdisch-plutokratischen Greuelhetzern, die jetzt in Ihren Staaten den Weizen blühen sehen, nachdem derselbe auf dem altehrwürdigen Kontinent ausgegangen ist. Allein ein leuchtender Garant meiner gerechten Neuordnung möge Ihnen sein die Bewährung meiner glühenden Friedensliebe, die ich trotz diesen Giftmischern stets mit ausgestreckter Friedenshand in Europa bewährt habe und nunmehr dieselbe Hand auch jenseits des Ozeans ebenso zu bewähren ein Gedenkender bin, indem ich Ihnen feierlichst versichere, daß ich an Amerika gleichfalls keine territorialen Ansprüche habe!

Mephisto Dazu meint der Präsident der USA –

Stimme des Präsidenten der USA Er hat keine territorialen Ansprüche an uns? Mir ist, als hätt ich sowas Ähnliches schon irgendwo mal gehört. Also bleibt mir wohl nichts übrig, als noch schleuniger den Engländern beizuspringen.

Mephisto Nun, wenn man dort nicht anbeißt, dann wirft der Führer seinen Köder eben woanders hin. Hört, was der Deutschlandsender Zeesen den Indern erzählt! Kein satirisches Hirn würde so etwas auszubrüten wagen: das kann sich nur diese deutsche Wirklichkeit leisten.

Deutschlandsender Hier spricht das rassebewußte Deutschland zu den indischen Blutsverwandten. Wie das gemeinsame Band des indogermanischen Blutes unsre Teilnahme an euerm Freiheitskampf wachruft, so treffen sich auf diesem Band die auch im Geiste verwandten Naturen eures und unsres Führers: die Lehre eures erhabnen Mahatma Gandhi ist Gewaltlosigkeit, die Lehre unsres erhabnen Führers ist gleichfalls Gewaltlosigkeit –

Nietzsche *(in einem Tobsuchtsanfall)* Vor solchen Orgien der Schamlosigkeit bleibt einem, nebst der Spucke, jedes Gegenargument weg: ich fühle mich entwaffnet und kapituliere. Oder kann man davor, ohne sich lächerlich zu machen, allen Ernstes nachzuweisen beginnen, daß die Lehre Gandhis und die des Führers eigentlich nicht ganz identisch sind?

Mephisto Also erfüllt die Methode, so albern sie zuerst erscheint, sogar bei Ihnen den Zweck. Sie fallen in Ohnmacht, während auf der Schmierenbühne dieser neuen Ordnung die als ewig stabil patentierten Ideen hemmungslos weiter durcheinanderwirbeln: Schutz der weißen Rasse gegen die gelbe Gefahr, darum Pakt mit der gelben Gefahr gegen die weiße Rasse; Antikomintern zur Rettung der Welt vor dem Bolschewismus, darum Liebesehe mit dem Bolschewismus zur Versklavung der Welt; arische Kulturschöpfung gegen semitischen Unwert, darum Überfall auf die Griechen und Lockruf an die Araber zur heiligen Allianz gegen England. Und wenn diese Prinzipientreue sich noch weiter entwickelt, dann führt dieser Führer morgen den Kaftan und die Schläfenlocken in Deutschland ein und läßt jeden Deutschen zwangsweise beschneiden.

Schiller Bin wahrhaft neugierig, ob die Groteske noch steigerungsfähig ist.
Mephisto Wie sagen Sie doch, Herr von Schiller: dem Manne kann geholfen werden!
(Da plötzlich ertönt die Internationale.)
Schiller Die Internationale? So befinden wir uns über Moskau?
Mephisto Im Gegenteil: über Berlin, unter den Linden.
Schiller Ah, so sind das endlich revoltierende Massen?
Mephisto Im Gegenteil: es ist die Leibstandarte des Führers. Sie spielt auf zur Freundschaftsvisite des Sowjetpremiers beim Führer. Der Genosse drückt gerade die Hand, die vom Blut seiner besten Genossen trieft. Und der Führer revanchiert sich mit einer neuen Erkenntnis, nämlich:
Die Hysterische Stimme – denn schließlich sind Nationalsozialismus und Marxismus im Grunde ein und dasselbe!
Mephisto Da kann man nur sagen: weit gebracht, Genosse Wjatscheslaw Michailowitsch!
Schiller Wjatscheslaw heißt die Ka –
Nietzsche *(unterbricht)* Sprechen Sie das Schillerwort nicht aus! Es würde auf ein Individuum abzielen; ein solches aber existiert nach dem Sowjetlexikon nur in der nihilistischen Pseudophantasie des Hausphilosophen des Spätkapitalismus, Friedrich Nietzsche. Was da die Hand des Führers drückt, ist ein Kollektivprodukt des von den ökonomischen Verhältnissen geschaffenen geistigen und moralischen Überbaus, wobei ich auf die Betonung des Begriffs moralisch ganz besondern Wert lege.
Schiller *(trostlos)* So finden wir auf der Flucht vor dem Veitstanz dreier Kontinente ein Labsal wirklich nur mehr im transatlantischen Funkstrom?
Mephisto O nicht doch, Herr Hofrat, da horchen Sie nur hin: wie um Ihren Pessimismus zu dämpfen, summt aus

dem europäischen Äther eine Welle mit dem Schlußchor Ihres Hymnus auf die Menschheitsverbrüderung und den Untergang der Lügenbrut heran, ja hören Sie nur hin: sogar in original deutschen Lauten –

Schlußchor der Neunten Festen Mut in schweren Leiden,
Hilfe, wo die Unschuld weint,
Ewigkeit geschwornen Eiden,
Wahrheit gegen Freund und Feind,
Männerstolz vor Königsthronen,
Brüder, gält es Gut und Blut!
Dem Verdienste seine Kronen,
Untergang der Lügenbrut!

Schiller *(unterbricht jubelnd)* Also wird das in Deutschland trotz allem noch gesungen –

Mephisto Pscht, nicht unterbrechen!

(Die Symphonie klingt aus, verhallt, dann spricht der Ansager.)

Ansagerstimme zur Symphonie You were listening to the London Calling in the oversea service of the BBC. Uir sendeten Ihnen, unseren deutschen Freunden, die Neunte von Beethoven, mit dem deutschen Oridschineltext von dem edelsten Weltbürger, Friedrich Schiller, unter die Deirekschen von dem größten deutschen Dirigent, Bruno Walter, uelchen Sie können nicht hören in Ihre deutsche Sender. Good night!

Schiller Wenn man diesen größten deutschen Dirigenten schon in Deutschland nicht hören kann – wie kann man es in England? Ist er nicht drüben als enemy alien lahmgelegt?

Mephisto Nein, er ist nämlich nicht dort, sondern in Amerika. Das war nur eine Wachsplatte von ihm. Doch jetzt, nachdem wir uns lange genug in berechtigtem Groll entladen haben, jetzt plötzlich schimmert ein Lichtstrahl dort aus dem Dunkel hervor. Wie der deutschen Bestie endlich in dem jetzigen Führer des British Empire der große Antipode erwächst, so erhebt sich auch das ewige England der Humanität aus der Lethargie, denn es hat den aus seiner eignen Unterwelt aufbrodelnden Dunst gerochen. Es meldet sich bei euch zur Stelle in seinem berühmten Dichter H. G. Wells. Da ist er!

Stimme von H. G. Wells I accuse!

I accuse in England precisely those same obscure forces that undermined the honour and efficiency of France ... In this country, as in France before, a deliberate and systematic intimidation of liberal-minded foreigners is going on. So that even while we are actually at war with the Axis Powers, people in positions of authority in this country are allowing the internment and ill-treatment of all those disaffected subjects of our enemies who would be most willing and able to organise internal resistance in their own countries on our behalf.

This is not a case of administrative stupidity; it is a case of doing Nazi work, of enemy activity entrenched in our midst ...

I should deem myself an accessory to this treason if I did not do my outmost to bring it into daylight ... The honour of our peoples, and the confidence of mankind at large, can only be saved by a public erudication, in the sight of all the world, of this plague-spot at the heart of our affairs ...

The offenders are tangible, visible, and, until recently, they have been impudent. They ought to be shot or hung out of hand, if we are to escape disaster!

Mephisto Mit diesem Manifest der englischen Sektion eurer Internationale wird aufs neue dokumentiert, daß die Fronten dieses Weltkampfs nicht mehr zwischen den einzelnen Ländern verlaufen, ja nicht einmal mehr zwischen den sozialen Klassen der einzelnen Länder, sondern zum erstenmal quer durch alle Länder zwischen dem Adel aus allen sozialen Schichten, also auch des Proletariats – und dem Mob aus allen sozialen Schichten, also auch der Lordschaften und Fürstlichkeiten.

Nietzsche Und welchen Beitrag haben wir aus dem Innern Deutschlands zu erwarten? Unsre dortige Internationale des Adels ist stumm.

Mephisto Selbst wenn sie es wäre, nicht sie wäre zu tadeln, denn die Irrenhäusler des Auslands waren es ja, die ihr das Rückgrat brachen, indem sie den gemeinsamen Feind von Triumph zu Triumph vorwärtsschoben; und dennoch windet sie sich auch jetzt noch, mit letzter Kraftanspannung, in einer Geheimwelle ans Licht, hört ihr's? SOS ... SOS ...

Geheimsender *(schlägt nach schwerem Kampf durch)* Achtung, Achtung! Hier spricht das ewige Deutschland! Werdet nicht irre an uns, wenn wir manchmal verstummen! Wisset, daß, sooft dies geschieht, die Gestapo uns aufgespürt hat und mit Folter und Mord dann unter uns wütet. Aber seid versichert, daß aus unserm Blut immer neue und nur noch todesmutigere Rächer erstehen, die gemeinsam mit euch –

(Revolverschüsse, der Sender verstummt.)

Nietzsche Ach was! Womit hat sich denn dieses angeblich ewige Deutschland in Gegensatz zum unewigen gestellt?

Schiller Womit? Mit Ihnen, Nietzsche! Mit uns und mit – ja, muß sich die »blaue Blume ›deutsch‹« – das Wort haben Sie selber geprägt – muß sie sich Ihnen erst vorstellen nach alldem, was wir soeben und was wir vorher in den Kerkern erschüttert vernommen haben? Ihr heiliger Zorn gegen die Bestie – warum eigentlich nur gegen die deutsche? – verleitet Sie, sich selbst und uns und unsre legitimsten Erben in den einen großen Schmelztiegel der Barbarei zu werfen. Sie übernehmen damit die Praxis jener Deutschenfresser draußen, die sogar unser kostbarstes Gut in den Generalbann miteinbeziehen, unsre deutsche Sprache, weil – wie man argumentiert – diese ja auch das Organ der Barbaren sei. Was übrigens, wie wir mehrfach konstatieren konnten, nicht einmal äußerlich stimmt, denn der zackige Gaunerjargon, vor dem wir uns fast erbrochen hätten, ist wohl kaum die gleiche Ausdrucksform, in der wir gelebt und gedacht, geweint und gelacht und geträumt, und in der wir eine schönere Welt ersehnt, verheißen und gestaltet haben, die – trotz allem – einmal Wirklichkeit werden wird.

Mephisto Prophete rechts, Prophete links, aber Goethe, das Weltkind in der Mitten, läßt sein Urteil ausreifen, bis –

(Da schlägt plötzlich eine zweite Geheimwelle durch.)

Zweiter Geheimsender Achtung, Achtung! Hier spricht das ewige Deutschland, das Deutschland Goethes und Schillers und Nietzsches und Kants und Lessings und Herders und Bachs und Beethovens und Mozarts und Heines und Karl Marxens und Karl Liebknechts und Freuds und Einsteins und der Brüder Mann und des Karl Kraus und des Pastors Niemöller und all der zahllosen übrigen Heroen des Geistes und der Humanität, der Kunst und der sozialen Gerechtigkeit! Sie alle sind nicht wie ein Kranichzug spurlos über uns hinweggeflogen, nein, sie haben eine nicht in Äonen verwischbare Spur ihrer Erdentage hinterlassen, auf der wir namenlosen Millionen – wie die überfüllten Folterlager und deren unversiegbare Reservoirs beweisen – im Bunde mit euch dort draußen der Erlösung vom höllischen Alpdruck zustreben, um dereinst im Gewimmel freier Völker gleichfalls auf eignen freien Grund zu treten!

Goethe *(aufs tiefste bewegt)*
Solch ein Gewimmel möcht' ich sehn,
Auf freiem Grund mit freiem Volke stehn.
Zum Augenblicke dürft' ich sagen:
Verweile doch, du bist so schön!
Es kann die Spur von unsern Erdentagen
Nicht in Äonen untergehn . . .
Im Vorgefühl von solchem hohen Glück
Genieß ich jetzt den höchsten Augenblick.
(Die bebende Stimme Goethes verhallt in tonloser Stille.)

Mephisto *(bricht das Schweigen)* Die Herren sind unversehens auf die Grenzschwelle hinaufgeraten, von der aus die Sicht in die Zukunft sich öffnet. Ich überschritte meine Befugnis, ließe ich euch hinüberhorchen. Aber in Ehrfurcht vor diesem höchsten Augenblick Wolfgang Goethes wag ich einen kleinen Verstoß und geb euch für einen Moment das Ohr frei –

(Ein Signal aus den Akkorden: »Alle – Menschen – werden – Brüder« schwingt durch den Äther.)

Schiller *(halblaut)* Was ist denn das?

Mephisto Das Pausenzeichen der kommenden Welle.

HuK

(Verfasser unbekannt)

Magistrat einmal klassisch, Goethe

(1948)

Szene vor dem Tor, daselbst. Personen:
Der Doktor · sein persönlicher Wagner · zwei Büttel

Erster Büttel Nein, er gefiel mir nicht,
der alte Burgemeister,
gleich als er's war,
wurd er nur immer dreister;
und für die Stadt, was tat er denn –
für alles hatte er ein »wenn«.
Wurd es nicht alle Tage schlimmer,
bezahlen sollt man mehr als immer.
Zweiter Büttel Jetzt hat's ein End mit den
Regierungstagen,
mit dieser Politik von Krieg und Kriegsgeschrei.
Sie sollen nur zurückzukommen wagen;
die sind ja schließlich nie dabei,
wenn Völker aufeinanderschlagen!
Erster Büttel Das ist's, Herr Nachbar,
Darum ist's geschehen – jetzt haben wir die
Sache in die Hand genommen.
Wir passen auf – daß sie nicht wiederkommen.
(Quer über die Klostergasse nähern sich Schritte, die beiden merken auf.)
Erster Büttel Was kommt heran, was schleicht herbei?
Irr ich mich, 's sind ihrer zwei!

(Der Doktor und sein persönlicher Wagner nähern sich in harmlosem Gespräch dem Eingang des Stadthauses.)
Wagner Herr Doktor, daß Ihr heut so still
und zielbewußt ins Stadthaus strebt –
hab solches lange nicht erlebt –
trotzdem Euch keiner haben will.
Wißt, was das Volksgemurmel meint –
doch macht Euch bitte nichts daraus:
»Seitdem Ihr fort seid aus dem Haus,
es erst als Friedens Burg erscheint!«
Doktor Zwei Seelen wohnen, ach, in meiner Brust,
die eine will man von der andern trennen;
die eine hält in derber Liebeslust
sich westlich fest mit klammernden Organen,
die andre bebt gewaltig in der Brust,
denn sie beginnt so leis zu ahnen.
Oh, wäre nur ein Zaubermantel mein
und trüg mich schnell in ferne Länder –
es sollt mir um die westlichsten Gewänder,
nicht feil um einen Staatsratsposten sein.
Erster Büttel Was wollt Ihr hier, beim Element!
Wir brauchen Euch bei uns nicht länger,
Ihr seid ja nur Befehlsempfänger,
in fremder Hand nur Instrument.
Doktor *(seinen persönlichen Wagner mit sich ziehend)*
Kommt schnell hier fort,
wir müssen gleich verschwinden,
ich weiß zwar trefflich stumm mit Polizei,
doch mit dem Markgraf schlecht mich abzufinden.
(Sie enteilen.)

Willi Bredel
›Faust‹ auf der Reeperbahn

(1960)

Am Spielbudenplatz auf der Reeperbahn befand sich ein Volkstheater, das ein festeres Stammpublikum hatte als das Opernhaus am Dammtor; es bestand aus Seeleuten, Hafenarbeitern, Fischhändlern, Geschäftsleuten und Straßenmädchen. Die dargebotenen Stücke waren Burlesken und Possen, meistens im hamburgischen Platt, derb, urwüchsig, gesund; der Schubbejack auf der Bühne bekam am Ende Prügel, und die arme Unschuld wurde erlöst und erhöht.

Direktor dieses Theaters war in den sechziger Jahren des vorigen Jahrhunderts ein gewisser Johann Dannenberg. Er war auf St. Pauli eine bekannte Persönlichkeit, denn tagsüber ging er als Ausrufer. Früh am Morgen zog er von Straße zu Straße mit der Schelle unterm Arm und rief nach vorschriftsmäßigem Läuten Kartoffeln frei Schiff aus oder verlorene Hunde, auch Auktionen, die stattfinden sollten. Er verfügte über eine mächtige, weithin dröhnende Stimme, männlich angerauht durch fleißigen Grog- und Kümmelgenuß. Mit eben dieser drommetentönenden Stimme bewältigte er auch das Heldenfach an seinem Theater. Theaterrezensenten aus dem Binnenland hatten über Aufführungen im Volkstheater geschrieben, und nichts hatte das Hamburger Reeperbahnpublikum mehr entrüstet als die Bemerkung dieser lümmelhaften Quiddjes: »Dannenbergs Nase, groß und rot wie ein Lötkolben, stört.« Es gab, nachdem solche Infamie bekannt geworden war, regelrechte Tumulte, und die Theaterbesucher gelobten, dergleichen stadtfremde Kunstbanausen, die persönliche Anzüglichkeiten statt ernster Theaterkritiken schrieben, künftig aus ihrem Volkstempel der Muse zu vertreiben.

Im Volkstheater war es gang und gäbe, bei offener Bühne zu rezensieren, und zwar von allen Beteiligten, Schauspielern sowie Publikum. Es kam vor, daß ein Schauspieler mitten in der Aufführung an die Rampe trat und sich beim Publikum beschwerte oder aber dessen Hilfe erbat, wenn er etwa seine Gage für zu klein hielt, seine Rolle ihm nicht zusagte oder das ganze Stück ihm nicht gefiel. Das Publikum wiederum spendete edlen Gestalten auf der Bühne rauschenden Beifall, reichte auch, hingerissen von Begeisterung, bei offenem Spiel den Akteuren ein Glas Bier oder einen Grog auf die Bühne. Bösewichter aber wurden ausgepfiffen, mit allen möglichen nicht mehr eßbaren Dingen beworfen und auch, trieben sie es gar zu toll, von der Bühne gejagt.

Dannenberg war auf den Gedanken gekommen, die Gretchentragödie aus dem »Faust« herauszuschälen und zur Aufführung zu bringen.

Er hatte wohl im Augenblick nichts Passenderes, möglich auch, daß ein Stammgast ihm diesen Tip gegeben hatte, jedenfalls hing eines Tages ein riesiges Plakat vor dem Theater, auf dem ein verwahrlostes, irr um sich blickendes Mädchen, blutjung und blond, in einem Kerkerverlies zu sehen war, ein Neugeborenes im Arm. Darüber schwebte ein schöner junger Mann in einer schwarzen Robe mit Halskrause und Barett, begleitet von einem schwarzen Unhold. Beide schienen den Kamineingang zum Kerker zu suchen. Darunter stand: »›Die Verführte‹ – ein ergreifendes Spiel um eine sündhafte Liebe, die zu Mutter-, Bruder- und Kindesmord führt und grausig endet. Aus der weltbekannten Tragödie ›Faust‹ von Johann Wolfgang Goethe.« Noch vor der Premiere waren die Plätze für sieben Tage ausverkauft.

Die Aufführung fand größte Anteilnahme. Laute Klagen erschollen aus den Reihen des Publikums, als Gretchen, am Spinnrad sitzend, sich in Gewissensqualen wand. Beim Klatsch der Mädchen am Brunnen schrien einige Männer erregt: »Jojo, so is dat. Düsse vadammten Klatschwiewer!« Der klumpfüßige Mephisto wurde mit Johlen und Zischen und Pfeifen empfangen, sobald er sich auf der Bühne blicken ließ. Auch Faust bekam unfreundliche Worte zugerufen: »Kerl, du lüggst!« oder: »Un datt will wat Beeteres sien?«

Am Schluß gab's einen mörderischen Skandal, wie ihn das Volkstheater noch nie erlebt und Direktor Dannenberg gewiß auch nicht vorausgesehen hatte und in dessen Verlauf das tief entrüstete biedere Hamburger Publikum einen vollständigen Sieg über Goethe davontrug. Als der Verführer Doktor Faust das verführte Gretchen im Kerker zurücklassen und sich mit seinem Teufelsbegleiter aus dem Staube machem wollte, half es absolut nichts, daß eine Stimme vom Himmel rief, sie sei gerettet; das war den Hamburgern, in denen noch ein Gefühl für Recht und Gerechtigkeit lebte und deren Herz für die Unschuld schlug, ein doch zu mystischer und unsicherer Trost. Männer und Frauen erhoben sich, aufs höchste empört, und schrien: »Watt heet hier gerettet? ... Datt is Mumpitz! Heiroden sall he se! Heiroden sall he se! ... Her mit denn Doktor! He sall se heiroden!« Im Chor schrien alle: »Heiroden! ... Heiroden! ... Heiroden!«

Schreckensbleich stürzte Direktor Dannenberg, der als ermeuchelter Valentin die Leute zu Tränen gerührt hatte, auf die Bühne und bat um Ruhe. Er wies darauf hin, daß

dieser Schluß nicht von ihm stamme, daß ihn vielmehr Goethe nun einmal so gedichtet habe.
Selbst er wurde niedergeschrien: »Watt heet hier Goethe! Datt sünd nur Utreden! Heiroden sall he se! Heiroden! ... Heiroden! ... Heiroden!«
Endlich traten Gretchen und Doktor Faust, letzterer wie ein zerknirschter, reuiger Sünder anzusehen, vor den Vorhang. Sofort wurde es im Zuhörerraum still, und der Doktor begann: »Verzeih mir, Gretchen, ich habe schlecht an dir gehandelt. Ich will es gutmachen, darum frage ich dich: Willst du mich heiraten?«
Und Gretchen antwortete, lieblich errötend: »Ja, Heinrich!«
Darauf gaben sie sich die Hand und den Verlobungskuß.

Diese korrigierte Schlußszene wurde mit unbeschreiblichem Jubel aufgenommen. Viele Male mußten Faust und Gretchen vor den Vorhang kommen und sich von dem Beifall des nun vollkommen zufriedengestellten Publikums überschütten lassen. Der Gastwirt vom »Roten Finken« in der Finkenstraße auf St. Pauli lud alle Schauspieler zum Freibier ein. Gretchen bekam einen großen Blumenstrauß und Faust eine Handvoll Zigarren auf die Bühne gereicht.

Wilhelm Webels
Faust und die Atombombe

Aus dem Spiel vom Doktor Faust
(1964)

(Mephistopheles will aus Faust den Übermenschen machen. Zuletzt versucht er es mit der Verführung zur Macht. Er drückt ihm auf einem Flug über die Erde die Atombombe in die Hände.)

Faust O Macht, verfluchte Macht!
Du hast mich süchtig auf ein Ziel gesetzt,
das mich in dunkle Nacht
und auf die Weltzerstörung hetzt.
Mephistopheles Sieh, großer Geist, was deine Hand vermag!
Faust Ich fühle die Kraft in einem einz'gen Schlag.
Und stände ich auf längst verlorenem Posten,
nichts hält mich mehr, die Größe auszukosten.
Auf mit dem Fluge! Näher an die Sterne!
Die Erde wird zum lächerlichen Ball,
je mehr ich mich von ihr entferne,
und mit dem Wahn schon rühr ich an das All.
(Mephistopheles reicht Faust die Atombombe.)
Mephistopheles Das Äpfelchen! Nimm's in die Hand,
was seine Herrlichkeit, der Mensch, erfand!
Faust Verflucht, das Ding ist schwer!
Mephistopheles Hier wird der Zweck gewogen und gemessen.
Faust Mensch! Ich erkenne dich nicht mehr!
Mephistopheles Du sollst dich selbst vergessen!
Du Übermensch!

Faust Mir wallt das Blut!
Mephistopheles Der Übermut!
Laß es geschehen!
Faust Laß mich erst sehn!
Sind Menschen unter uns!
Mephistopheles Ameisen sind es!
Wühl den Haufen auf!
Faust Und eine Stadt!
Mephistopheles Radier sie aus!
Faust Die Erde!
Mephistopheles Laß sie bersten!
Faust O Faust! O Mensch!
Mephistopheles Herrlich bist du!
Zeig deine Macht!
Faust Triumph! Es sei! *(Er wirft die Atombombe.)*
Ich schlag dich, Welt, in Stücke!
(Die Musik steigert sich bis zur Ekstase)
Faust *(nach einer Pause voll Entsetzen.)* Hol sie zurück!
Mephistopheles Zu spät! Sie nimmt den Lauf!
Faust Bist du ein Mensch, so halt sie auf!
Mephistopheles Wärst du ein Tier, du hättest nicht geworfen.
Faust O Mensch! Du bist verworfen!
(Die Musik ahmt die Detonation nach. Ein entsetzlicher Schrei gellt aus der Tiefe auf.)
Faust Entsetzen packt mich!
War das Menschenschrei?
Mephistopheles Vorbei! Vorbei!
Faust O weh, mir, weh!
Ist das der Aufgang meiner Saat?
Mephistopheles Zu spat, zu spat!
Faust Mich packt der Graus!
Mephistopheles Wozu? Du lebst ja noch!

Faust Oh, lösch mich aus
und laß mich irgendwo im All zerschellen!
Eine Stimme *(ruft) Faust! Wo ist dein Bruder Abel?*
Faust Wo? ... Wo?
Wo ist mein Bruder? – Wo?
Bin ich denn, ich der Hüter meines Bruders?
Mephistopheles Was kümmert dich dein Bruder!
Sieh du zu!
Faust So bin ich Kain?
Mephistopheles Blut klebt an deinen Händen!
Was du gewollt, kann sich nur so vollenden!
(Mephistopheles verläßt triumphierend das Flugzeug, während Faust mit ihm zur Erde stürzt. Wirbelnde Musik)
Faust *(der sich nach einiger Zeit aus den Flugzeugtrümmern erhebt.)*
Blut klebt an meinen Händen? *(Er schaut in seine Hände.)*
Ist doch nicht Blut?
(Er wischt die Hand an seinem Rock ab und schaut wieder hinein.)
Und ist – doch Blut!

P. G. Hübsch
und Alfred Meysenbug
Mini-Faust

(1968)

ES GEHT LOS!

1

2

FAUST IST MÜDE!
SO HOFFNUNGSLOS HAT ES NOCH 48 STUNDEN VORHER AUSGESEHEN...

3

ES IST MIR NICHT GELUNGEN..

4

DIE CEREBROMASCHINE ZU KONSTRUIEREN

5

DIE MIR DIE MACHT IM UNIVERSUM VERSCHAFFEN SOLLTE!

6

MINUTEN SPÄTER SPRANG FAUST IN SEINEM TRANS- MITTER ÜBER MEHRERE SON- NENSYSTEME . . .
MEPHI MUSS MIR HELFEN!

7

MEPHI KANN IMMER HELFEN!
. . . IN DAS LABOR DES MUTANTEN MEPHI.

8

ICH HABE EIN MITTEL FÜR DICH..

9

DAS FÜR IMMER ALLE DEINE PRO- BLEME LÖSEN WIRD!
GIBT ES NICHT!

10

WENN ES NICHT WIRKT WILL ICH MEIN GELD ZURÜCK!
ABGEMACHT!

11

WARTE!

12

13

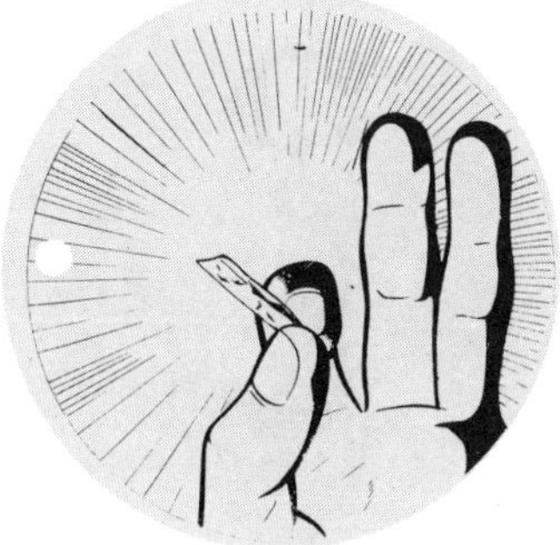

14

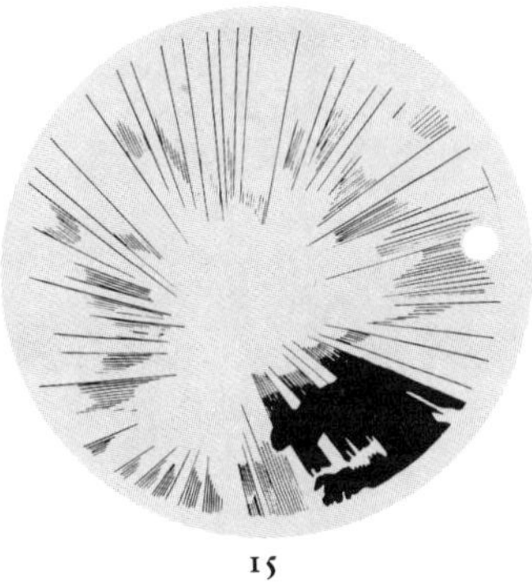

15

16

17

18

19

20

Glücklich ist derjenige, welcher sein Dasein seinem besonderen Charakter Wollen und Willkür angemessen hat und so in seinem Dasein sich selbst genießt.
Die Weltgeschichte ist nicht der Boden des Glücks. Die Perioden des Glücks sind nur leere Blätter in ihr.

Hegel,
Vorlesungen über Phil. der Geschichte.

21

22

Die unverklärte, unrationalisierte Freigabe der sexuellen Beziehungen wäre die stärkste Freigabe des Genusses und die totale Entwertung der Arbeit um der Arbeit willen.

Marcuse

23

24

Mit dem Glück ist es nicht anders als mit der Wahrheit: man hat es nicht, sondern ist darin. Ja, Glück ist nichts anderes als das Umfangensein, Nachbild der Geborgenheit in der Mutter. Darum kann kein Glücklicher je wissen, daß er es ist.

Adorno

25

26

Ziel . . . sei die einzelne Lust, Glückseligkeit die Summe der einzelnen Lustempfindungen, in der auch die vergangene und zukünftige mit einbegriffen sind. Die einzelne Lust sei um ihrer selbst willen begehrenswert, die Glückseligkeit dagegen nicht um ihrer selbst willen, sondern wegen der einzelnen Lustempfindungen.

Diogenes Laertius

27

28

29

Nicht das primitiv-materialistische Element an der Idee vom Schlaraffenland ist falsch, sondern seine Verewigung.

Marcuse

30

31

32

33

34

Die falsche Philosophie kann, wie die Theologie, uns ein ewiges Glück versprechen und, uns in schönen Chimären wiegend, dorthin uns führen auf Kosten unserer Tage und unserer Lust. Die wahre Philosophie, wohl verschieden von jener und weiser als sie, gibt nur ein zeitliches Glück zu; sie sät die Rosen und Blumen auf unserm Pfad und lehrt sie uns pflücken.

La Mettrie

35

36

Man gebe sich dem Vergnügen nur soweit hin, als es zur Erhaltung der Gesundheit hinreicht.

Spinoza

37

38

39

Ich verstehe unter der Freude: Keine körperlichen Schmerzen leiden und in der Seele Frieden haben. Denn nicht häufige Trinkgelage und festliches Schmausen, auch nicht der Verkehr mit schönen Knaben und Frauen, noch der Genuß von leckeren Fischen und was sonst eine üppige . . .

Epikur

40

41

Ein kleiner Junge bat seine Mutter um Süßigkeiten.
»Gib mir zuviel davon!« sagte er.
Chamfort

42

43

Tante:
»Du darfst dir was auswählen, Thérèse!«
Thérèse:
»Ich wähle alles!«
Kindheitserinnerungen
der heiligen Thérèse von Lisieux

44

45

»Schneller! Schneller!«
Pino, 2½ Jahre alt

46

47

48

49

Sind wir einmal im Glück, so können wir gar nicht anders, als die Kultur fördern.

Nietzsche

50

51

52

53

54

55

56

57

58

59

60

61

62

Seitdem man Blumen nicht mehr brechen kann zum Schmuck der Geliebten, als Opfer, das versöhnt wird, indem der Überschwang für die eine das Unrecht an allen frei auf sich nimmt, ist aus dem Blumenpflücken etwas Böses geworden. Es taugt allein noch dazu, das Vergängliche zu verewigen, indem man es dingfest macht. . . . Wer aber, hingerissen, Blumen sendet, wird unwillkürlich nach denen greifen, die sterblich scheinen.

Adorno

63

64

65

Weil du immer begehrst, was du nicht hast; was du besitzest immer verschmähst, so ist unreif und ohne Genuß dir dieses Leben entfallen . . .

Lukrez

66

67

68

69

70

71

Glück und Glas,
wie leicht bricht das.

Sprichwort

72

73

74

75

Die konkrete Gestalt der menschlichen Freiheit entscheidet über die Gestalt menschlichen Glücks.

Marcuse

76

Franz J. Bogner
Goethes V'st
(1973)

Goethe hat an seinem Faust fast

durch sein ganzes Leben
gearbeitet
gearbeitet
gearbeitet
gearbeitet
gearbeitet
gearbeitet
Sonntag
gearbeitet
gearbeitet
gearbeitet
gearbeitet
gearbeitet
gearbeitet
Sonntag
gearbeitet
gearbeitet
gearbeitet
gearbeitet
gearbeitet
gearbeitet
Sonntag
gearbeitet
gearbeitet
gearbeitet

gearbeitet
gearbeitet
gearbeitet
Sonntag
gearbeitet
gearbeitet
gearbeitet
gearbeitet
gearbeitet
gearbeitet
Sonntag
gearbeitet
gearbeitet
gearbeitet
gearbeitet
gearbeitet
gearbeitet
Sonntag
gearbeitet
gearbeitet
gearbeitet
gearbeitet
gearbeitet
gearbeitet
Sonntag
gearbeitet
gearbeitet
gearbeitet
gearbeitet
gearbeitet
gearbeitet
Sonntag
gearbeitet

Uta Claus
und Rolf Kutschera
Faust

Der Tragödie erster Teil
(1985)

Die Personen der Handlung
Der Herr, *der Big Boss.*

Dr. Faust, *ein Hirni, der so total auf Infos steht, daß ihm die Birne schon überschwappt und er fast ausrastet. Trotzdem ist er irre gefrustet, weil er nicht den absoluten Durchblick hat.*
Mephisto, *so ein Guru aus der Unterwelt, der zwar einen richtigen Body hat, trotzdem aber kein echter Typ ist. Ein absolut mieses Charakterschwein.*
Gretchen, *ein tierischer Teeny, der noch nie eine Nummer geschoben hat. Sie fährt ungeheuer auf Faust ab, als er ihr das erste Mal über den Weg schlappt.*
Frau Martha, *irgend ne Solo-Tante aus der Nachbarschaft, deren Alter schon vor ein paar Jahren übern Jordan ist.*
Valentin, *Gretchens Bruder, wohl ein ziemlicher Macho, der als Soldat auf Achse ist. Er taucht nur einmal auf, dann ist er aber auch gleich weg vom Fenster.*
Siebel, Brander, Altmayer, Frosch, *eine Tüte voll Schlaffis, die in der Kneipe »Auerbachs Keller« rumhängen und schon ziemlich breit sind.*

Prolog im Himmel

Der Herr Mensch, Mephi, das nervt mich ungeheuer, daß Du immer nur rummotzt!
(Im Himmel sind zu sinnierend Red' vereint der Herr und Mephistopheles, der Böse, der unzufrieden mit dem Umstand ist, daß Gott dem Menschen gab Vernunft.)
Mephisto Echt ätzende Chose! Versaut doch total jede geile Action.
(Da faßt Mephisto einen Plan. Den Doktor Faustus, den studierten Mann, der gerade nach dem rechten Lebensweg

noch sucht, will er vom Pfade der Vernunft abbringen und hinführen in sein eigen teuflisch Reich.)

Mephisto Wetten, daß ich Dir den Doc abluchse, Big Boss?

(Der Herr geht auf die Wette ein. Solange Faust auf Erden lebt, darf Mephisto sein Glück an ihm versuchen. Im Tode aber will der Herr den Faust zu sich ins Reich hinnehmen.)

Der Herr Ist gebongt, Mephi, leg Dich ruhig ins Zeug. Aber sobald der Doc vom Schlitten rutscht, hast Du bei ihm nix mehr zu melden. Dann bin ich am Drücker!

(So ward die Wett' geschlossen.)

*

(In dunkler Nacht sitzt Faust in seinem Zimmer. Ihm ist der Kopf vom Grübeln schwer. Des Lebens Sinn und Zweck will er erforschen. Doch kann es ihm gelingen nicht, trotz seiner vielen Studien.)

Faust Sämtliche ätzenden Infos hab ich mir reingepfiffen. Und was ist Sache? Ich häng in der Landschaft wie ein Hirni und blick's genauso bescheiden wie vorher!

(Um zu erkennen, was die Welt im Innersten zusammenhält,

tat der Magie er sich ergeben. Doch als er dort selbst keine Lösung seiner Fragen find', er greifen will zum Letzten. Ein Fläschlein Gift grüßt vom Regale hoch hinab zu ihm.)

Faust Null Bock auf Future!

Ich glaub, ich geb den Löffel freiwillig ab. Her mit dem Stoff und ab in die Kiste. Ex und hopp!

(Doch eh' es naht der Mund der gift'gen Schale sich, setzt ein gewaltig Tösen an: des Osterfestes erste Feierstunde beginnt mit Glockenschlägen und hält den Faust von seiner Tat zurück.)

Faust Echt geile Nummer, kerniger Sound.

Das törnt ja wahnsinnig an! Ich glaub, ich mach doch noch ein paar Takte länger mit.

(Gerettet ist der verzweifelt' Mann vorerst. Am Ostermorgen tritt er vor das Tor der Stadt, wo's Volk den Frühling feiert mit Tanz und Sang und Lachen.)

Faust Die Peoples hier sind ja brutal gut drauf heute, und die Vibs springen total rüber.

(Doch obwohl ihm wird das Herze weit und Lebensfreude will ihn greifen, ist noch der nächtlich Geist in ihm, der ihn nicht läßt. Zwei Seelen spürt er ach in seiner Brust: Verzweiflung und auch Freude.)

Faust Ich hab ein Feeling wie der letzte Schizo drauf.
(Als er den Schritt nach Hause lenkt, folgt ihm ein Pudel von dem Feld bis in die dunkle Stube. Erst achtet er ihn kaum und sitzt gebeugt am Tisch. Die Leichtigkeit des Tags verflog, kein Freude will mehr aus dem Busen quellen. Zudem das Tier noch unruhig wird – das Denken tut's ihm stören.)
Faust Schnauze, Du abgefuckte Mist-Töle, jetzt nerv mich nicht auch noch! Dein Gekläff geht mir irre auf die Eier!
(Da plötzlich wird der Hund zum Mann in einem großen Krach und Nebel. Mephisto tritt auf Faust hinzu, er war des Pudels Kern.)
Faust Das Überraschungs-Ei! Was bist Du denn für ein tierischer Popper?
Mephisto Ich bin die absolut ätzende Negativ-Power.
Ich verschaff Dir nen echt pompösen Trip, wenn Du Bock drauf hast. Affengeile Action, sag ich Dir, und tierisch gut gegen Deine Depressis!
Faust Und was für ne Löhnung willste dafür einstreichen?
(Mephisto will sich hier auf Erden ganz in den Dienst des Faust begeben. Dafür erhebt er Anspruch auf den Faust,

wenn dieser schließt das Aug' auf ewig – sie sich im Jenseits wiederfinden.)

Faust Alles im Lot auf dem Riverboot.

Mephisto Das will ich schriftlich.

Faust Haste ein Formular mitgebracht?

Mephisto Nee, muß ich noch schreiben. Mit Deiner roten Soße. Komm, ich schlitz Dich mal kurz.

(Drauf ward das Bündnis mit ein Tröpflein Blut aus Faustens Arm besiegelt.)

Faust Alles paletti. Und was ist jetzt angesagt?

Mephisto Jetzt klinken wir uns hier erstmal aus, Doc.

(Drauf breitet er den Mantel aus, und beide fahren in die Lüfte. Erst fahr'n sie in ein Wirtshaus ein, wo eine Handvoll rauh' Gesellen zecht und machet ein Gelage.)

Siebel Der Arsch war bemoost, prost!

Brander Total miese Stimmung in diesem Wichs-Laden!

Altmayer Heute lassen wir mal die Sau raus!

Frosch Rülps! *(Als Faust samt seinem Diener kommt, fängt dieser an, das Volk zu unterhalten. Mephisto bohrt gar Löcher in das Holz des Tisches und fragt ein jeden, welcher Wein ihm schmeckt am besten.)*

Siebel Chianti!

Brander Beaujolais!

Altmayer Bauerntrunk!

Frosch Äppelwoi!

(Und schon quillt Wein aus jedem Loch mit Macht hervor und ist kaum mehr zu bremsen. Doch Freude schlägt in Zorn schnell um und läßt's Geblüte wallen, als Mephisto statt Wein läßt Feuer nun dem löchrig Tisch entsteigen. Die Männer fühlen sich genarrt und wollen böse werden.)

Siebel Ich glaub, mein Hamster bohnert!

Brander Riesensauerei!

Altmayer Du hast wohl ein Ei am Wandern!

Frosch Verpiß Dich, Du Schleimer!

(Da heben sich hinfort gar schnell Mephisto und der Faustus in eine Hexenküche. Die ist gefüllt mit Rauch und Nebelschwaden. Viel seltsam Tier kreischt, faucht und jault. Es ist wie Höllen-Ahnen.)

Faust Das hältste ja im Kopp nich aus! Werner Herzog dreht schon wieder nen Film. Fehlt nur noch Klaus Kinski!

(Da fällt dem Faust der Blick in einen Spiegel, worin er sieht ein wonnigliches Angesicht. Und um ihn ist's geschehen.)

Faust Echt irre scharfer Teeny. Ich flipp total weg!

(Mit Macht drängt's ihn zum Weibe hin.)

Faust Die muß ich legen, oder ich raste aus!
(Mephisto drauf der Hexe sagt, dem Faust ein Tränklein anzurühren, daß er ein Jüngling wird und schön. Die Hexe tut wie ihr geheißen, und Faust trinkt gleich den Zaubertrank. Man ist zurück im Städtchen nun, wo Faustus auf der Straße schreitet. Da kommt gerade von der Beichte her das Gretchen ihm entgegen. Tief in das Herz fährt ihm ein wonnig süßer Schauer.)
Faust Das ist ja der heiße Ofen!
(Arm und Geleit will er antragen ihr.)
Faust Du, ich finde Dich bockstark! Haste was dagegen, wenn ich neben Dir herschlappe?
Gretchen Willste mich verarschen, oder was? Zisch ab!
Faust Das ist ja echt irre frustend!
(Doch Mephistopheles soll nun zu Diensten stehen, g'schwind ihm das Herz der Grete öffnen.)

*

(Mephisto schleicht sich ein bei Marthe, einer Nachbarin, zugleich Vertraute wohl der Grete, und tut ihr eine schrecklich' Nachricht kund.)
Mephisto Dein Alter ist hops gegangen!
(Als diese nun Genaures wissen möcht', fragt er um ein geheimes Treffen, zu dem auch Grete kommen soll.)

Marthe Geht paletti.

(Im abendlichen Garten nun bringt Marthe wohl die Grete mit. Und der Mephisto Faust. Die Grete kennt den Faust nun wieder, und kaum verbergen kann sie ihre Freude.)

Gretchen Du, irgendwie heb ich total ab, so ein bärenstarkes Feeling hab ich noch nie gehabt!

Faust Ich flipp auch völlig weg, weil ich so brutal happy bin.

(Ein neues Treffen wird vereinbart, und Faust beschwört die Grete, ihr sittsam Haltung aufzugeben.)

*

(Der Mutter bringt die Grete einen Saft zum Schlafen, drauf schlüpft der Faust in ihre Kammer.)

Faust Zur Sache, Schätzchen! Mutti hat ihr Valium geschlabbert.

(Davon erfährt der Bruder Gretens, Valentin, als der nach Hause kommt vom Dienste im Soldatenrock.)

Valentin Die alte Nutte! Jetzt pennt die wohl mit jedem, was? Die kannste ja echt nur noch in ner Peep-Show verheizen!

(Auf einer nächtlich Straße trifft Valentin auf Faust und auch Mephisto, die auf dem Weg zur Grete sind. Der Bruder greift den Faustus an, doch von Mephistos böser Kraft gelenkt, sticht er dem Valentin den Stahl wohl in die warmen Därme.)

Mephisto Der Bundi ist hinüber, Doc!

(Und Gretchen trägt ein Kind im Leib.)

*

(Doch Faust ward von dem Bösen fortgeführt, zerstreuen will der seine Sinne. 'S ist Hexensabbat der Walpurgisnacht wohl auf dem Blocksberg droben. Das Gretchen ward ver-

gessen erst. Doch dann, im wüsten Treiben, sieht Faust das Bild der Grete, erinnert sich und will zurück, sich von dem Bösen sondern.)

Faust Laß endlich deine dämlichen Wichs-Griffel von mir, Du bist ja schlimmer als'n Animateur im Robinson-Club.

Mephisto Zieh keine Schau ab, Doc. Du hast die ganze Story doch selber angepfiffen.

Faust Dann beam' mich jetzt wenigstens sofort zu dem Zahn rüber!

Mephisto Okay.

(Im finst'ren Kerker derweilen darbt das Gretchen ganz verlassen. Verlieren tat sie den Verstand, starb doch die Mutter, als sie trank den Schlaftrunk jener Nacht, als Faust sich in die Kammer von dem Gretchen schlich. Der Bruder fiel durch Faustens Hand, und Gretchen selbst tat's neugeborne Kind ertränken. Als Faust nun kommt, die Liebe zu befrei'n aus ihrem Kerker ...)

Faust Los komm, wir machen die Flatter.

Gretchen Ich hab absolut Null Power mehr und find Dich und diesen Horror-Typ echt ätzend!

(... kann sie ihm folgen nicht. Dem Bösen will sie widerstehen nun. Sie fleht zum Herrn im Himmel und wird erhört.)

Der Herr Für Dich geht alles paletti, Grit, Du hast es echt total gut gebracht. Du kannst zu mir hochgedüst kommen.

(Mephisto aber reißt den Faust davon.)

Mephisto Komm, Doc! Wir dürfen jetzt nicht abschlaffen. Schließlich hat der Johnny Goethe sich noch nen zweiten Teil aus dem Hirn geschleudert.

Faust Den zieh'n wir uns jetzt aber solo rein.

Mephisto Logo, dieser alte Gierlappen von Leser geht mir die ganze Zeit schon höllisch auf die Eier! Soll der seinen Gesichtserker doch in die Story von andern Peoples reinstecken. Ciao!

Nachwort
Deutsche Goethe- und Faust-Parodien

Zu dieser Anthologie und weiterführende Hinweise

›Die Nachahmer‹ ist eine Szene in Jakob Michael Reinhold Lenz' ›Pandaemonium Germanicum‹ aus dem Frühsommer 1775 überschrieben: Goethe steht auf einem Gebirgsfelsen und hat es mit einem Haufen Gaffer zu tun, die ihm nachzuklettern versuchen; sie rufen: »Sollst gleich herunter sein, Hanns Pickelhäring, bist ja nur um eine Hand hoch höher als wir.« Doch bei ihren Attacken stellen sie sich eher erbärmlich an: sie purzeln jämmerlich über- und untereinander, lassen sich die Steine, mit denen sie nach ihrem Gegner werfen wollen, auf den Fuß fallen, schlagen sich gegenseitig mit ihnen tot oder springen gar ins Wasser und strecken alle Viere in die Luft, als Goethe ein Blatt Papier aus der Höhe herabflattern läßt, weil sie fürchten, ein Ätna-Ausbruch stünde ihnen unmittelbar bevor. Ein ganzer Haufen auf den Knien, heißt es in der Szenenanmerkung, die Hände in die Höhe erhoben, ruft: »O schone, schone! weitwerfender Apoll!« Goethe kehrt sich lachend um zu Lenz, der selbst mit von der Partie ist in diesem Stück, und spottet: »Die Narren!«
In einer anderen, nicht weniger verrückten Szene dieses Stücks landet ein Luftschiff mit Kritikern, um bei Goethe Anschluß an den ›Geist der Zeit‹ zu finden. Als Goethe ihnen ein Seil zuwirft, verwandeln sie sich allesamt in Schmeißfliegen und besetzen ihn von oben bis unten; er schüttelt sie ab, und sie verwandeln sich in kleine Jungen,

die ziellos auf dem Berg herumlaufen. »Goethe steigt eine neue Erhöhung hinan, eine Menge von ihnen umklammert ihm die Füße«; er schüttelt sie von den Beinen und wirft sie alle kopflängs den Berg hinunter: »Ihr Schurken, daß ihr euch immer mit fremder Größe beschäftigt und nie eure eigene ausstudiert.«
Lenz mochte, als er dies schrieb, an jene Parodien gedacht haben, die Goethe eben mit dem ›Werther‹ auf sich gezogen hatte, vor allem von seiten Friedrich Nicolais, der die ›Leiden‹ des Helden in ›Freuden‹ verkehrt und so dem ganzen Roman seine empfindsame Spitze gebrochen hatte. Couragiert stellt er sich an die Seite des attackierten Freundes und bietet mit ihm aller feindlichen Welt Paroli. Doch der Fall ist komplizierter! Hatte man nicht eben noch in der literarischen Öffentlichkeit gemutmaßt, Goethe sei der Verfasser des ›Hofmeister‹ – und hatte Lenz einen Nachahmer Goethes genannt? Lenz löst sich also während des Stücks aus den Armen seines Freundes und geht auch seinerseits ironisch-parodistisch auf Distanz. Statt wie Goethe weiter auf der Spitze seines Berges zu verharren, bekennt Lenz von sich: »Ach, ich nahm mir vor, hinabzugehn und ein Maler der menschlichen Gesellschaft zu werden.« Und in der Tat bleibt er für den Rest des Stücks in ›seinem Winkel‹, wo er »Gesichter über Gesichter schneidt« und sich für das kommende Säkulum parat hält.
Damit ist dieses satirische Drama in doppelter Hinsicht interessant: es zeigt zum einen, daß sich gegen Goethe von Anfang an neben aller Verehrung und Bewunderung auch Spott und Parodie regten, darunter häufig aus der Feder unproduktiver Kritikaster, reaktionärer Geister und rechter Dümmlinge ohne poetisches Genie, und hält zum anderen fest, daß der Dichter gerade in seiner Größe zu einer produktiven Kritik, zu notwendigen stilistischen Kontra-

fakturen, eben Parodien als Gegenentwürfen in der Art von Lenz, herausforderte.

Die Situation verschärfte sich in den ersten Jahrzehnten des neunzehnten Jahrhunderts, als Goethe auf die Höhe seines literarischen Ruhms gelangte und doch gleichzeitig für viele seiner Zeitgenossen die politischen Möglichkeiten, die ihm diese herausgehobene Position bot, verfehlte. Zumindest einige jener Besucher, die den Geheimrat damals in Weimar visitierten, haben recht merkwürdige Porträts gezeichnet; etwa Franz Grillparzer in seiner ›Selbstbiographie‹, in der er die Begegnung des Jahres 1826 wie folgt festhält: »Gegen Abend ging ich zu Goethe. Ich fand im Salon eine ziemlich große Gesellschaft, die des noch nicht sichtbar gewordenen Geheimrats wartete. [...] Endlich öffnete sich eine Seitentüre und er selbst trat ein. Schwarzgekleidet, den Ordensstern auf der Brust, gerader, beinahe steifer Haltung trat er unter uns wie ein Audienz gebender Monarch. [...] Ich gestehe, daß ich mit einer höchst unangenehmen Empfindung in mein Gasthaus zurückkehrte. Nicht als wäre meine Eitelkeit beleidigt gewesen. Goethe hatte mich im Gegenteile freundlicher und aufmerksamer behandelt als ich voraussetzte. Aber das Ideal meiner Jugend, den Dichter des Faust, Clavigo und Egmont als steifen Minister zu sehen, der seinen Gästen den Tee gesegnete, ließ mich aus all meinen Himmeln herabfallen. Wenn er mir Grobheiten gesagt und mich zur Türe hinausgeworfen hätte, wäre es mir fast lieber gewesen. Ich bereute fast nach Weimar gegangen zu sein.«

Noch seltsamer dürfte – zwei Jahre zuvor – das Treffen zwischen Goethe und Heinrich Heine ausgefallen sein, über das wir freilich keinen so detaillierten Bericht besitzen, doch soll Heine von Plänen zu einer eigenen

›Faust‹-Dichtung gesprochen haben – und Goethe daraufhin äußerst indigniert gewesen sein. Was es mit diesem Werk auf sich haben sollte, darüber schreibt Eduard Wedekind in seinen Tagebüchern unter dem Datum des 16. Juli 1824: »Heine denkt einen ›Faust‹ zu schreiben; wir sprechen sehr viel darüber, und seine Idee dabei gefällt mir sehr gut. Heines ›Faust‹ wird gerade das Gegenteil vom Goetheschen werden. Bei Goethe handelt Faust immer, er ist es, welcher dem Mephisto befiehlt, dies und das zu tun. Bei Heine aber soll der Mephisto das handelnde Prinzip sein, der den Faust zu allen Teufeleien verführt. Bei Goethe ist der Teufel ein negatives Prinzip. Bei Heine soll er ein positives werden – Heines Faust soll ein Göttinger Professor sein, der sich an seiner Gelehrsamkeit ennuyiert. Da kommt der Teufel zu ihm und belegt ein Kolleg, erzählt ihm, wie es in der Welt aussieht, und macht den Professor kirre, so daß dieser nun anfängt liederlich zu werden. Die Studenten auf dem Ulrich fangen an darüber zu witzeln, ›unser Professor geht auf den Strich‹, sagen sie, ›unser Professor wird liederlich‹, heißt es immer allgemeiner, bis der Herr Professor die Stadt verlassen muß und mit dem Teufel auf Reisen geht. – Auf den Sternen indessen haben die Engel Teegesellschaften, wo Mephisto auch hinkommt, und da beratschlagen sie über den Faust – Gott soll ganz aus dem Spiel bleiben. – Der Teufel macht mit den guten Engeln eine Wette über den Faust. Die guten Engel liebt Mephisto sehr, und diese Liebe, besonders zum Engel Gabriel, denkt Heine so zu schildern, daß sie ein Mittelding wird zwischen der Liebe guter Freunde und der Liebe der Geschlechter, die bei den Engeln nicht sind. Diese Teegesellschaften sollen das ganze Stück fortgehen. Über das Ende ist Heine noch nicht gewiß, vielleicht will er den Professor durch Mephisto, der sich zum Schinder gemacht hat, hängen lassen, vielleicht will er gar kein Ende machen, weil er dadurch den Vorteil erhält, manches in das Stück hereinbringen zu können, was eigentlich nicht hereingehört.«

Was das Nachschreiben und Plagiieren des ›großen Klassikers‹ angeht, auf das bereits Lenz hinweist und das ein fester Bestandteil der affirmativen Rückberufung auf die deutsche Klassik im neunzehnten und zwanzigsten Jahrhundert ist, liefert Karl Kraus in seiner satirisch-kritischen Summe des Ersten Weltkriegs, in seinem Weltuntergangsdrama ›Die letzten Tage der Menschheit‹, als Buch gedruckt 1922, ein instruktives Beispiel. In der dreizehnten Szene des zweiten Akts begegnen sich in der Wiener Florianigasse die Hofräte i. P. Tibetanzl und Dlauhobetzky von Dlauhobetz, die beide zur nationalen Mobilmachung ihr Teil beitragen, indem sie Kriegsgedichte schreiben, der eine für die ›Mittagszeitung‹, der andere für die ›Muskete‹. Auf die Frage Tibetanzls »Hast wieder ein Gedicht gemacht? Worauf denn?« antwortet Dlauhobetzky: »Wirst gleich merken, worauf. Wanderers Schlachtlied. Das is nämlich statt Wanderers Nachtlied, verstehst –

Über allen Gipfeln ist Ruh,
Über allen Wipfeln spürest du
Kaum einen Hauch –.«

Hier unterbricht ihn Tibetanzl und wirft ein: »Aber du – das is klassisch – das is ja von mir!« Dlauhobetzky erwidert und fährt fort: »Was? Von dir? Das ist klassisch, das is von Goethe! Aber paß auf, wirst gleich den Unterschied merken. Jetzt muß ich noch einmal anfangen.

Also über allen Gipfeln ist Ruh.
Über allen Wipfeln spürest du
Kaum einen Hauch.
Der Hindenburg schlafet im Walde,

Warte nur balde
Fällt Warschau auch.

Ist das nicht klassisch, alles paßt ganz genau, ich hab nur statt Vöglein Hindenburg gesetzt und dann also natürlich den Schluß auf Warschau. Wenn's erscheint, laß ich mir das nicht nehmen, ich schick's dem Hindenburg, ich bin ein spezieller Verehrer von ihm.« Im weiteren Verlauf des Gesprächs stellt sich heraus, daß Tibetanzl den Tag zuvor »nämlich ganz dasselbe« Gedicht gemacht hat, nur mit mehr Veränderungen und »mehr gspassig«, wie Dlauhobetzky attestiert; es heißt ›Beim Bäcken‹:

»Über allen Kipfeln ist Ruh,
Beim Weißbäcken spürest du
Kaum einen Rauch.
Die Bäcker schlafen im Walde
Warte nur balde
Hast nix im Bauch.«

Die Szene schließt mit dem Ausruf Dlauhobetzkys: »Du, das is förmlich Gedankenübertragung!« – und Tibetanzls Reaktion darauf: »Ja, aber jetzt hab ich mich umsonst geplagt. Jetzt muß ich warten, ob deins erscheint. Wenn deins erscheint, kann ich meins nicht der Muskete schicken. Sonst glaubt man am End, ich hab dich paradiert!«

Was wie satirische Erfindung anmutet, ist in Wirklichkeit – wie fast alle Satire bei Karl Kraus – nur Zitat: »die grellsten Erfindungen sind Zitate. [...] Das Dokument ist Figur.« Beleg dafür ist, was die gegebenen Beispiele betrifft, der Artikel ›Goethes Volk‹ in den Heften 454–456 der von Kraus herausgegebenen Zeitschrift ›Die Fackel‹. Im Anschluß an ein Kriegsgedicht Georg Böttichers, das dem Jahrgang 1917 der Kunst- und Literaturzeitschrift ›Jugend‹ entnommen ist, heißt es dort: möge die Bestie der Gegenwart wie zur todbringenden Maschine auch zum Vers grei-

fen, mögen Hauptmann und Dehmel »hinunter bis zum letzten Ulkbruder« zusammenschmieren, was die entgeistigte Zeit hält, vor der letzten weltgeschichtlichen Instanz werde all dies als unerheblich abgewiesen werden, wenn es sich »zu Ungunsten der deutschen Sprache gegen das Dasein der Luther, Gryphius, Goethe« etc. behaupten wollte; die verstunkene Epoche habe sich nicht damit begnügt, »unter Einwirkung einer todbringenden Technik literarisch produktiv zu sein«, sondern habe sich selbst noch an den »Heiligtümern« ihrer »verblichenen Kultur« vergriffen, »um mit der Parodie ihrer Weihe den Triumph der Unmenschlichkeit zu begrinsen:
Im ›Frankfurter Generalanzeiger‹ lesen wir:

Frei nach Goethe!
Ein englischer Kapitän an den Kollegen.
Unter allen Wassern ist – ›U‹
Von Englands Flotte spürest du
Kaum einen Rauch . . .
Mein Schiff versank, daß es knallte,
Warte nur, balde
R-U-hst du auch!«

Karl Kraus dazu im Kommentar: »Wo in aller Welt ließe sich so wenig Ehrfurcht aufbringen, den letzten, tiefsten Atemzug des größten Dichters zu diesem entsetzlichen Rasseln umzuhöhnen? Die Tat, die es parodistisch verklären soll, ist eine Wohltat, verglichen mit der Übeltat dieser Anwendung, und hundert mit der Uhr in der Hand versenkte Schiffe wiegen eine Heiterkeit nicht auf, die mit Goethe in der Hand dem Schauspiel zusieht.«
Indem er »das ist klassisch – das is ja von mir« umschlagen läßt in »Das ist klassisch, das is von Goethe« und umgekehrt, thematisiert der Dialog der Hofräte Tibetanzl und Dlauhobetzky in seinen entscheidenden Passagen die ab-

straktere Etikettierung, wie sie der ›Fackel‹-Artikel vornimmt. Der Skopus liegt darin, daß sich der Verweis auf Goethe als Garant für ›klassisch‹ grotesk in den Hinweis auf den literarischen Konkurrenten verkehrt, der dem Einfall zuvorgekommen ist, sich am Gedicht des Klassikers die fehlende Aura für rüde Propaganda zu holen. Interessant an dem ›Fackel‹-Aufsatz ist dabei, daß Kraus den Begriff der Parodie nicht für sich und seine Zurschaustellung von Zitaten reklamiert, sondern lediglich dazu benutzt, den Stand der Banalisierung und Aushöhlung zu markieren, den der Rekurs auf den Klassiker mit ›Unter allen Wassern ist – ›U‹ tatsächlich erreicht hat. Das von Karl Kraus angeschlagene Verfahren, das die Beiträge der ›Fackel‹ wie das Drama der letzten Menschheitstage trägt, läßt sich daher treffend als raffinierte Technik der Selbstentlarvung des satirischen Objekts kennzeichnen. Es heißt dazu in der ›Fackel‹: »Mein Amt war nur ein Abklatsch eines Abklatsches. Ich habe Geräusche übernommen und sagte sie jenen, die nicht mehr hörten. Ich habe Gesichte empfangen und zeigte sie jenen, die nicht mehr sahen. Mein Amt war, die Zeit in Anführungszeichen zu setzen, in Druck und Klammern sich verzerren zu lassen, wissend, daß ihr Unsäglichstes nur von ihr selbst gesagt werden konnte. Nicht auszusprechen, nachzusprechen, was ist. Nachzusprechen, was scheint. Zu zitieren und zu photographieren.«

An dieser eskalierten, durch die historische Situation des Ersten Weltkriegs bedingten Zuspitzung der Kritik bei Karl Kraus läßt sich die Differenz veranschaulichen, die zu Form und Ausprägung der Satire im neunzehnten Jahrhundert und speziell auch zur satirischen Auseinandersetzung mit den Klassikern in dieser Zeit besteht. Der auffallendste Unterschied liegt im Umsprung des Parodie-Begriffs selbst: was zuvor produktive, programmatische Kritik war und als solche auf eine direkte Auseinandersetzung mit den noch lebendigen und noch lebendig nachwirkenden Autoren abzielte, verkommt zur grotesken Selbstentlarvung derer, die sich zwar betont in die Tradition der Klassik stellen und sich als ihre Hüter sehen, sie in Wirklichkeit aber pervertieren und in geradezu unglaublicher Weise ad absurdum führen. Eben deshalb meint Parodie jetzt ›Verhöhnung‹ und ›Verspottung‹ in ganz und gar negativer Weise, wobei das Ziel der Satire gar nicht mehr der Klassiker selbst abgibt, sondern nur noch der epigonale Nachäffer, der sich für ein Original hält.

Die Stilisierung Goethes zum ›Klassiker‹ entsprach den Reputationsbedürfnissen der bürgerlichen Kultur des neunzehnten Jahrhunderts, doch: während man seinen Kopf in Büsten goß, Straßen und Plätze nach ihm benannte und mit Zitaten aus seinen Werken um sich warf, um sich als ›gebildet‹ zu stilisieren, rührte sich gleichzeitig markanter Widerspruch. Zunächst unter den Autoren des ›Jungen Deutschland‹, deren Klassik- und Goethe-Kritik entschieden eskalierte. So schrieb zum Beispiel Ludwig Börne, nie habe der Herkules der deutschen Literatur auch nur ein »armes Wörtchen« für sein Volk gesprochen, »er, der früher auf der Höhe seines Ruhms unantastbar, später im hohen Alter unverletzlich, hätte sagen dürfen, was kein anderer wagen durfte«. Und Heinrich Laube merkte zu den späten Parteigängern Goethes an: »die kompromittiertesten Bürger unseres Vaterlandes gehörten zu ihnen. Sie gaben der Poesie das Ansehn, als sei sie nur ein Spielzeug des Despotismus.« Daraus folgt doppelter Ehrgeiz: zum einen versucht man, die Goetheschen Formen ihrer fatalen Mißnutzung durch reaktionäre Adepten zu entreißen, zum anderen setzt man alle Energie daran, sie im Sinne der Kritik Börnes und Laubes mobil zu machen für Inhalte, um die Goethe sich ihrer Ansicht nach gedrückt hat.

Die ersten Parodien auf Goethes ›Faust‹ – Umdichtungen, Weiterdichtungen, Konterkarikaturen – erschienen noch zu Lebzeiten des Dichters – und sie ziehen sich in beinahe lückenloser Folge durch das ganze neunzehnte und zwanzigste Jahrhundert herauf bis in unsere unmittelbare Gegenwart; das läßt darauf schließen, daß es sich um eine anhaltend brisante Auseinandersetzung handelt. Neben bekannt gebliebenen Texten wie Heinrich Heines ›Faust, Ein Tanzpoem‹, Friedrich Theodor Vischers ›Faust, Dritter Teil‹ (in unserer Auswahl haben wir der Vorläuferpublikation ›Zur Fortsetzung des Faust‹ den Vorzug gegeben) oder Alfred Polgars Sketch ›Goethe‹ aus dem Kabarett ›Fledermaus‹ versammelt die hier vorgelegte Ausgabe eine Fülle gerade auch abseitigerer Beispiele, darunter zahlreiche Ausgrabungen aus den humoristisch-satirischen Karikaturzeitschriften des neunzehnten und zwanzigsten Jahrhunderts. Die dichte Kette der Beispiele zeigt, daß die parodistische Ausarbeitung der großen Vorlage zu unterschiedlichen Zeiten ganz unterschiedliche Resultate gezeitigt hat, und gerade ihre jeweilige Aktualisierung hält die Parodie auf den Klassiker spitz und frisch. Dabei steuert die kritische Implikation den satirischen Einfall und gibt ihm ihre unverwechselbare Kontur: so stellt Vischer den Dramenhelden unter das Diktat der bald stoff-, bald sinnhuberisch sich gerierenden Klassiker-Philologie der Restaurationsperiode nach der gescheiterten Revolution von 1848/49 und verurteilt ihn dazu, einer Klasse dummer Schulbuben die Geheimnisse von ›Faust II‹ lösen zu helfen; so wenden sich die Berliner Dadaisten gegen die Gründung der neuen Republik aus dem ›Geiste Weimars‹, sagen in ihrem ›Pamphlet gegen die Weimarische Lebensauffassung‹ dem dichterischen Klassizismus als dem »Ideal aller Schwachköpfe« den Kampf an – »Goethes zweiter Faust«: »Es ist schlechterdings alles darin enthalten, was nicht in Schillers Räubern vorkommt« – und greifen mit Albert Ullrichs ›Goethes Testament‹ von 1919 eine besonders abstruse Goethe-Publikation ihrer Zeit auf, um sie als objet trouvé einer auch ohne ihr Zutun nur zu dadaistischen Welt vorzuführen; so läßt während des Zweiten Weltkriegs im englischen Exil Dosio Koffler Faust und Mephisto über ein von den Nationalsozialisten beherrschtes, mit KZ-Lagern durchsetztes und in den Krieg geführtes Deutschland hinwegfliegen und klärt sie darüber auf, daß das ›ewige Deutschland‹ der Klassiker ins Ausland emigriert ist und nur noch über Geheimsender zur Nation zu sprechen vermag; und so läßt schließlich 1968 das Autoren-Zeichner-Gespann Paul-Gerhard Hübsch und Alfred Meysenbug die von Goethe überkommene Literatur-Figur zum ›Mini-Faust‹ mutieren und führt sie in die drogenselige Hippie-Szene der Gegenwart, wobei die einzelnen Stationen ihres Lebens zwischen Hure Helena und Unschuld Gretchen merkwürdig durch Zitate nach Hegel, Marcuse und Adorno kommentiert und zugleich verfremdet sind.

Ganz besonders im Zentrum der ›Faust‹-Parodien stehen die ›Walpurgisnacht‹-Szenen in ›Faust I‹ und ›Faust II‹, fortgeschrieben zur ›Dritten Walpurgisnacht‹. Unter diesen Titel faßte Karl Kraus ein eigenes Buch, in dem er sich mit Hitler und dem deutschen Nationalsozialismus auseinandersetzte; dabei konnte er sich in seiner satirischen Festlegung auf jene – ebenfalls satirischen – Xenien-Verse auf ›General‹, ›Minister‹, ›Parvenu‹ und ›Autor‹ berufen, die Goethe selbst in die ›Walpurgisnacht‹ schon seines ›Faust,

Erster Teil‹ hatte einfließen lassen. In deren Sinn zitiert er in seinem immer wieder durch aktuelle Zeitungsmeldungen stimulierten Essay, der mit Blick auf die ›Letzten Tage der Menschheit‹ als ›verweigertes Drama‹ zu begreifen ist, quer aus Goethes ›Walpurgisnacht I und II‹ und decouvriert mit Hilfe der klassischen Vorlage die inkriminierte politische Szene. Auf diese Weise finden die neuen Machthaber und etwa Joseph Goebbels folgende Würdigung im Zeichen Goethes:

»Wie sie dem Satyrvolk behagen:
Ein Bocksfuß darf dort alles wagen.«

Was es insgesamt mit der ›Walpurgisnacht‹-Analogie auf sich hat, spricht Kraus mehrfach an, am eindeutigsten gleich zum Schluß des ersten Abschnitts seines Buches, wo er darauf hinweist, er selbst – als einzelner, vereinzelt – sei dem satirischen Stoff, der sich ihm anbietet, kaum gewachsen; statt sie zu beflügeln, müsse er seine Gestaltungslust lähmen, um die »Formenfülle dieser dritten Walpurgisnacht zu meistern«: »Rings nichts als Stupor, Gebanntsein von dem betörenden Zauber der Idee, keine zu haben. Von der Stoßkraft, die den geraden Weg nahm von keinem Ausgang zu keinem Ziel. Von der Eingebung eines Vierjahrtausendplans, daß das menschliche Paradies gleich hinter der Hölle des Nebenmenschen anfängt und alles Leid dunkler Ordnung, mit Begriffen wie Transfer und Rediskont, sein Ende hat in einem illuminierten Chaos; in dem chiliastischen Traum entfesselte Millenarier: Gleichzeitig von Elektrotechnik und Mythos, Atomzertrümmerung und Scheiterhaufen, von allem, was es schon und nicht mehr gibt! Rings nichts als Staunen vor dem Wunder einer Staatswirklichkeit, die bis zum Paragraphen aus dem Rausch geboren ward, für die Volkswirtschaft versorgt mit dem Judenboykott und darüber hinaus mit den Weissagungen der Norne Verdhandi, welche das Seiende regelt. Ich frage mich, wie solche Erhebung nicht deprimieren sollte, was an geistiger Entschlußkraft in einem Gemüt noch vorhanden und von den Strapazen der Kriegs- und Nachkriegsjahre nicht verbraucht war.«

Ihm falle zu Hitler nichts ein, bekannte Kraus – aus dieser Niedergeschlagenheit heraus, die man ganz wörtlich nehmen muß – mit dem ersten Satz seiner ›Dritten Walpurgisnacht‹, unmißverständlich in dem Sinn, daß der Versuch, dem Übel aus eigener Kraft heraus satirisch die Stirn zu bieten, den täglich sich ereignenden Ungeheuerlichkeiten gegenüber längst zur Metapher degradiert ist. Der Rückgriff auf Goethe muß also aus der inneren Notwendigkeit eines dem Kritiker letztmöglichen Widerstandes heraus gesehen werden, dies aber keineswegs nur in negativer Absicht. Die satirische Ersatzfunktion, in die Karl Kraus Goethes ›Walpurgisnacht‹ bringt, kommt der Rettung, der Wiederherstellung einer verlorengegangenen kritischen Dimension gleich: das macht – angesichts der Machtübernahme der Nationalsozialisten und des Ausbruchs ihrer Kulturbarbarei – das Spezifische seiner Haltung als Autor und gleichzeitig das Einmalige seiner Rezeption des Klassikers aus.

Noch zu Goethes Lebzeiten überwogen zunächst – natürlich auf der Grundlage seines ›Faust, Erster Teil‹ – Versuche in Nach- und Paralleldichtungen; auf die ›Walpurgisnacht‹-Szene, die ja im 1790 gedruckten ›Faust‹-Fragment noch nicht enthalten war und in ihrer späteren Konzeption auf ein gewandeltes, kompliziertes dramatisches Konzept verwies, fiel dabei kein besonderes Augenmerk. So jedenfalls im ›Faust‹-Versuch Adalbert von Chamissos von 1806 oder im ›Faust‹-Gedicht Nikolaus Lenaus von 1823. Auch der Theaterpraktiker August Klingemann, der sich mit sei-

ner ›Faust‹-Version von 1815 relativ nah an Goethe hielt, konnte oder wollte der ›Walpurgisnacht‹ keinen Reiz abgewinnen: er inszenierte allenfalls ein wildes Maskentreiben, das von Geistern belebt wird, die um Mitternacht Urlaub aus ihren Gräbern genommen haben, aber verharrt ansonsten ganz in der realistischen Fiktion.
Anders die spät- und nachromantische Generation! Christian Dietrich Grabbe läßt seinen Faust – statt auf dem Brocken – auf dem Gipfel des Montblanc residieren; ›Wilde Gegend am Montblanc‹ ist die Szene überschrieben, in der es zur Begegnung mit Don Juan kommt: ›Don Juan und Faust‹ – so lautet ja der Titel dieses ganzen Stücks von 1829. In der Schilderung des Dieners Leporello gewinnt der grause Ort folgende Wortgestalt:

»Mein Gott, so seht doch nur! Wir ließen schon
Die letzten Wolken unter uns zurück, und stets
Wächst noch des Berges Gipfel hoch und höher!
Wenn man hinaufsieht, ist's, als drehte
Die Welt sich wie ein Eimer um, als ob
Die Höhe Tiefe würd', als könnt ich in
Den Himmel fallen!«

Ohne ausdrücklichen Hinweis auf Goethe und doch in verdeckter Anspielung auf ihn hat Karl Leberecht Immermann dem ganzen fünften Buch seines ›Münchhausen, Eine Geschichte in Arabesken‹ die Überschrift ›Walpurgisnacht bei Tage‹ gegeben; und sie wiederum bezieht sich konkret auf das sechzehnte Kapitel, in dem ein »unheimliches Schauspiel« geboten wird: der wildgewordene Schloßherr – der alte Baron aus dem Nebenast derer von Schnuck-Puckelig-Erbsenscheucher in der Boccage von Warzentrost – wütet in grotesker Kostümierung – ein »komischer Lear« – im Gebälk seines Schlosses Schnick-Schnack-Schnurr und tituliert sich in irrer Rede als »letzter deutscher Kaiser«. »Ja, der Adel ist eine Magie, Bourgeoisie und Philosophie mögen sagen, was sie wollen«, kommentiert sich diese Szene ironisch in der Rede des Romanhelden Münchhausen und stößt so – humoristisch-satirisch – zur Gleichsetzung von ›Adel‹ und ›faulem Zauber‹ vor: »Adel ist eine Schrift mit sympathetischer Dinte; tausendmal verschwunden, kommt sie immer wieder zum Vorschein.«

In diesem Zusammenhang fällt der Name Heinrich Heines, der freilich seinerseits festgehalten habe, daß zur Beseitigung des Adels selbst ein Moment von Adel oder adeliger Courage gehöre; Mirabeau – zum Exempel – »würde den Thron zu erschüttern nicht den Mut gehabt haben, wäre er nicht Graf gewesen«. Aber auch Heine legt ja seinen ›Doktor Faust, Ein Tanzpoem‹ – 1847 entstanden, erstgedruckt 1851, also gut zehn Jahre nach Immermanns ›Münchhausen‹-Roman – als Attacke auf den Adel und zusätzlich als Angriff auf das Papsttum und die katholische Kirche an; er erklärt »die Revolte der realistischen, sensualistischen Lebenslust gegen die spiritualistisch altkatholische Ascese« zur »eigentlichen Idee der Faustsage«, wie sie schon im Volksbuch vom Doktor Faust zutage trete, auf das er sich – mit Goethe rivalisierend – in besonderer Weise zurückbezieht. Goethe habe nämlich, argumentiert er, als er den ersten Teil seines ›Faust‹ dichtete, auf seinem Hexen-Blocksberg der Erscheinung Helenas noch keinen Raum gegeben, erst vier Dezennien später, als er den zweiten Teil dichtete, habe er darin die Griechin auftreten lassen, »und in der Tat, er behandelte sie con amore«: »Es ist das Beste oder vielmehr das einzig Gute im besagten zweiten Teile, in dieser allegorischen und labyrinthischen Wildnis, wo jedoch plötzlich, auf erhabenem Postamente, ein wunderbar vollendetes griechisches Marmorbild sich erhebt und uns mit den weißen

Augen so heidengöttlich liebreizend anblickt, daß uns fast wehmütig zu Sinne wird.«
Heine zieht also nur die Konsequenz aus dieser seiner Goethe-Kritik, die immer auch ein Stück Bewunderung enthält, wenn er dieser Verkörperung des »Reinschönen« und der »griechischen Harmonie«, wenn er diese Botin der »Homerischen Frühlingswelt« in die als ›schwarze Messe‹ aufgezogene nordische Walpurgisnacht hineinzieht und sie das finstere Fratzentreiben zu Ehren des großen schwarzen Bocks sprengen läßt, auf dessen Antlitz – wie es ausdrücklich heißt – »der Trübsinn eines gefallenen Engels und der tiefe Ennui eines blasierten Fürsten« liegt. Der Dichter hat sich, wie seine an Benjamin Lumley adressierten ›Erläuterungen‹ dokumentieren, ausführlich mit dem Volksglauben zur Walpurgisnacht beschäftigt, aber er flüchtet nicht einfach in die volkskundliche Rekonstruktion, sondern gibt dem Ganzen den angedeuteten Drall ins Antifeudale und Antikirchliche.
Die politische Brechung der Werke Goethes liegt in der Luft der Zeit, die man – mit Blick auf den Ausbruch der bürgerlichen Revolution des Jahres 1848 – als Vormärz-Periode bezeichnet. Stellvertretend für eine Unzahl von Texten, die sich parodistisch-quer zum Schaffen des Klassikers anführen ließen, darunter natürlich alle möglichen Kontrafakturen des ›Faust‹ und seiner beiden ›Walpurgisnächte‹, kann Adolph Glaßbrenners ›Jüngste Walpurgisnacht‹ stehen. Der Berliner Demokrat und Volkshumorist, Herausgeber buntester satirischer Kleinschriften, wie sie damals überall aus dem Boden schossen, Gründer und Mitarbeiter satirischer Zeitschriften und Kalender, die eine neue Dimension der literarischen Öffentlichkeit signalisierten, legte 1844 seine ›Jüngste Walpurgisnacht‹ als politische Karikatur an. Er kopiert dabei das allegorisie-

rende Verfahren, das dieser nach England und Frankreich nun auch in Deutschland aufschießenden graphischen Form der Satire eigen ist: Faust wird, eben analog zu den karikaturistischen Flugblättern der Zeit, als eine Art deutscher Michel gezeichnet! Er tritt jedenfalls im Kampf der widerstreitenden Kräfte, die unter abstrakten Begriffen wie ›Wahrheit‹, ›Lüge‹, ›Herrschaft‹, aber auch konkret als ›Zensur‹, ›Alte Pädagogik‹ oder ›Zollgeist‹ gefaßt werden, für die Rechte des »Volksverstandes« ein und repräsentiert – dann auch für Goethe selbst, der in diesem epigrammatischen Kurzdrama auf ein paar Verse das Wort erhält – einen gesunden Hang zum Handfesten, Irdischen und Körperlichen. Insofern steht er in Opposition zur Misere der Zeit und weist über das schlechte Jetzt hinaus in die Zukunft. Denn immer noch ist die ›Phantasie‹ in Fesseln geschlagen, wie sie selbst klagt:

»Durch alle Himmel möchte ich euch tragen!
Die Welt der Zauber hättet ihr im Nu:
Allein die Polizei hat mich am Kragen;
Die Konvention schnürt mir die Kehle zu.«

Und der ›Zeitgeist‹, den man sich figürlich »auf einer Schreibfeder reitend und schreiend« vorzustellen hat, charakterisiert sich pauschal wie folgt:

»Mich zwickt's und beißt's an allen Enden!
Wie ich mich drehen mag und wenden,
Ich sitze fest im alten Dreck; –
Licht her! sonst komm' ich nicht vom Fleck.«

Von hier aus ist der Weg zurück zu Karl Kraus und seiner ›Dritten Walpurgisnacht‹ weniger weit, als es – den Jahrzehnten nach – den Anschein haben könnte: bei allen Unterschieden der satirischen Methode, die hier – wie gesagt – ins Karikaturistische, dort ins Dokumentarische geht, kommt es doch – über fast ein Jahrhundert hinweg –

zur überraschenden Übereinstimmung in der Konzeption der ›Walpurgisnacht‹ als Entlarvung des Zeit-Geistes und gleichzeitig als Mobilisierung eines kritischen Widerstandes gegen ihn. Dabei ist das Verhältnis zur dichterischen Vorgabe durch Goethe durchaus ambivalent: parodistisch setzt man sich von ihr ab, geht auf Distanz zu ihr und nimmt doch auch einzelne ihrer Elemente, die ins neue Konzept passen, auf, verstärkt sie, läßt sie eskalieren...

Und: Karl Kraus steht mit seiner auf Goethe rückbezüglichen und aktuell seiner sich verfinsternden Gegenwart entgegengehaltenen ›Walpurgisnacht‹-Version nicht allein. In unterschiedlichen literarischen Zusammenhängen unseres zwanzigsten Jahrhunderts lassen sich genug Beispiele auftreiben, die ein ähnlich vielfarbiges Spektrum ergeben, wie es für die Vormärz-Ära zu konstatieren war. Erinnert sei nur an das ›Walpurgisnacht‹-Kapitel in Thomas Manns ›Zauberberg‹. Das Faschings-Maskenfest unter den schwindsüchtigen Bewohnern des internationalen Bergsanatoriums Berghof in der Schweiz, das in diesem Fall Hexensabbat und Harzer Brocken zu vertreten hat, wird makaber durch Setembrinis Hinweis darauf eingeleitet, daß leider »ein gewisser Teil der vorjährigen Festteilnehmer« diesmal nicht erscheinen könne, da das Fest »schon um ½9 Uhr« – also lange vor Mitternacht und der Geisterstunde – sein Ende finden werde. Die Konzeption des Romans hat sich aus der Idee eines »humoristischen Gegenstücks« zur Novelle ›Tod in Venedig‹ entwickelt; das der ›Walpurgisnacht‹-Adaption unmittelbar vorauslaufende Kapitel ist ›Totentanz‹ überschrieben: doch entfaltet sich am Parabelort nicht nur die tiefere Wortbedeutung von ›Karneval‹ als ›Abschied vom Fleisch‹, ›Abschied vom Leben‹, sondern weitet sich die Handlung zum Zeitroman mit Ausblick auf eine reiche Palette spätbürgerlicher Existenzformen. Dessen kritisch-karikaturistisches Moment ist in der ›Walpurgisnacht‹-Episode auf besondere Weise evident.

Eine echte ›Walpurgisnacht‹-Burleske bietet das satirische Monstredrama ›Die Blechschmiede‹ von Arno Holz, in der Erstfassung 1902 erschienen, danach – bis in die zwanziger Jahre hinein, mithin zeitlich auf der Höhe von Thomas Manns ›Zauberberg‹ – immer stärker ausgeweitet und ins Voluminöse getrieben. Der volle, ausgeschriebene Titel lautet: ›Die Blechschmiede oder Dichter, Tod und Teufel oder, wem auch selbst das noch nicht genügt, der umgekippte, umgeschwippte, umgestippte, umgestürzte Wunderpapierkorb, dessen fatale, spirale, infernale, weggeworfene, abgetane Schnipsel sich rätselhaft aufrichten, gespenstisch in Reih und Glied treten und plötzlich, hastdunichtgesehn, dendeubelnochmal, heijeijeijei, alle wieder urquick, urfidel und urlebendig werden‹. Der ›actus secundus alias divino-diabolicus‹ dieses großen Ton-, Bild- und Wortmysteriums, wie es im Untertitel heißt, ist ›Moderne Walpurgisnacht‹ überschrieben. Der ›Autor‹ im Stück schlägt das Thema an:

»Der Mond in roter Purpurpracht
kommt schweigend angeschwommen;
Johannis- und Walpurgisnacht,
seid beide mir willkommen!«

Der ›Kritiker‹ im Stück fällt ihm ins Wort:

»Johannis- und Walpurgisnacht,
wie kann man dich verwechseln?
Ich habe wirklich den Verdacht,
und finde das höchst ungeschlacht,
das alles wird hier bloß gemacht
und sozusagen vorgebracht

aus ganz gemeiner Niedertracht,
um Verse draus zu drechseln!«

Schließlich schaltet sich – »mit gerissenem Geduldsfaden« – auch noch das ›Publikum‹ im Stück ein:

»Walpurgisnacht! Walpurgisnacht!
Zum Teufel das Retardieren!
Walpurgisnacht! Walpurgisnacht!
Wir wünschen, daß sie bald donnert und kracht!
Walpurgisnacht! Walpurgisnacht!
Wir wollen uns amüsieren!«

Und das Publikum soll – weiß Gott – auf seine Kosten kommen! In einer schier endlosen Vers- und Reimkaskade – in eben der sprachspielerischen Manier also, auf die bereits der ausführlich zitierte Titel hinweist – wird der satanische Schauplatz durch hunderte, durch tausende gespenstischer Wesen bevölkert, die sich aus unterschiedlichsten kulturellen Zusammenhängen lösen und herbeigeschwirrt kommen: groteske Fabelwesen, alle möglichen historischen Gestalten, die sich nur irgend in den Bannkreis von Zauber- und Hexenwesen bringen lassen, eine ganze Revue literarischer Figuren, darunter – selbstverständlich – allerlei vertraute Figuren aus Goethes Leben und Goethes Dichtung. »Auf einem nebelschwalmfetzigen Pferdlein« kommt – »täuscht mich nicht alles« – Frau Marthe Schwertlein dahergeschwebt, und weiter:

»Baubo, Unsre Liebe Frau,
reitet auf einer trächtigen Sau;
sie bläst ganz ungeniert die Flöte
und stinkt noch prächtiger als bei Goethe!

Mit schon merklich verdünntem Atem
Marianne von Willemer, vermummt als ›Hatem‹!

Dahinter, einsam, ein Schatten: Lenz!
Meine... trauerndste Reverenz!

Im weißen Kleidchen aus Batist,
ein Dingelchen, süßer noch als der Heilige Geist,
Rührung packt mich, aufschluchzt mein Reim:
Friederike von Sesenheim!«

Der Ort des Geschehens ist nicht eindeutig festgelegt. In der einleitenden Szenenanmerkung ist von »phantastisch wechselnden Gedankenlandschaften« die Rede. Jedenfalls werden per ›teleskopischem Fernblick‹ diverseste Parallelaktionen auf weit gestreuten Bergesgipfeln – vom vertrauten Melibokus, der sich natürlich auf ›Hokuspokus‹ reimt, zum Mount Everest und exotischen Popokatepetel – mühelos ineinsgenommen. Und mitten im Wirbel – »zwischen vereinzelt dahinflitzenden Wolkenfetzen« – zeigt sich auch dieses Bild:

»Hier siehst du Faust mit Helena,
sie ist ein gutes Mädchen.
Er treibt mit ihr Allotria,
auch Weimar war ein Städtchen!«

Der Sinn von alledem? Aufschluß geben die Schlußverse der ›Blechschmiede‹, allen künftigen, zünftigen und vernünftigen Auslegern, Ausdeutern, Exegeten, Interpreten, Katecheten, Experten, Glossisten, Marginalisten und Kommentatoren ins Stammbuch geschrieben:

»Ihr bafelt, und es gibt kein Ganzes,
ihr kakerlakt, und ich verpflanz es;
zu eurem windigen Gewese
bin ich die lachende Synthese!«

Gerechtigkeit beschränkt sich in dieser Satire aufs Verwerfen: lachendsten Übermuts werden die – sogenannten –

›kulturellen Werte‹ vom Postament gestoßen. Überdruß an der Epigonenliteratur des späten neunzehnten Jahrhunderts – Ausgangspunkt schon der naturalistischen Revolte – und »Aufstand gegen die lebensferne Literatur« der Neuromantik und Neuklassik steigern sich im Prozeß des lyrisch-satirischen Dramas zu universaler Skepsis gegenüber jeder literarischen Überlieferung überhaupt. Diese Denunzierung des historischen Ballasts und seine kabarettistische Zurschaustellung sind – neben seinen kunsttheoretischen Schriften, in denen er seine ›Revolution der Literatur‹ begründet, und neben seinem ›Phantasus‹, in dem er das neue Prinzip seiner rhythmisch freien Mittelachsenlyrik praktiziert – ein ganz wesentlicher Impuls, den Arno Holz der deutschen und internationalen Moderne gegeben hat.

Mit der letzten, zu einem dicken Wälzer aufgeschwemmten Fassung der ›Blechschmiede‹ aus den späten zwanziger Jahren – der Dichter starb 1929 – liegen wir rein zeitlich in etwa auf der Höhe der ›Dritten Walpurgisnacht‹ von Karl Kraus. Das gilt jedoch nur für das äußere und äußerliche Datum – und nicht in Relation zur politischen Situation, der sich der österreichische Kritiker zu stellen sucht. Die braunen Uniformen der SA, die Hakenkreuzfahnen der Nationalsozialisten, die sich anschicken, 1933 die Macht anzutreten – erscheinen bei aller zeitkritischen Streitbarkeit nicht am Horizont der Holzschen Literatursatire; sie verharrt sozusagen in ihrer Konzeptionsphase um die Jahrhundertwende und verkapselt sich in ihr. Kommen wir deshalb noch einmal auf Karl Kraus als den Ausgangspunkt unserer Überlegungen zur parodistischen Rezeption von Goethes ›Faust‹-Dichtung und der herausgehobenen ›Walpurgisnacht‹ zurück! Auch Kraus hat den Ausbruch des Zweiten Weltkrieges nicht mehr erlebt, wohl aber war er in der Lage, die Zeichen der Gegenwart zu lesen und speziell aus den sprachlichen Symptomen der Zeit, wie sie ihm vor allem die Presse lieferte, auf die drohende Katastrophe zu schließen. So signalisiert es der Essayband des Jahres 1922 mit Arbeiten, die zwischen 1908 und 1915 in der ›Fackel‹ erschienen und sich anhaltend in ihrer Aktualität behaupteten: ›Untergang der Welt durch schwarze Magie‹. Und schon seine den Ersten Weltkrieg rekapitulierende Menschheitstragödie ›Die letzten Tage der Menschheit‹ hatte der Dramatiker Kraus mit einer Szene enden lassen, die er mit ›Die letzte Nacht‹ überschrieben hatte. Er bleibt auf dieser Linie, wenn er jetzt – angesichts des abermaligen gespenstischen Umbruchs der gesellschaftlichen Verhältnisse, der Rückkehr der »Larven und Lemuren, Masken des tragischen Karnevals«, wie es in den ›Letzten Tagen‹ heißt – auf Goethe zurückgreift und sich an jene vom Klassiker sich lösende ›fortgedichtete Walpurgisnacht‹ anlehnt, die wir von Heinrich Heine bis Arno Holz zu belegen versucht haben. Dem ›Unbeschreiblichen‹, dem er sich, sprachlos gemacht und zum Nachstammeln verurteilt, ausgesetzt sieht – Bücherverbrennungen, Rassenhetze, Inhaftierungen, eine dunkle Realität, die den Vergleich mit dem als finster geltenden Mittelalter »zur Lästerung macht« – gibt er, in Verlängerung seiner provokativen Kritik, im Vorausblick auf die Katastrophe, mit dem Namen ›Walpurgisnacht‹ schon den der ›Apokalypse‹, des ›Weltendes‹ als ›Weltgericht‹. Mit diesem alles andere als beliebigen Paradigmawechsel hebt er sich von der literarischen Tradition, auf die er sich bezieht, ab und markiert – sieht man von dem nachhängenden Versuch Dosio Kofflers ab, der 1941 im englischen Exil noch einmal unter dem Titel einer ›Deutschen Walpurgisnacht‹ mit Hitler und Goebbels ins Gericht geht – einen Endpunkt.

Wie stellt sich der herauspräparierte Fall von produktiver Goethe-Kontrafaktur und -Weiterdichtung im Gesamt der Goethe-Rezeption dar? Was Karl Kraus angeht – er läßt keinen Zweifel, daß er mit seiner Aufnahme der nationalen Dichtergröße in den Zirkel seiner Kulturkritik, seiner gesellschafts- und sprachkritischen Satire einen Rettungsversuch beabsichtigt gegen die offizielle Inbesitznahme und Nutzung des Klassikers, die seiner restlosen Entwertung gleichkommt. Zeitlich im Entstehungsbereich seiner ›Dritten Walpurgisnacht‹, verfaßte er im Fest-Jahr 1932, als man des hundertsten Todestages Goethes gedachte, eine scharfe Glosse, die auch heute noch ihre Geltung hat: »Sie schreiben den Namen Goethes über die Tür Ihres Hauses? Ihres Komptoirs! Ihres Pissoirs! Mosse hat den Anfang gemacht: mit einem seitenfüllenden Kopf Goethes als Annoncenakquisiteur. Lug und Phrasentrug, der den Rebbach maskieren soll! Wortgesindel, das dem Tatgesindel den Vorspann macht! [...] gegenüber allem Greuel, den uns dieses Jahr vorbehält, dürfte es auch der einzige Bescheid sein, den Goethe selbst seiner Landsmannschaft zu erteilen hätte, wie er ihn sein ganzes Leben hindurch erteilt hat. Von der Schwelle des Goethejahres würde er alle Annäherungsversuche einer Gesellschaft, die seinen Dekor braucht, um zu morden, zu rauben und mittels der von ihm verachteten Presse zu lügen, mit einem Fußtritt und dem ihr verständlichsten Goethewort abtun!«

W. W.-H. und *K. R.*

Zu den Autoren

Franz Grillparzer (1791–1872), österreichischer Dramatiker, lieferte mit seinem ›Sappho‹-Drama ein Seiten- und Gegenstück zu Goethes ›Tasso‹, besuchte Goethe auf seiner Deutschlandreise des Jahres 1826 in Weimar und berichtet darüber in seiner Autobiographie.

Friedrich Theodor Vischer (Pseud.: Deutobald Symbolizetti Alegoriowitsch Mystifizinsky; 1807–1887), streitbarer Publizist, Essayist, Literaturkritiker und -historiker, nach Hegel wichtigster deutscher Ästhetiker des 19. Jahrhunderts, auch Romanautor und Lyriker.

Adolph Glaßbrenner (Pseud.: Adolf Brennglas; 1810–1876), liberaler und demokratischer Berliner Journalist der Vormärz-Bewegung, Verfasser humoristischer Szenen aus dem Berliner Volksleben, Herausgeber satirischer Zeitschriften und Volkskalender.

Franz Falk (Lebensdaten unbekannt), Autor der 48er Bewegung, Mitarbeiter an zahlreichen Zeitschriften, u. a. ›Der Humorist‹, ›Österreichisches Bürgerblatt‹, ›Münchener Unterhaltungsblatt‹, ›Der Hausfreund in Hütten und Palästen‹ und ›Der Rheinische Telegraph‹.

G. L. (Namenskürzel nicht aufschlüsselbar).

Theodor Hosemann (1807–1875), als Maler Darsteller des Berliner Volkslebens, als Graphiker produktiver Illustrator der satirischen Publizistik der Vormärz-Periode und der zeitgenössischen Literatur (z. B. A. Glaßbrenner, E. T. A. Hoffmann).

Heinrich Heine (1797–1856), bedeutendster deutscher Autor im Übergang von der Romantik zum Jungen Deutschland, berühmt geworden durch sein ›Buch der Lieder‹ (1827), seine ›Reisebilder‹ (1826 ff.) und ›Deutschland. Ein Wintermärchen‹ (1844); in seinem Urteil über Goethe ironisch-zwiespältig, so etwa in seiner ›Reise von München nach Genua‹ (1828): »Goethe hält ihr (der Natur) den Spiegel vor, oder besser gesagt, er ist selbst der Spiegel der Natur. Die Natur wollte wissen, wie sie aussieht, und sie erschuf Goethe.«

F. Sp. (Namenskürzel nicht aufschlüsselbar).

Hermann Eduard Jahn (Pseud.: Hermann Hain, A. Westphal, A. v. d. Warnow; 1857–1933), Lyriker, Erzähler und Dramatiker.

Kurd Laßwitz (1848–1910), Pädagoge und promovierter Naturwissenschaftler, aber auch Schriftsteller und Philosoph; neben naturwissenschaftlichen Arbeiten Verfasser utopisch-philosophischer Erzählungen und Romane.

Fritz Gehrke (1855–1916), Maler und Illustrator, Mitarbeiter am ›Kladderadatsch‹ und ›Ulk‹.

Heinrich Freiheim (1853–Todesdatum unbekannt), humoristischer Schriftsteller.

H. Salingré (Lebensdaten unbekannt).

Alexander Girardi (1850–1918), österr. Schauspieler, Komiker.

A. Br. (Namenskürzel nicht aufschlüsselbar).

Georg Kaiser (1878–1945), erfolgreicher Dramatiker des deutschen Expressionismus, auch Romancier und Lyriker.

Alfred Halm (1861–1951), Schauspieler und Theaterregisseur, Lustspielautor und Übersetzer.

Leo Wulff (1874–Todesdatum unbekannt), humoristisch-satirischer Schriftsteller mit zahlreichen Veröffentlichungen, Redakteur der ›Lustigen Woche‹, Lyriker und Literaturkritiker; gründete in Berlin die ›Lustigen Blätter‹, den Künstlerverein ›Die bösen Buben‹ und führte in Wien ›Intime Künstlerabende‹ ein, dort Chefredakteur des ›Floh‹.

Maurice Maeterlinck (1862–1949), belgischer Dichter; Gedichte und symbolische Dramen, Bücher der Lebensweisheit und poetisch-philosophischer Naturbetrachtungen; Nobel-Preisträger (1911).

Rudolf Wilhelm (1880–Todesdatum unbekannt), diverse Buchpublikationen.

Egon Friedell (1878–1938), Kabarettautor und -leiter, Theaterdichter und -rezensent, Schauspieler, Herausgeber und Feuilletonist, bedeutendstes Buch: ›Kulturgeschichte der Neuzeit‹ (1922 ff.)

Alfred Polgar (1873–1955), als ›Meister der kleinen Form‹ Mitarbeiter verschiedener Zeitungen und Zeitschriften, u. a. des ›Prager Tagblatts‹, der ›Schaubühne‹ und des ›Tagebuchs‹, Verfasser kultur- und literaturkritischer Glossen und Skizzen, gesammelt in Bänden wie ›An den Rand gedrängt‹ (1926), ›Ich bin Zeuge‹ (1927).

Roderich Müller (1893–1915), fiel in jungen Jahren im Ersten Weltkrieg, posthume Veröffentlichung: ›Knappenbüchlein‹ (1924).

Hans Henny Jahnn (1894–1959), protestierte als Dramatiker gegen die christliche Sexualmoral, erhielt 1920 den Kleist-Preis, Romanautor, Essayist.

Albert Ullrich (Lebensdaten unbekannt), Verfasser des Buches ›Goethes Testament‹ (1919).

Ernst Ullirsch (vermutlich dadaistisches Pseudonym).

Christof Spengemann (1877–1952), Freund von Kurt Schwitters, einschlägige Veröffentlichung: ›Die Wahrheit über Anna Blume‹ (1920).

Hermann Hesse (1877–1962), im Jahre 1946 Goethe- und Nobelpreisträger, Verfasser zahlreicher Romane, die in gewisser Nähe zu Thomas Mann stehen, u. a.: ›Der Steppenwolf‹ (1927), ›Das Glasperlenspiel‹ (1943); Essayist.

Dosio Koffler (1892–1945), satirischer Dramatiker und Drehbuchautor, ging unmittelbar nach der Machtergreifung 1933 ins Prager Exil, von dort im Jahre 1938 nach London.

HuK (Namenskürzel nicht aufschlüsselbar).

Willi Bredel (1901–1964), Arbeiterkorrespondent, Mitglied des Bundes proletarisch-revolutionärer Schriftsteller, Zeitschriftenredakteur u. a. der Exilzeitschrift ›Das Wort‹, der ›Neuen deutschen Literatur‹ (1973 ff.); Präsident der ›Akademie der Künste‹ (DDR), Romanautor.

Wilhelm Webels (1889–1968), Verleger, Verfasser von Schauspielen, Volksstücken, Operetten.

Paul-Gerhard Hübsch (geb. 1946), Lyriker, Erzähler, Satiriker; kommt aus der Schüler- und Studentenbewegung der Jahre 1968/69, wandte sich dann dem Islam zu (Pseud. Hadayatullah Hübsch); Kritiker.

Alfred Meysenbug (geb. 1940), satirischer Zeichner und Cartoonist der Schüler- und Studentenbewegung um 1968/69, diverse Buchpublikationen, u. a. ›Glamour-Girl‹ (1968).

Franz-Josef Bogner (geb. 1934), bis 1963 Beamter, danach mit Solo-Vortragsprogrammen unterwegs in Europa und USA, Hör- und Fernsehspiele, Theaterinszenierungen; ›V'st‹ uraufgeführt 1970 in Zürich.

Uta Claus (geb. 1949), Diplompädagogin und freie Mitarbeiterin für Rundfunk und Fernsehen.

Rolf Kutschera (geb. 1949), seit 1975 freier Cartoonist, Trickfilmzeichner, Mitarbeiter beim Norddeutschen Rundfunk sowie beim Südfunk Stuttgart.

Textnachweise

Franz Grillparzer: Faust-Notizen. In: Ders.: Dramatische Pläne, Studien, Satiren. Berlin/Leipzig/Wien/Stuttgart (Bong Verl.) ca. 1912. (= Werke Bd. 10, hrsg. v. Stefan Hock), S. 150ff.

Friedrich Theodor Vischer: Zur Fortsetzung des Faust. Eine Posse. In: Jahrbuch schwäbischer Dichter und Novellisten. Jg. 1836. Stuttgart 1835. S. 360ff.

Adolph Glaßbrenner: Die jüngste Walpurgisnacht. Bern (Jenni Verl.) 1844.

Franz Falk: Ein neuer Faust und der alte Satan oder was angeboren sein muß, kann nicht angekauft werden. Eine Traumgeschichte. In: Der Humorist 10. Jg., Wien 1846, Nr. 299, Sp. 1201f. und 301, Sp. 1210.

G. L.: Betrachtungen über Dr. Faust, mit daran geknüpften erbaulichen Konsequenzen für die Kunst. Mit Illustrationen von Theodor Hosemann. In: Düsseldorfer Monatshefte. Nachdruck 1. und 2. Jg. (1847/1849). Düsseldorf (Schwann Verl.) 1979. S. 142ff., 163ff., 198ff. und 217ff.

Heinrich Heine: Der Doktor Faust. Ein Tanzpoem nebst kuriosen Berichten über Hexen, Teufel und Dichtkunst. In: Ders.: Sämtliche Schriften. 6. Bd. Erster Teildruck. Hrsg. v. Klaus Briegleb. München (Hanser Verl.) 1975. S. 351ff.

F. Sp.: Ein neuer Faust. In: Europa. Leipzig. Jg. 1860. Nr. 34, Sp. 1177ff.

Verfasser unbekannt: Faust. Der Tragödie dritter Theil. In: Almanach zum Lachen, 12. Jg. Berlin 1862. S. 36ff.

Hermann Eduard Jahn: Faust. Eine Satire. Rostock (Meyer Verl.) 1880.

Kurd Laßwitz: Prost, der Faust-Tragödie (n)ter Teil. In: Ders.: Die Welt des Mathematikus. Ausgewählte Dichtungen. Hrsg. v. W. Lietzmann. Leipzig (o. Verl.) o. J. S. 75ff.

Verfasser unbekannt: Faust als Reclamebuch. Mit Illustrationen von F. Gehrke. In: Humoristisch-satyrischer Volkskalender des Kladderadatsch. 35. Jg., Berlin 1884. S. 38ff.

Heinrich Freiheim: Faust und Margarethe. Parodistische Soloscene nach H. Salingré's Parodie bearbeitet und vorgetragen von Alexan-

der Girardi. In: Wiener Humor. Erste Serie, 3. Bd., hrsg. v. Carl Ad. Friese. Wien (Theodor Daderkow's Verl.) 1890. S. 14ff.
Verfasser unbekannt: Auch eine Walpurgisnacht. Mit Illustrationen von A. Br. o. O. (o. Verl.) 1893.
Georg Kaiser: Faust. In: Ders.: Stücke 1896–1922. Frankfurt/Berlin/Wien (Propyläen Verl.) 1972. (= Werke Bd. 5, hrsg. v. Walter Huder.) S. 20ff.
Alfred Halm: Faust des fin de siècle. Eine Um- und Undichtung. Berlin (Hugo Steinitz Verl.) 1900.
Leo Wulff: Der intime Faust. Ein neues Drama im Stile Maeterlincks. In: Ders.: Die Insel der Blödsinnigen. Die Tollheiten der Moderne in Wort und Bild. Berlin (Verl. der Lustigen Blätter, Dr. Eysler & Co.) 1901.
Rudolf Wilhelm: Faustel als Erzieher. Ein welträtselhaftes Satyrspiel. Langensalza (Beltz Verl.) 1908.
Egon Friedell/Alfred Polgar: Goethe. Eine Szene. Wien (Carl Wilhelm Stern Verl.) 1908.
Roderich Müller: Der Zigarrenfaust. In: Jugend, 19. Jg., München 1914, Nr. 3. S. 64ff.
Hans Henny Jahnn: Heinrich von Kleist. Eine jämmerliche Tragödie. Fragment. In: Europa Almanach, hrsg. v. Karl Einstein und Paul Westheim. Potsdam (Kiepenheuer Verl.) o. J. S. 174ff.
Albert Ullrich: Goethes Testament. In: Ders.: Goethes Testament. Die Lösung des Faust-Rätsels. Der Deutung erstes bis drittes Buch. Dessau (Faust-Verl.) 1919. S. 37ff.
Ernst Ullirsch: Goethe als Dadaist. In: Tatü Dada. Dada und nochmals Dada bis heute. Aufsätze und Dokumente, hrsg. v. Karl Riha. Hofheim (Wolke Verl.) 1987. S. 81ff.
Christof Spengemann: Schiller, Faust und Goethe. Aus dem Manuskript.
Hermann Hesse: Ein Abend bei Doktor Faust. In: Ders.: Diesseits. Kleine Welt. Fabulierbuch. Berlin (Suhrkamp Verl.) 1954. S. 834ff.
Dosio Koffler: Die deutsche Walpurgisnacht. Fünfte Szene: Im Wellennetz des Äthers. In: Ders.: Die deutsche Walpurgisnacht. Mannheim (Persona Verl.) 1987. S. 64ff.
HuK (Verfasser unbekannt): Magistrat einmal klassisch, Goethe. In: Ulenspiegel, Jg. 1948, Nr. 26.

Willi Bredel: ›Faust‹ auf der Reeperbahn. In: Ders.: Unter Türmen und Masten. Geschichte einer Stadt in Geschichten. Berlin und Weimar (Aufbau Verl.) 1977. S. 153ff.
Wilhelm Webels: Faust und die Atombombe. Aus dem Spiel vom Doktor Faust. In: Faust im 20. Jahrhundert. Festschrift für Karl Theens. Knittlingen 1964. S. 64ff. (© Dietmar Theens)
Paul-Gerhard Hübsch/Alfred Meysenbug: Mini-Faust. Frankfurt (Frankfurter Ring-Fibel Verl.) 1968. (© Ring-Publications Gerold Dommermuth)
Franz Josef Bogner: Goethes V'st. In: Ders.: Goethes V'st. Darmstadt und Neuwied (Luchterhand Verl.) 1973.
Uta Claus/Rolf Kutschera: Faust. Der Tragödie erster Teil. In: Dies.: Bockstarke Klassiker. Frankfurt/M. (Eichborn Verl.) 1985. S. 5ff.

Anthologien
im insel taschenbuch

Alt-Prager Geschichten. Gesammelt von Peter Demetz. Mit Illustrationen von Hugo Steiner-Prag. it 613

Alt-Wiener Geschichten. Gesammelt von Joseph Peter Strelka. Mit sechs farbigen Abbildungen. it 784

An den Mond. Ausgewählt von Elisabeth Borchers. it 956

Anthologie der erotischen Literatur aller Zeiten und Völker. 2 Bde. in Kassette. Mit einer Einleitung von Franz Blei. Herausgegeben von Karl Riha. it 1141

Arm und reich. Geschichten und Gedichte. Ausgewählt von Ralf Borchers. it 1031

Bäume. Das Insel-Buch der Bäume. Gedichte und Prosa. Ausgewählt und herausgegeben von Gottfried Honnefelder. Mit sechzehn Farbtafeln. it 1041

Ludwig Bechstein: Hexengeschichten. Mit farbigen Illustrationen von Monika Wurmdobler. it 865

Berlin im Gedicht. Herausgegeben von Barbara und Walter Laufenberg. it 851

Besuch bei Toten. Ein imaginärer Friedhof angelegt von Peter Maigler. it 871

Blätter aus Prevorst. Eine Auswahl von Berichten über Magnetismus, Hellsehen, Geistererscheinungen aus dem Kreise Justinus Kerners. Herausgegeben von Hermann Hesse. it 1019

Briefe an den Vater. Zeugnisse aus drei Jahrhunderten. Ausgewählt von Jens Haustein. it 1045

Das Brunnenbuch. Gedichte und Prosa. Herausgegeben von Hans-Joachim Simm. it 933

Das Buch der Liebe. Gedichte und Lieder ausgewählt von Elisabeth Borchers. it 82

Capri. Ein Lesebuch. Hans Bender und Hans Georg Schwark. it 1077

Deutsche Criminalgeschichten. Von Schiller, Goethe, Kleist, E. T. A. Hoffmann und anderen. Mit einem Nachwort von Volker Ladenthin. it 773

Deutsche Denker über China. Herausgegeben von Adrian Hsia. it 852

Einladung zum Essen. Ein Buch für Gäste. Vorgelegt von Claudia Schmölders. it 1161

Die Eisenbahn. Gedichte. Prosa. Bilder. Herausgegeben von Wolfgang Minaty. it 676

Ermutigungen. Das Insel-Buch der Tröstungen. Gedichte und Prosa. Ausgewählt von Rainer Malkowski. it 1053

Faust-Parodien. Eine Auswahl satirischer Kontrafakturen. Herausgegeben von Karl Riha. it 1147

163/1/7.88

Anthologien
im insel taschenbuch

Feiern und Feste. Ein Lesebuch. Herausgegeben von Hans-Joachim Simm. it 738

Das Ferienbuch. Literarische Souvenirs, aufgelesen von Vera Pagin und Hans-Joachim Simm. it 1082

Flucht und Exil. Geschichten und Berichte aus zwei Jahrhunderten. Herausgegeben von Joseph Peter Strelka. it 1070

Das Fohlen und andere Tiergeschichten. Mit Illustrationen von Josef Hegenbarth. it 993

Frauenbriefe der Romantik. Herausgegeben und mit einem Nachwort von Katja Behrens. Mit zeitgenössischen Porträts. it 545

Das Frühlingsbuch. Gedichte und Prosa. Herausgegeben von Hans Bender und Nikolaus Wolters. it 914

Geschichten vom Buch. Eine Sammlung von Klaus Schöffling. it 722

Der Golem. Geschichten um eine Legende. Herausgegeben von Franz-Heinrich Hackel. it 1036

Griechisches Lesebuch. Herausgegeben von Hellmuth Flashar. it 995

Bret Harte: Goldgräbergeschichten. Aus dem Amerikanischen von Wilhelm Lange. Mit zeitgenössischen Fotografien. it 803

Heidelberg-Lesebuch. Stadt-Bilder von 1800 bis heute. Herausgegeben von Michael Buselmeier. it 913

Das Herbstbuch. Gedichte und Prosa. Herausgegeben von Hans Bender. it 657

Das Hundebuch. Geschichten und Gedichte von Hunden und ihren Herren. Gesammelt von Gottfried Honnefelder. it 785

Jugend. Eine literarische Spurensuche. Herausgegeben von Gottfried Honnefelder. Mit farbigen Abbildungen. it 1129

Gerhard Kaiser: Augenblicke deutscher Lyrik. Von Martin Luther bis Paul Celan. it 978

Das Kalte Herz. Und andere Texte der Romantik. Mit einem Essay von Manfred Frank. it 330

Das Katzenbuch. Von Katzen und ihren Freunden. Geschichten, Gedichte, Bilder. Gesammelt von Hans Bender und Hans Georg Schwark. it 567

Kennst du das Land, wo die Zitronen blühn. Italien im deutschen Gedicht. Herausgegeben von Peter Hamm. it 927

Lesebuch der Jahrhundertwende. Prosa aus den Jahren 1889 bis 1908. Ausgewählt von Klaus Schöffling. it 997

Liebe Mutter. Eine Sammlung von Elisabeth Borchers. it 230

Lieber Vater. Eine Sammlung von Gottfried Honnefelder. it 231

Liebe und Tod in Wien. Geschichten aus einer Stadt. Herausgegeben von Jean Gyory. it 815

163/2/7.88

Anthologien
im insel taschenbuch

Liebesgeschichten. Ausgewählt von Elisabeth Borchers. it 789

Loreley. Gedichte, Prosa, Bilder. Ein Lesebuch von Wolfgang Minaty. Mit zahlreichen Abbildungen. it 1065

Der neue Pitaval. Eine Sammlung der interessantesten Kriminalgeschichten. Herausgegeben von Julius Eduard Hitzig und Wilhelm Häring. it 819

Friedrich Nietzsche: »Wie man wird, was man ist.« Ermutigungen zum kritischen Denken. Herausgegeben von Ursula Michels-Wenz. it 1096

Das Poesiealbum. Verse zum Auf- und Abschreiben. Mit Bildern und Vignetten. Ausgewählt und zusammengestellt von Elisabeth Borchers. it 414

Poetische Grabschriften. Mit zehn Radierungen von Christoph Mekkel. Herausgegeben von Wulf Segebrecht. it 951

Der Rhein. Seine poetische Geschichte in Texten und Bildern. Herausgegeben von Helmut J. Schneider. it 624

Römisches Lesebuch. Herausgegeben von Manfred Fuhrmann. it 996

Schwestern berühmter Männer. Zwölf biographische Porträts. Herausgegeben von Luise F. Pusch. Redaktionelle Mitarbeit: Jutta Wasels. it 796

Das Sommerbuch. Gedichte und Prosa. Herausgegeben von Hans Bender. it 847

Spuk- und Hexengeschichten. Aus dem »Rheinischen Antiquarius« herausgegeben von Hermann Hesse. it 908

Über die Liebe. Gedichte und Interpretationen aus der ›Frankfurter Anthologie‹ Herausgegeben von Marcel Reich-Ranicki. it 794

Der versiegelte Engel. Erzählungen zu Ikonen. Mit farbigen Abbildungen. Ausgewählt und mit einem Nachwort versehen von Angela Martini-Wonde. it 1132

Vom Abschied. Eine Gedichtsammlung. Herausgegeben von Margot Litten. Originalausgabe. it 694

Vom Tod. Ein Lesebuch für Jedermann. Herausgegeben von Werner Koch. it 1037

Weihnachten. Erzählungen aus alter und neuer Zeit. Ausgewählt von Gottfried Natalis. it 946

Das Weihnachtsbuch. Mit alten und neuen Geschichten, Gedichten und Liedern. Ausgewählt von Elisabeth Borchers. it 46

Das Weihnachtsbuch der Lieder. Mit alten und neuen Liedern zum Singen und Spielen. Ausgewählt von Gottfried Natalis. Mit einem Nachwort von Ernst Klusen. it 157

163/3/7.88

Anthologien
im insel taschenbuch

Das Winterbuch. Gedichte und Prosa. Herausgegeben von Hans Bender und Hans Georg Schwark. it 728

163/4/7.88

Biographien, Leben und Werk
im insel taschenbuch

Lou Andreas-Salomé: Lebensrückblick. Grundriß einiger Lebenserinnerungen. Aus dem Nachlaß herausgegeben von Ernst Pfeiffer. Neu durchgesehene Ausgabe mit einem Nachwort des Herausgebers. it 54

– Rainer Maria Rilke. Mit acht Bildtafeln im Text. Herausgegeben von Ernst Pfeiffer. it 1044

Bettine von Arnim: Aus meinem Leben. Zusammengestellt und kommentiert von Dieter Kühn. it 642

Johann Sebastian Bach. Leben und Werk in Daten und Bildern. Herausgegeben von Klaus-Peter Richter. it 788

Alban Berg. Leben und Werk in Daten und Bildern. Herausgegeben von Erich Alban Berg. it 194

Bertolt Brecht. Leben und Werk im Bild. Mit autobiographischen Texten, einer Zeittafel und einem Essay von Lion Feuchtwanger. it 406

Bertolt Brecht. Sein Leben in Bildern und Texten. Mit einem Vorwort von Max Frisch. Herausgegeben von Werner Hecht. it 1122

Die Schwestern Brontë. Leben und Werk in Texten und Bildern. Herausgegeben von Elsemarie Maletzke und Christel Schütz. it 814

– Hans Carossa. Leben und Werk im Bild. Herausgegeben von Eva Kampmann-Carossa. it 348

Cézanne. Leben und Werk in Texten und Bildern. Von Margret Boehm-Hunold. it 1140

George Clémenceau: Claude Monet. Betrachtungen und Erinnerungen eines Freundes. Mit einem Nachwort von Gottfried Boehm. it 1152

Joseph von Eichendorff. Leben und Werk in Texten und Bildern. Herausgegeben von Wolfgang Frühwald und Franz Heiduk. it 1064

Theodor Fontane: Meine Kinderjahre. Autobiographischer Roman. Mit einem Nachwort von Otto Drude. it 705

Goethe. Sein Leben in Bildern und Texten. Vorwort von Adolf Muschg. Herausgegeben von Christoph Michel. Gestaltet von Willy Fleckhaus. it 1000

Otto Hahn, Leben und Werk in Texten und Bildern. Mit einem Vorwort von Carl Friedrich von Weizsäcker. Herausgegeben von Dietrich Hahn. it 1089

Heinrich Heine. Leben und Werk in Daten und Bildern. Von Joseph A. Kruse. it 615

Volker Michels: Hermann Hesse. Leben und Werk im Bild. Mit dem ›kurzgefaßten Lebenslauf‹ von Hermann Hesse. it 36

Hermann Hesse. Sein Leben in Bildern und Texten. Mit einem Vorwort von Hans Mayer. Herausgegeben von Volker Michels. it 1111

162/1/7.88

Biographien, Leben und Werk
im insel taschenbuch

Marie Hesse: Ein Lebensbild in Briefen und Tagebüchern. Mit einem Essay von Siegfried Greiner. Mit frühen Lithographien von Gunter Böhmer. it 261

Julius Eduard Hitzig: E.T.A. Hoffmanns Leben und Nachlaß. Mit Anmerkungen zum Text und einem Nachwort von Wolfgang Held. it 755

Hölderlin. Dokumente seines Lebens. Briefe, Tagebuchblätter. Aufzeichnungen. Herausgegeben von Hermann Hesse und Karl Isenberg. it 221

Hölderlin. Chronik seines Lebens mit ausgewählten Bildnissen. Herausgegeben von Adolf Beck. it 83

Ödön von Horváth. Leben und Werk in Daten und Bildern. Herausgegeben von Traugott Krischke und Hans F. Prokop. it 237

Johann Heinrich Jung-Stilling: Lebensgeschichte. it 709

Erhart Kästner. Leben und Werk in Daten und Bildern. Herausgegeben von Anita Kästner und Reingart Kästner. it 386

Gerhard Kaiser: Gottfried Keller. Das gedichtete Leben. it 1026

Marie Luise Kaschnitz: Die Wahrheit, nicht der Traum. Das Leben des Malers Courbet. it 327

Heinrich von Kleist: Geschichte meiner Seele. Das Lebenszeugnis der Briefe. Herausgegeben von Helmut Sembdner. it 281

Kleist. Leben und Werk im Bild. Herausgegeben von Eberhard Siebert. it 371

Cordula Koepcke: Lou Andreas-Salomé. Leben. Persönlichkeit. Werk. Eine Biographie. it 905

Oskar Kokoschka. Leben und Werk in Daten und Bildern. Herausgegeben von Norbert Werner. it 909

Dieter Kühn: Ich Wolkenstein. Eine Biographie. Neue, erweiterte Ausgabe. it 497

Monique Lange: Edith Piaf. Die Geschichte der Piaf. Ihr Leben in Texten und Bildern. Aus dem Französischen von Hugo Beyer. Mit einer Discographie. it 516

Julius Meier-Graefe: Cézanne. Mit farbigen Abbildungen. it 1139

– Dostojewski. Der Dichter. it 1099

– Hans von Marées. Zwei Bände in Kassette. Mit farbigen Abbildungen. it 1046

– Renoir. Mit farbigen Abbildungen und einem Nachwort von Andreas Beyer. it 856

– Vincent van Gogh. Mit farbigen Abbildungen. it 1015

Malwida von Meysenbug: Memoiren einer Idealistin. Herausgegeben, eingeleitet und kommentiert von Renate Wiggershaus. it 824

162/2/7.88

Biographien, Leben und Werk im insel taschenbuch

Novalis. Dokumente seines Lebens und Sterbens. Herausgegeben von Hermann Hesse und Karl Isenberg. it 178

Jean Orieux: Das Leben des Voltaire. Aus dem Französischen von Julia Kirchner. Mit einer Zeittafel und einem Personenregister. it 874

Ernst Penzoldt. Leben und Werk in Texten und Bildern. Herausgegeben von Ulla Penzoldt. it 547

Rainer Maria Rilke. Leben und Werk im Bild. Von Ingeborg Schnack. Mit einer biographischen Einführung und einer Zeittafel. it 35

George Sand. Leben und Werk in Texten und Bildern. Von Gisela Schlientz. it 565

Schiller. Leben und Werk in Daten und Bildern. Ausgewählt und erläutert von Bernhard Zeller und Walter Scheffler. it 226

Reinhold Schneider. Leben und Werk im Bild. Von Edwin Maria Landau, Maria van Look, Leni Mahnert-Lueg, Bruno Stephan Scherer. In Selbstzeugnissen und Worten der Mitlebenden. it 318

Arthur Schopenhauer. Leben und Werk in Texten und Bildern. Herausgegeben von Angelika Hübscher. it 1059

Reiner Speck: Peter Ludwig. Sammler. it 533

Charles Sanford Terry: Johann Sebastian Bach. Eine Lebensgeschichte. Aus dem Englischen von Alice Klengel. Mit einer Nachbemerkung von Klaus Peter Richter. it 802

Töchter berühmter Männer. Neun biographische Portraits. Herausgegeben von Luise E. Pusch. it 979

Tolstojs letzte Jahre. Achtunddreißig Fotografien. Texte ausgewählt und übersetzt von Gisela Drohla. it 1040

Siegfried Unseld: Hermann Hesse. Werk und Wirkungsgeschichte. Mit zahlreichen Abbildungen. it 1112

Richard Wagner. Leben und Werk in Daten und Bildern. Herausgegeben von Dietrich Mack und Egon Voss. it 334

Robert Walser. Leben und Werk in Daten und Bildern. Mit einem Essay von Peter Hamm. Herausgegeben von Elio Fröhlich und Peter Hamm. it 264

Oscar Wilde. Leben und Werk in Daten und Bildern. Herausgegeben und mit einem Essay von Norbert Kohl. Die Übertragungen der ›Stimmen zum Werk‹ stammen von Norbert Kohl, Wolfgang Pils und Heidi Woltersdorf. it 158

Virginia Woolf. Leben und Werk in Texten und Bildern. Herausgegeben von Renate Wiggershaus. it 932

Stefan Zweig. Leben und Werk im Bild. Herausgegeben von Donald Prater und Volker Michels. it 532

162/3/7.88

Essen und Trinken
im insel taschenbuch

Jean Anthèlme Brillat-Savarin: Physiologie des Geschmacks oder Betrachtungen über das höhere Tafelvergnügen. Ausgewählt, übersetzt und eingeleitet von Emil Ludwig. Mit Holzschnitten der Ausgabe von 1864. it 423

Einladung zum Essen. Ein Buch für Gäste. Vorgelegt von Claudia Schmölders. it 1161

Jakob Flach: Minestra. Kulinarische Streifzüge. Mit Illustrationen von Peter Rüfenacht. it 552

Manuel Gasser: Köchel-Verzeichnis. Kulinarische Erinnerungen und Erfahrungen mit vielen seltenen Rezepten. Mit Illustrationen von Heinz Edelmann. it 96

– Die Küche meiner Tante Mélanie. Französische Hausmannskost von Anno dazumal. Mit Illustrationen von Boris von Borodine. it 192

– Manuel Gassers Kräutergarten. Mit Holzschnitten aus ›New Kreüterbuch‹ von Leonhart Fuchs, 1543. Koloriert von Erna de Vries. it 377

– Spaziergang durch Italiens Küchen. Mit Bildern von Manfred Seelow. it 391

Rudolf Habs/L. Rosner: Appetitlexikon. Ein alphabetisches Hand- und Nachschlagebuch über Speisen und Getränke. Zugleich Ergänzung eines jeden Kochbuchs. it 651

Kakuzo Okakura: Das Buch vom Tee, Übertragen und mit einem Nachwort versehen von Horst Hammitzsch. Mit Fotos aus Japan und einem Essay von I. Schaarschmidt-Richter. it 412

Karl Friedrich von Rumohr: Geist der Kochkunst. Vorwort von Wolfgang Koeppen. it 326

Urgroßmutters Kochbuch. Aus dem Kochbuch der Frau Rath Schlosser. Herausgegeben von Alexander von Bernus. Mit einem Nachwort von Elmar Mittler und alten Illustrationen. it 457

165/1/7.88

Kulturgeschichte
im insel taschenbuch

Alt-Kräuterbüchlein. Von der Kraft und Wirkung der Kräuter. Nach dem »New-Kreüterbüchlein« des Leonhart Fuchs (1543). Herausgegeben von Alexander von Bernus. Mit einem biographischen Text zu Leonhart Fuchs von Hans Franke und einem Nachwort von Elmar Mittler und Holzschnitten. it 456

Jost Amman: Frauentrachtenbuch. Mit kolorierten Holzschnitten der Erstausgabe von 1586 und einem Nachwort von Manfred Lemmer. it 717

Egon Caesar Conte Corti: Geschichte des Rauchens. »Die trockene Trunkenheit«. Ursprung, Kampf und Triumph des Rauchens. Mit zahlreichen Abbildungen. it 904

Feiern und Feste. Ein Lesebuch. Herausgegeben von Hans-Joachim Simm. it 738

Christian Garve: Über die Moden. Herausgegeben von Thomas Pitroff. Mit farbigen Illustrationen. it 989

Detlef Hoffmann: Gemalte Spielkarten. Ihre Geschichte an handgemalten Beispielen von Detlef Hoffmann. it 912

Christoph Wilhelm Hufeland: Makrobiotik oder die Kunst, das menschliche Leben zu verlängern. Mit einem Brief Immanuel Kants an den Autor sowie einem Nachwort von Rolf Brück. it 770

Adolph von Knigge: Über den Umgang mit Menschen. Herausgegeben von Gert Ueding mit Illustrationen von Chodowiecki und anderen. it 273

Dagmar Müller-Staats: Klagen über Dienstboten. Eine Untersuchung über Dienstboten und ihre Herrschaften. Mit zahlreichen Abbildungen. it 683

George Ordish: Geschichte eines Gartens. Vom 16. Jahrhundert bis zur Gegenwart. Aus dem Englischen von Matthias Müller. Mit Zeichnungen von Alison Claire Darke. it 1143

Ewald Gerhard Seeliger: Handbuch des Schwindels. Mit einem Vorwort von Jürgen Lodemann und einem Nachwort von Max Heigl. it 919

Urgroßmutters Hausmittel. Aus dem Hausbuch der Frau Rath Schlosser. Herausgegeben von Alexander von Bernus. Mit einem Nachwort von Elmar Mittler und alten Illustrationen. it 561

Wie ein Mann ein fromm Weib soll machen. Mittelalterliche Lehren über Ehe und Haushalt. Herausgegeben, ins Neuhochdeutsche übertragen und mit einem Nachwort versehen von Michael Dallapiazza. it 745

Gabrielle Wittkop-Ménardeau: Unsere Kleidung. Aus der Geschichte der Moden bis zum Jahr 1939. Mit zahlreichen Abbildungen. it 774

166/1/7.88